点燃孩子的内驱力

北大父母的能量型培养法

谢远雁 喻天鸿 主编

人民文学出版社

图书在版编目(CIP)数据

点燃孩子的内驱力:北大父母的能量型培养法/谢远雁,
喻天鸿主编.—北京:人民文学出版社,2021
　ISBN 978-7-02-016794-4

　Ⅰ.①点… 　Ⅱ.①谢… ②喻… 　Ⅲ.①家庭教育
Ⅳ.①G78

中国版本图书馆CIP数据核字(2020)第252546号

责任编辑　卜艳冰　杜玉花
装帧设计　李　佳

出版发行　人民文学出版社
社　　址　北京市朝内大街166号
邮政编码　100705

印　　制　杭州钱江彩色印务有限公司
经　　销　全国新华书店等

字　　数　250千字
开　　本　890毫米×1240毫米　1/32
印　　张　10.75
版　　次　2021年6月北京第1版
印　　次　2021年6月第1次印刷

书　　号　978-7-02-016794-4
定　　价　58.00元

如有印装质量问题,请与本社图书销售中心调换。电话:010-65233595

论孩子

〔黎巴嫩〕纪伯伦

你的孩子不单是你的孩子，

他们源于生命无尽的渴望。

他们经你而存在，但仅仅是经过；

他们在你身旁，却并非你所有。

他们愿意回报你的爱，但不必接受你的思想；

他们寄你篱下，灵魂却可能在远方。

因为他们的灵魂，永居于明日，就算在你的梦中，你也无法想象。

你可以努力追赶他们，但不能将他们拉回你身边，

因为白驹过隙不会倒退，也不会在一处盘桓。

孩子是饱含生命力的箭矢，以你为弓而射出，

射手的靶心是无穷的远方，他会以神力将你们拉满，使他的箭，能更精准

地到达彼岸。

请不要悲伤于自己弓的身份，更不要哀叹箭的离去。

在射手看来，在穿空的箭与静止的弓之间，是爱使生命得以延续。

（墨麟　译）

目录

下
编

序
吴志攀

这是一本几位校友记录自己孩子成长的书，也是一本有趣的读物。国内已经开启个人日记、孩子成长记录、家族史整理的时代，今后类似这样的个性化的书籍还会更多。要研究中国家庭在过去几十年的变化情况的话，这本由校友真实记录孩子的书，一定是一种宝贵资料。

过去大众流行书籍很多，主题宏大的书也很多，写作雷同的书也不少。但是现在书籍的种类更加多样化了，一些个性化的书籍正在多起来。我现在要说的是，孩子成长记录的结集出版，配上孩子的照片，让喜欢孩子的人看着这些可爱的小脸，就有喜感，就会想起"幼吾幼以及人之幼"这句老话来。

在阅读这本书的电子版书稿时，还让我想起，早在很多年前，我在北京见到过一些中国话讲得非常流利的外国孩子。这些孩子的家长大多是外国驻华使节和来华专家及外教。这些外国的家长来北京工作时，便把小孩也带到北京，送到北京的幼儿园或小学，让他们的小孩与北京孩子在一起学习，一起玩耍。过了几年之后，这些外国小孩几乎都会讲一口北京话。我当时就感觉，这些外国家长为孩子创造了多么好的语言学习条件啊。孩子们在不知不觉中，一边玩，一边就把汉语学会了。当这些孩子回国读大学时，再学一两门外语，等他们大学毕业时，就可以说三门甚至更多门外语了。他们在语言方面的优势，是我一辈子都没有的。

许多国际组织的工作人员，除母语外，还要求会讲英语、法语或西班牙语。美国一些大学读国际政治类学科的博士，也要求使用三种语言的资料，进行三个国家的实地调研工作，才能写论文。这些要求，对于我这个年龄段的人而言，真是太难了。但是现在的情况今非昔比了，比我晚几届的研究生，外语条件太好了。再看看这本校友记录的孩子们的成长故事，就可以知道，等这群孩子成长起来，他们的语言条件会更好，他们的价值观也更多元，眼界也更开阔，他们的朋友遍天下。

我为什么会有这样的感受？这与我个人的成长经历有关。在我小的时候，由于各种原因，不要说出国读书，就连读书的小学也停课搞运动了。搞运动一搞就是许多年。后来我随家庭上山下乡，再后来我进工厂做工。1978年恢复高考第二年我才考上大学。我读大学一年级时的年龄，要比后来正常大学生毕业时的年龄还要大。我现在拥有的这些知识，主要是国内受的教育。我对于国际事务的看法，也是基于国内的观点来看待的。后来学校提供机会，让我出国进修，我才知道外国的价值观不一样，我与他们也争论过，但是不妨碍我与他们成为朋友。这就是孔子所说的"君子和而不同"吧。

后来出国留学的机会就更多了，许多校友都曾留学过，也有一些同学和校友毕业后留在外国工作，他们当中有些是为了陪孩子才留在外国的。因为外国中学和大学的入学方式与国内不同，教学方法也不同。外国的中学和大学的教育有他们的优点，也有缺点。我们的教育也是一样，也有优缺点的。因此这些校友可以选择在哪里完成孩子们的教育。过去我们说，"读万卷书，行万里路"。我想这些校友为孩子的选择与这句老话不谋而合。

我国是一个人口众多的国家，改革开放四十多年来，中国人的家庭也发生了很大的变化，后来成长起来的"80后""90后""00后"和后来更晚出生的孩子们，各代的人有各自的成长史，即便是同一代际的人，也有不同的成长史。老校长胡适先生当年写"个人自述"时说，希望每个中国人都能在四十岁左右的时候，写出个人自传，而不是等到老了，记忆模糊，手也写不动的时候才开始写。老校长就是四十岁写自传的，那时写作正值年轻力壮，笔力很足，写出来的文字也很有看相。

写这本书的多位校友，虽然没有写自传，但给孩子们写出了成长史。这是家长爱孩子的表现，更是关注孩子胜过关注自己的表现。我感谢花费心血写作的校友们，他们的孩子也会感谢父母的。

是为序。

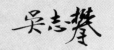

2020 年 3 月 16 日

（作者为北京大学前常务副校长）

上编

教育要回归根本，即"人的全面自由发展"，不要
"望子成龙"，而要"望子成人"！相信孩子本来就是
有无限思维潜能的，抱着欣赏和鼓励的态度，让孩子自
由生长，全面发展，让父母的目光追随着他的成长，静
待花开。

　　易梓涵，2002 年出生于美国波士顿，
之后随父母回国，在上海长大，曾就读于
福山外国语小学和上外附中，2017 年至今
在美国大波士顿地区一所公立高中就读。

　　在他的成长历程中，多次往返于中美
两国，并游历世界各地，在不同的文化环
境之中体验东西方跨文化的教育和成长模
式，让世界成为最好的课堂。强烈的好奇
心和探索精神驱动他不断开启发现自我的
旅程，并在美高留学后找到了内在驱动力
和幸福力，启动全面开挂健康成长模式。

心若向阳花自开

——东西方跨文化育儿心得

/ 谢远雁

不自信的胆小鬼

梓涵三岁时，就读于上海市刘诗昆音乐幼儿园。一天下午，我突然接到园长的电话。

"梓涵妈妈，你好！我是幼儿园的园长，刚刚到梓涵班级巡视，和梓涵聊了几句，想和你交流一下我发现的情况。"

"园长好，有什么情况呢？"

"刚刚我和梓涵交流，发现他说话声音很小很轻，而且眼睛始终不敢看着我，胆子看上去很小。你们是不是平时对孩子管教太严？"

"是呀！孩子爸爸从小就对他很严格，总是说三岁看老，希望孩子从小就听话，懂规矩，不能任性，更不能惯着孩子。"

"原来是这样，孩子需要更多的鼓励，如果管教太严，容易胆小，不自信。希望你们能做些调整，适当改变教育方式，激发孩子的勇气和自信心。"

"谢谢园长的提醒，我会和孩子爸爸反馈和交流的。"

放下电话，我想起了在那之前带梓涵到妇幼保健院做的一次常规检查，记得当时医生先是让梓涵用铅笔来画画，梓涵下笔非常轻，每一笔都是很细很细的，在纸上轻描淡写。接下来是搭积木，积木搭了三四层之后就倒塌了，梓涵尝试了两次后，就眼巴巴地看着我，说什么也不肯再尝试了。医生据此判断，儿子胆小，不自信，不敢面对失败。

园长和医生都有这样的判断和提醒，让我不由得重视起来，回想起儿子出生之后的几件事，才意识到我们确实对孩子太过严苛了。

还记得儿子刚满月的时候，因为公公婆婆签证被拒，只有我和爱人两个人手忙脚乱照顾孩子。我们没有任何经验，完全照着一本育儿书来实践和操作。书上说，孩子满月之后可以尝试定时哺乳。孩子爸爸就一本正经地和我商量，必须严格控制哺乳时间，每两个小时母乳喂养一次，其间不能随意喂奶，这也是从小给孩子养成一个好习惯，不能娇惯和溺爱孩子。但是，儿子生下来就块头很大，身高和体重都超过 90% 以上的孩子，而且几乎每次喝母乳时都要便便，所以经常是刚刚喝奶后不久又饿了，一次次哭闹着要喝奶。然而，每次孩子爸爸都先看手表，如果是两个小时以内，坚决拦阻着不许我喂奶，说孩子哭闹是正常的，还能锻炼肺活量，甚至还有一次把儿子单独关在厕所里，任由孩子哭个不停。实在没办法，他就抱着哭闹的儿子去外面转悠，或者带儿子开车兜风，直到儿子累得睡着了才抱回家。有一次儿子哭闹不停，怎么哄都无济于事，我们急得给医生打电话咨询，医生远程做了问诊和判断，排除了疾病的可能后，让我给孩子喂一下奶，果然立竿见影。从那以后，我们不再教条主义和本本主义，回复到按需哺乳的状态，孩子就很少哭闹了。

梓涵一岁半的时候，有一天不好好吃饭，孩子爸爸非常生气，吼了他几句，把梓涵吓哭了，怎么劝也还是哭个不停，孩子爸爸就把梓涵关在一个房间里，由着他哭闹。过了几分钟，我进门查看，发现孩子已经哭得上气不接下气，而且满脸红血丝，看着很吓人。我们赶紧带儿子去医院检查，医生说是孩子哭闹的时候局部毛细血管扩张等导致的皮肤变化，能够自然消退，但是建议我们以后避免让孩子长时间哭闹。

记得接到园长电话的那天晚上，我和孩子爸爸回顾了这桩桩件件往事，确实对孩子太过严苛，不仅让孩子变得胆小和不自信，而且也影响了他和爸爸的亲子关系，那时儿子很怕爸爸，总是要逃避和爸爸在一起。园长的提醒给了孩子爸爸很大的触动，自那以后，他注意改变教导方式，不再一味严厉管教，而是更多地陪伴孩子一起游戏，一起玩耍，给孩子讲故事，孩子犯错了也不再简单粗暴地责骂，而是耐心讲道理，慢慢地，儿子不再胆小怕输，而是越来越阳光开朗，自信勇敢。

前不久看到一篇文章，提到美国心理学家研究发现，孩子胆小的问题与爸爸妈妈的教育有很大关系，往往是父母对待孩子的许多做法不够正确，在教育方式方法上过于简单，处理过急，造成孩子心理紧张，缺失了自信和勇气。

生活中，我们的确经常看到有父母出现如下的错误行为：1）恐吓孩子，口口声声说孩子不听话就要报警，让警察来把孩子带走；2）控制孩子的一举一动，凡事包办，过度保护孩子；3）给孩子贴上胆小害羞等标签，让孩子很容易接受消极的心理暗示；4）不和谐的家庭氛围，让孩子容易在父母的争吵和对孩子的吼叫中埋下恐惧的阴影。

而我们都知道，从小培养孩子的自信心和勇气，对于他们将来的学习和生活非常重要。父母的爱才是孩子自信的源泉，父母要多陪伴孩子一起游戏和游玩，让孩子感受到父母的关爱，有足够的安全感。父母要多多鼓励孩子，经常对孩子的进步给予表扬和肯定，哪怕孩子失败了，家长也要赞许他们的勇气和努力。同时也要学会适当放手，让他们走出去多和社会接触，自己去解决问题，并从中收获自信和成就感。

100分重要吗？

梓涵小时候，我们对他的期望值很高，自打他记事起，就经常给他吹风，希望他将来和爸爸妈妈一样，成为学霸，在班级里永远考第一名，将来考入北大和哈佛。

梓涵上小学一年级的某天下午，我接到班主任老师李青的电话，她说梓涵今天有个小测验，没有考100分，在班级里痛哭失声，难以自抑，引得全班同学都来安慰他。李老师询问我，是不是平时对孩子要求太高，让孩子对自己有很高的期许，经受不住失败和挫折。她特别在电话中提醒我，很多父母给孩子太大压力，不注重孩子逆商的培养，很容易出现孩子情绪失控的情况，甚至可能会出现孩子厌学或者轻生的极端后果。老师建议我们对这件事引起足够的重视，与孩子好好沟通，做好心理建设和辅导。

放下电话不久，孩子放学回家了，我清晰地记得，他回到家就把自己关在房间里，继续哭泣。我趴在门缝上，听见儿子一边哭一边自言自语，我怎么这么笨，为什么没有考100分？我们推开门招呼儿子吃饭，他说不想吃，吃不下，显然还是陷在情绪里无法自拔。

我马上和孩子爸爸做了沟通，反思我们的学霸型教育理念，重新思考我们到底期望孩子将来成为什么样的人，成为学霸考入名校是唯一的道路吗？还记得当时我先生调侃说，现在事业有成的人都不是成绩好的人，例如马云，当年连续读三年才勉强被杭州师范学院降分录取。我想起以前也看过一篇文章，说有一个大数据调查，发现在班级排名第7到第17名的人，未来的成就会更高。原因在于，其实学霸可能就是把所有的精力都用在学习上了，而排名第7到第17的人，他的资质和学习潜能并不比前面的人差，只是他没有把全部的精力用在学习上，但是发展了其他的一些能力，包括情商以及各种各样的兴趣爱好，而这些能力在未来踏入社会时更重要，也更容易令人脱颖而出。

于是，我们开始调整心态，不再一心想把孩子培养成学霸，而是更注重他的人格健康和全面成长。自那以后，我们不再一味盯着梓涵的成绩了。我们和儿子说，只要他努力了，每次进步一点点，爸爸妈妈就为他高兴。我们也不再要求儿子上各种各样的课程辅导班，而是鼓励他尝试各种兴趣爱好，绘画、钢琴、游泳、跆拳道、足球、篮球……只要儿子喜欢，我们就为他创造条件去学习，让他从小兴趣爱好广泛，阳光开朗。

后来，儿子上初中后，在一次考试中数学不及格，我询问他是怎么回事，儿子坦然地回答，我反正不是最后一名，还有好多同学比我分数还低呢——心态好得很。对比小学时，真是判若两人呀！在为儿子的好心态欣慰的同时，也让我不禁又想，是不是我们矫枉过正了？反思之后，我马上和儿子做了沟通，对症下药解决问题，让儿子立下阶段性目标，找到问题所在，不断进步。所幸，儿子资质不错，潜力无限，成绩很快就有了明显提高。

梓涵到美国读高中之后，对未来有了更清晰的规划，找到了学习的目标和动力，开启自我驱动全面开挂的成长模式。在遇到困难和挫折时，也知道理性对待并且自我调整，不再随意发泄情绪或者怨天尤人，逆商不断提升，这是后话了。

现实生活中，常常看到身边很多家长抱着"望子成龙"的心态，心心念念"不要让孩子输在起跑线上"，时时焦虑于孩子的学习成绩，从小就为孩子报各种辅导班，孩子的业余时间几乎都被占据用于上辅导班或者刷题，然而效果却常常适得其反。有的孩子在日复一日的刷题中丧失了创造力和学习兴趣，对学习产生厌倦，还有的孩子被抹杀了个性和思想，成了高分低能的书呆子和生活上的巨婴。在这个过程中，很多家长和孩子一直处于相爱相杀的境地中，痛苦不堪！

记得之前看过易中天的一个采访，直指当前教育面临的问题，句句切中要害。在易中天看来，我们的教育在某些方面丢掉了根本。有的学校俨然工厂，班级是车间，学生则是流水线上批量生产的齿轮和螺丝钉，只不过有的镀金，有的镀铜，有的压了塑料膜。但指导思想和生产模式，则是一样的。目标，是"望子成龙"；标准，是"成王败寇"；方法，是"死记硬背"；手段，是"不断施压"，还美其名曰"压力即动力"。至于孩子们是否真实，是否善良，是否健康，是否快乐，没有人去想。易中天大声呼吁教育要回归根本，即"人的全面自由发展"，不要"望子成龙"，而要"望子成人"。易中天同时也提出了他对教育的希望，"希望教育能让我们每个孩子，社会能够让我们每个人都成为真正真实的人，善良的人，健康的人，快乐的人"。

至今我一直非常感激，梓涵小学时遇到了一位心里有爱、眼里有光的启蒙老师——小学班主任李青老师，受益良多。我们也很庆幸，从孩子一年级时就调整了育儿观念，相信孩子本来就是有无限思维潜能的，所以一直抱着欣赏和鼓励的态度，让孩子自由生长，全面发展，让父母的目光追随着他的成长，静待花开。

愉悦的澳洲插班学习经历

2013 年，梓涵升入初中，就读于上海外国语大学附属外国语学校（简称"上外附中"）。这所学校成立于 1963 年，是教育部直属的七年一贯制公立中学，被誉为"神仙学校"。其"神"在于，初中毕业时不需要中考，而是通过校内考试直升本校高中，少有淘汰，而高中毕业时，要么出国留学，要么保送国内名校，进入高考战场的少之又少（经常是个位数）。其"仙"在于，因为没有中高考的压力，有别于一些体制内学校的作业成山及刷题成风，更重视学生的全面发展和综合素质提升，各项国际范儿的活动和各种学生社团应有尽有，形成独具特色的办学风格，培养了几任中国外交部长，迈入世界顶尖名校的校友更是不计其数。

正因为声名远播，每年的小升初季节，上外附中备受关注，家长们趋之若鹜。上外附中本校每届只录取120人，且面向全市招生，层层筛选，可谓竞争激烈，被录取的都是品学兼优的"牛娃"。在学霸如云的班级里，梓涵的成绩不算突出，特别是数学和物理，成了短板，让他明显感受到差距和压力，学习上也逐渐失去信心和动力，变得不求上进得过且过。

2015年临近暑假时，梓涵的大伯从澳洲打来电话，邀请梓涵利用暑假到澳洲的公立中学插班学习两个月，体验一下澳洲教育模式。梓涵欣然前往。这段经历非常宝贵，也是促使梓涵下定决心去美国读高中的一个重要诱因。

那时，梓涵的大伯在澳洲做访问学者，大伯的女儿（梓涵的堂姐）和梓涵同一年出生，从小一起长大，堂姐在澳洲纽卡斯尔的一所公立学校读书，和梓涵同样就读七年级。大伯得知澳洲是允许外国学生插班就读的，只需提前一两周向学校递交申请即可，而且澳洲是每年四个学期，中国的暑假期间澳洲还在学期中，正好适合去插班体验，就向梓涵发出了邀请。由于我和孩子爸爸工作繁忙，难以抽身陪同前往，而且梓涵也蛮独立，于是我们为梓涵办理了相关手续，让他在航空公司空乘人员的照顾下独自前往澳洲，开启了难忘的澳洲插班之旅。

那两个月梓涵真是如鱼得水，因为性格阳光开朗，而且英语非常好，语言方面没有任何障碍，第一天就和同学们打成一片，快速融入了新的集体中。记得梓涵说起过，第一天上学，女生们就簇拥过来，纷纷索要电话号码，这种热情和友善让儿子马上卸下拘谨，没有了隔阂和距离。而澳洲探究型的教学模式和活跃的课堂氛围也让梓涵感到新鲜有趣，乐在其中。更加关键的是，因为国内基础教育非常扎实，原本是短板的数学、物理突然成为了优势，最难的题目对梓涵来说都是小菜一碟，让他一下子就感受到了学霸的快乐。梓涵的好性格也让他很适应新的集体，和同学们相处融洽。等到他结束插班学习回到国内以后，澳洲的小伙伴们还对他念念不忘，集体录制了一个视频，向他表示问候，视频中一个个欢乐的笑脸至今仍令人印象深刻。

值得一提的是，澳洲的人文教育理念是"注重自尊自信、强调跨学科学识与实用能力相结合"，在传授知识的过程中，注重挖掘学生的兴趣与特长，引导他们主动、有效地学习，同时培养学生的良好人格和广阔视野。澳洲的中小学教育包含学前教育、学前班、小学、中学和高中，共13年。其中，中学分为公立和私立两大类，按照性别又可以划分为男校、女校和男女混校三类，一年分为四个学期，分别是1月、4月、7月和10月开学，接受插班入读（11年级和12年级除外）。澳洲中小学教育特点在于：1）小班制教学：澳洲中小学一个班不超过30名学生，师生间互动多多；2）优秀的师资：由接受大学教育的合格教师和特定学科的专职教师授课；3）一流的设施：普遍配有高标准的硬件设施，方便师生的学习；4）可选择性的课程设置：澳洲的中小学课程有一百多门可以选择，除了一些必修课程之外，孩子们还可以选择自己喜欢的，或者培养自己更多兴趣爱好的课程；5）资优计划和高才生计划：成绩优异的学生能够获得学校的重点培养，还

可提前向优等生讲授大学程度的课程，可预先修得学分；6）个性化教育：个别学校可以为需要额外学习支援的学生定制个人学习计划；7）升学途径多：澳洲的中小学教育学历在高中毕业后是受到国际多数学校认可的，同时对于不愿意升学的学生，澳洲90%的中学有职业教育课程，未来职业发展和学业发展都有非常多的途径；8）留学陪读制度好：不同于美国，澳洲允许孩子的一位家长申请陪读的签证，而且陪读妈妈可以在澳洲申请打工许可证，既可以照顾孩子，也不至于有太大的经济压力。在这些诸多优势中，丰富的课程设置、个性化教育和探究型的教学方法让梓涵受益颇多，游刃有余。

从澳洲回来后，梓涵向我们提出来要出国留学，他说非常喜欢和适应国外的教学模式，而且找到了学习的自信心。他说自己不是遇强则强的人，在上外附中有一种被学霸们碾压的感觉，他是"宁当鸡头不当凤尾"。我们想到他是在美国出生，美国的高中和大学教育优势多多，让他早一点去适应也好，于是开始为他出国留学做规划。

梓涵到了美国读高中之后，和澳洲插班的感受一致，一方面英语非常好，一点障碍都没有，尤其他的发音特别地道标准（可能归因于我的胎教之功吧），学校老师都以为他就是土生土长在美国的孩子。另外，由于国内公立学校比较重视数理化的基础，他原来的短板都成了优势，同学和老师都说他是数理化天才，分分钟就可以解答出各种难题。

所以这一段澳洲插班学习的经历对梓涵非常重要，为他到美国就读高中做了很好的尝试和准备。因此，现在有人找我咨询，问他们的孩子要不要出国，我建议他们不要盲目选择，国内教育和国外教育各有利弊，关键看孩子适合哪种教育模式，毕竟每个孩子都不一样，家长要因材施教，为他规划适合的道路；第二要让孩子来做决定，而不是父母单方面决定，不管孩子是否情愿。至于怎么样让孩子做决定，就是最好给孩子创造类似的国外插班学习的机会，或者参加国外的各种夏校（夏季暑假课程），让孩子有机会切身体验国外的教育风格，看看他是不是适应和喜欢，如果孩子适应了再去出国留学，就不大会出现问题。反之，我们也看到很多出国留学的孩子，各方面不适应，又转学回来，如果是转回到国内的公立学校，基本上没办法衔接。

从"要我学"到"我要学"

2017年9月，梓涵入读美国大波士顿地区一所公立高中，我也放弃了工作，陪伴他整整一年，帮助他度过了最初的适应期，也算是某种程度上弥补了之前对儿子陪伴的缺失。

记得九年级第一个季度结束，梓涵放学回家，满脸兴奋地冲到我面前，手里举着电脑，上面显示一张成绩单，激动地说："妈妈，第一季度考试成绩公布了，我的各科成绩都是 A，好高兴呀！我找到了学习的荣耀感，以后要好好学习。"

几天以后，梓涵又找我商量，让我给他报一个奥数班，我当时惊讶得不得了，因为梓涵从小到大都是抗拒各种各样的补习班，从来不肯上奥数班或者思维训练班，当然我们也不逼迫他上，怎么现在突然想去学奥数了。梓涵说因为参加了学校的数学俱乐部，里面有一个华裔的学生比他数学好，所以他要想办法努力加油，超过她！梓涵找到了学习的信心和内驱力，从"要我学"变成了"我要学"，这个改变让我十分惊喜和欣慰！

回想起梓涵的成长过程，在高中以前，因为我一直上班，工作繁忙，周一到周五基本上是朝九晚十的工作状态，梓涵几乎见不到我（晚上我回到家他已经睡了，第二天早上他早早就去上学了），所以只有周末的时间可以全程陪伴他。疏于陪伴，虽然让梓涵特别自主和独立，但不好的地方在于，我们在学习上对他的督促和引导不多，那些父母陪伴孩子做作业的经历我们几乎都没有，基本上是自由放养的状态。一方面，没有帮助梓涵做好生涯规划和指引，导致他小时候没有目标和方向，在学习上得过且过，经常沉迷于游戏，数学和物理这种需要勤加练习的科目成绩平平，梓涵也越发找不到学习的荣耀感和动力，不思进取不求上进；另一方面，没能帮助梓涵养成良好的学习习惯和时间管理的能力，让他比较懒散，自律性不强，做事容易拖延，为此我也是焦心不已。

到美国读高中之后，因为国内公立学校打下了较好的数理化基础，他原来的短板都成了优势，英语也是全无障碍，让他找到了学业上的自信心和成就感。不仅如此，梓涵非常适应和喜欢美国高中的课程及教学模式，国内是"知识灌输型"的教育，考的是标准答案，往往要通过反复刷题才能取得优异成绩，而美国更强调"能力培养型"，重视学生的阅读和思辨能力的培养。高中的课程种类丰富，必修课和选修课林林总总，还有很多大学先修课程（AP 课），学校的顾问会和每个学生沟通，根据学生的学习能力和兴趣爱好匹配适合的课程，每个人的课程都是不一样的，每天按照自己的课表找教室和老师（俗称"跑课"），而不是像在国内一样，同班学生坐在同一个教室里按照同样的课表等着老师来上课。另外，在教学方式上，很多课程是探究式的，老师只是引导者，学生分成若干小组，通过大量的阅读、小组讨论及撰写文章，完成一个学习项目。梓涵从小就性格开朗，阅读能力强，也乐于讨论和分享，很喜欢这种教学模式，可谓如鱼得水。

除了学业上的成就感之外，激发梓涵找到"自我驱动力"的关键，是我为梓涵聘请了一位学业规划顾问。这位顾问是美国一所常青藤名校的前任招生官，美国人，毕业于美国顶尖文理学院，做了多年大学招生官，熟悉美国名校的招生标准。从九年级开始，顾问每月一次一个小时的通话交流，为梓涵在学业、课外活动、夏校安排等方面提供指引，帮助梓涵明确目标和方向，并适时给予督促和帮助。

另外值得一提的是，在美国陪读期间，我利用梓涵的冬假和春假，带他一路从美国东部、南部到西部，访问了二十多所顶尖大学，这个访校经历对于梓涵非常重要，让他切身感受到了大学的魅力，对他也是一个非常好的激励。

梓涵读高中后的蜕变和成长，给我最大的感受是内因才是起决定作用的，一定要找到孩子的"内在驱动力"。正如梓涵在前两年受邀参加一个在线访谈时所提到的，每个孩子都不一样，可能是先天基因和天分，也可能是后天环境的影响，每个孩子对某一个学科的热情和热爱也不完全一样，有些孩子就是天生擅长数学，有些孩子就是对语言有天分，所以孔子说因材施教真的很有道理。对于家长来说，需要明白一点，自己的孩子想要什么，又擅长什么，孩子对哪些方面有热情，对哪些事情不感兴趣？因为不管是中国还是美国的教育，到最后都是要做自己的生涯规划。作为孩子，也要早早去想这个问题，以后想要成为什么样的人，想要做什么样的工作，想要对社会有哪些贡献？如果能尽早地去思考这些问题，然后通过对自我的认识和了解，逐步拓宽他的边界，发展兴趣爱好，他就能把喜欢和擅长的事情做到更好。家长不要逼迫孩子去挑战极限，功利地想让孩子成为一个全面发展的人，因为没有人是完美的，每个人在社会上的定位职责都是不一样的。有些人做股票经理人，有些人教书，有些人去做一些社会上的服务者，关键是通过因材施教的方法来寻找到孩子真正的天分所在，寻找到孩子真正的热情所在，找到自我的定位，做自己喜欢和擅长的事情，成为最好的自己，并为社会创造价值。

写到这里，我想到一个词——木桶理论，中国的家长习惯于补孩子的"短板"，但是美国更强调发展孩子的"长板"。在美国的家长和老师眼里，孩子有短板没有关系，只要长板够长就好，他同样可以凭借某个特长赢得名校的青睐，在社会上找到自己的位置和舞台。其实，每个孩子都有无穷的潜力，有些人是学业方面，有些是艺术方面，有些是体育方面，作为孩子第一位教育者的家长，需要更多地和孩子沟通，细心观察和引导，去挖掘孩子真正的潜力，然后创造各种各样的条件，不断放大这个潜力并且使其成为孩子的优势。用一个形象的比喻，每个孩子内心都有一粒期待向上的种子，作为家长，需要给这颗种子浇水施肥，使他能够茁壮成长，让他长成一棵大树，长出繁茂的果实。换言之，**每个孩子内心都有一颗火种，等待着被点燃和激发引擎，从而找到内在驱动力。**同时，对家长来讲，我们不能急于求成，而是要有耐心，用欣赏的眼光追随孩子的成长，静待花开。

美国高校探访经历

我在上文中曾提到，在美国陪读期间，我利用梓涵的冬假和春假，安排了三次行程，分别陪同他到美国东部、南部和西部，陆续走访了二十多所顶尖大学。包括：哈佛大学、麻省理工学院、塔夫茨大学、威廉姆斯学院、耶鲁大学、哥伦比亚大学、纽约大学、普林斯顿大学、圣乔治大学、杜克大学、埃默里大学、范德堡大学、佐治亚理工学院、戴维森学院、维克森林大学、加州大学洛杉矶分校、加州大学伯克利分校、加州大学尔湾分校、加州大学圣地亚哥分校、加州大学圣巴巴拉分校、加州理工大学、南加州大学、斯坦福大学、波莫纳学院，等等，大概美国排名前三十的大学和顶尖文理学院，我们访问了大半！

美国的大学很注重品牌宣传，我们都知道哈佛大学世界闻名，但是招生季结束之后，所有的招生官依然要到各地去做巡回推介。同样，美国的所有大学都欢迎家长和学生去访校，在大学的官网上都会有一个页面，可以预约访校，一般都包括说明会和校园参观。到约定的时间，就会有一位招生官做一小时左右的全方位介绍，包括学校的背景、优势、课程体系以及招生要求，等等，同时接受家长和学生的提问。介绍完毕，会有学校指定的学生向导引领家长和学生参观校园，整个参观时间也是一个小时左右。相比于个人参观只能走马观花看建筑和校园，学生向导则可以引领家长和学生们走到学校的图书馆、教室、研究室、体育中心、食堂、宿舍等地方，详细介绍方方面面的情况，同时还会结合自身经历分享在校的心得和感受，让参访者近距离感受校园生活，切身体验大学的特点和魅力。

在访校的过程中，我们了解到美国大学的招生录取是一个综合评价体系，成绩（包括标准化的 SAT 或者 ACT 成绩以及高中四年的学业成绩）只是一个必要条件，另外还要看学生的综合素质、学习潜质、竞赛成绩、课外活动、社会实践、公益活动、兴趣爱好、价值观，等等，这些无法用分数衡量的软实力更是招生官们注重的部分，而且每个大学的侧重点和录取标准也各不相同。

据了解，美国大学最初的招生录取制度与英国类似，以成绩为主，但是这种单纯的成绩选拔模式让一贯成绩优异的犹太人占据了各个高校；为了更加多元化，自二十世纪六十年代开始，以常青藤大学为代表的高校开始探索改革，逐步形成以综合评价为核心的录取制度，其目的是选拔未来有成就的人，而不仅仅是成绩优秀的学生。

在录取标准方面，美国大学招生咨询委员会（NACAC）列举大学录取全部考虑的标准共计 19 项，包括：1）中学所学课程的难度；2）高中阶段综合学业成绩排名；3）高中阶段综合学业成绩；4）标准化大学入学考试；5）大学入学申请文书；6）大学入学推荐信；7）大学入学面试；8）高中阶段课外活动情况；9）个人天赋与能力；10）个人性格特质；11）是否是第一代大学生；12）是否有校友亲属；13）个人生活的地理位置；14）是否本州居民；15）个人宗教信仰；16）个人种族；17）参加志愿者工作情况；18）个人工作经验；19）对申请学校的感兴趣程度。需要说明的是，这 19 项标准不具有任何强制性，各个大学会根据学校自身特色有所取舍，也反映了各自的价值取向与人才偏好。

在这 19 项标准中，排在第一位的是中学所学课程的难度，其重要性可谓不言而喻。因为美国高中采取选课制和学分制，除了学校规定的几门必修课程外，学生可以根据自己的兴趣与能力选择各类选修课程，所以同一年级的学生选择的课程难度相差很大。通过查看学生所修课程的难度，可以了解学生的学术能力以及是否能够充分合理利用学校的资源。其中，最能体现课程难度的通常是 AP 课程（大学预修课程），这是美国大学理事会提供的在高中授课的大学课程，有 22 个门类、37 个学科，美国高中生可以选修这些课程，在完成课业后参加统一的 AP 考试，得到一定的成绩后可以获得大学学分，也成为美国各大学录取学生的重要依据。

美国大学非常看重学生在高中阶段的学业成绩（GPA），《美国新闻》（US News）排名前一百的大学中，有 35 所将该项列为最重要标准。GPA 记录了高中四年每一步的学业表现，每门功课的成绩都是一篇篇作业、一次次阶段考试的总成，丝毫不能掉以轻心，可谓一分耕耘一分收获。但是，因为选修课程的难度不同，在实际录取时，招生官会参照学校开设的课程难度和学生的选课情况及学生的 GPA 做综合评估，也就是说，如果一个学生只是选修普通课程，即便 GPA 很高，也不如另一位选修了很多 AP 课程但是 GPA 略低的学生有优势，因为后者勇于挑战自我并展现了更好的学业潜质。此外，某些大学也比较重视学生在年级的排名，由此判断学生在本学校同年级学生中的学业水平。

另外一项硬指标是标准化大学入学考试，即 SAT（学业能力测试）或者 ACT（美国大学入学考试），它们既是美国大学的入学条件之一，又是大学发放奖学金的主要依据之一。学生可根据自身情况选择其中一种考试类型（当然也可以同时报考），并且自主安排考试报名及相关准备。美国 ACT 与 SAT 考试均每年举办多次，因此可以多次参加考试，直到获得理想的成绩。

值得一提的是，美国的顶尖高校特别重视学生的软实力，包括独立思考和学习的能力，对知识的好奇心及积极进取的态度，对于所选专业展现出来的热情、责任感和领导力，成功克服逆境的能力，等等。其中，以常青藤大学为代表的顶尖高校特别重视价值观的衡量，更倾向于录取有领导力和社会责任感的学生，未来有望成为引领他人及改变社会的领袖。一言以蔽之，**相比"选分"，更重视"选人"**。因此，在招生考核时会特别重视学生的申请文书（个人陈述）、推荐信、课外活动等，借此立体性及全方位考察学生的综合素质。

一项调查显示，当申请者的学业成绩、标准化考试分数等旗鼓相当时，好的申请文书会成为决定性因素。所有大学都将文书的重要程度标为重要或非常重要，因为只有通过文书，大学才能了解到真实的、立体的学生形象。而来自学校老师及他人的推荐信则是对成绩和文书的确认和补充，通过第三方的客观评价，展现学生的学术能力和性格特质，也是大学录取时的重要考量。

另外值得一提的是课外活动，它能够突显学生的特质和亮点。招生官可以从中了解学生的兴趣爱好、学术潜质、个性特点，以及其他强项等，还可以判断学生的领导能力、组织能力和团队协作能力。与此相关的还有参加志愿者活动的情况及个人打工经历等，也可以让招生官更全面地了解学生是否有利他精神和社会责任感，与大学的价值观是否契合。

至于其他的录取标准，包括个人天赋与能力、性格特质、是否是第一代大学生，等等，这里就不一一赘述了。

申请大学重要的是找到最适合自己的学校和专业。对于梓涵来说，这个访校经历也是难得的励志教育，让他发现自己喜欢的大学，并为此制定目标和规划。

完全人格　首在体育

从梓涵上幼儿园开始，我们一直支持和鼓励他发展各种兴趣爱好。梓涵幼儿园上的是刘诗昆音乐幼儿园和孔祥东音乐幼儿园，每天都有一个小时一对一的钢琴课，另外还在校外报名参加了跆拳道、绘画、足球、游泳、骑马等各种兴趣班，可是基本都是浅尝辄止，不能持之以恒。即便如此，我们从来没有限制他探索各种兴趣爱好，依然支持他去做各种尝试，并从中找到自己的最爱。

直到上了初中以后，我们给梓涵报名了一个篮球俱乐部，是外教用全英文授课，起初我只是想让他同时练习英语听说和篮球，一举两得，但是在这个过程中，梓涵最终发现篮球是一个可能相伴终生的兴趣，也是他非常有热情并愿意付出更多努力去收获快乐的一项运动。

现在想来，梓涵之所以喜欢篮球运动并坚持至今，主要源于外教生动有趣的教学方式，让他找到了篮球运动的乐趣。与中国的教练相比，外教在初期更重视孩子兴趣的培养，而且是浸入式的教学氛围，和孩子们一起做各种篮球游戏，让孩子逐渐喜欢上篮球，然后才是强调篮球技术和规则的教学。而别的教练往往从最开始就关注技术和动作的规范性，居高临下地要求孩子们一次次重复各种动作要领，很容易让孩子觉得枯燥乏味而就此作罢。

另外，相比很多家长为了功利的目的为孩子报各种兴趣班（例如想让孩子获得很多证书用于升学，等等），我们只是为了让儿子有一个相伴终生的兴趣爱好并从中受益。坦白说，在美国，华裔孩子打篮球不占优势，很难出成绩，很多华裔家长选择更适合中国孩子的技巧性或者贵族性的运动，例如体操、花样滑冰、击剑、马术、高尔夫，等等，一方面突出华人在技巧性运动方面的先天优势，另一方面贵族性运动提高了竞争门槛，大多数美国人不舍得在这方面花费巨资，华裔孩子也因此更容易取得优异成绩。即便如此，我们仍然鼓励梓涵继续打篮球，就是希望借助这个爱好培养他的意志品质、加强团队精神和合作精神、知道如何应对失败和挫折、学会放松和解压。

　　我曾经看过一篇文章，标题是《中美两国教育最大的差异可能是体育》，我非常认同文中的观点。文章提到，在中国，学霸是最受欢迎的，可谓集万千宠爱于一身。而在美国，最受瞩目的则是橄榄球和篮球等热门项目的校队主力，特别是队长。如果球队获得荣誉，或者学生升入大学后参加体育队，那绝对是学校的特大光荣，校长会亲自接见，学校官网上也将是重磅新闻。其原因在于，美国有很多私立学校，除了学费收入外，主要靠校友和社会各界捐款支持。如果学校球队经常取得优异成绩，就会吸引校友的观看及支持，学校的精神和人气也会上扬。

　　在美国期间，我也和很多家长交流过。家长们一致认为，体育能带给孩子对一件事情的热忱，锻炼他们的意志品质。例如，梓涵喜欢打篮球，是从六年级开始接触，到现在坚持了六年多，每天他都会用两个小时的时间去训练，我觉得这个是很难得的。我在美国的一个朋友的儿子是学校游泳队队员，到了赛季，每天早上五点钟起床去训练，因为七点钟要上课了，他没有其他的时间，只能五点钟去训练。一个孩子如果长期这样坚持，那么对于意志品质的培养是绝对打下了很好的基础，今后将会受益无穷。另外，体育是最好的放松和解压，美国的高中其实是非常辛苦的，梓涵升入 11 年级后，除了基础课外，还选修了四门大学先修课程，经常要用四五个小时写作业，在学业繁重时，一场酣畅淋漓的体育运动，会让人立刻觉得非常轻松和快乐，再次回到书桌前，学习效率会加倍提高。

　　对梓涵来说，他喜欢足球和篮球，这两项恰好都是团队运动，在运动过程中让他明白了自己一个人单打独斗是不会出成绩的，必须学会去和队友沟通、配合，齐头并进，团队合作，才能创造更多进球机会，而这也正是美国教育很重视的一点。如果能在球队中做队长，则更好地锻炼了自身的领导力，更容易受到大学的青睐。梓涵在球队里虽然不是队长，但是他在场上和队友密切配合，在场下给大家加油打气，在更衣室也是话多的那一位，和队友们分析局势，商量下半场的策略，等等，这个过程也在一定程度上展现了领导力和团队协作精神。

特别值得一提的是，体育运动教会梓涵如何应对失败和挫折，让他受益匪浅。梓涵从六年级时开始喜欢打篮球，自认为水平很高，但是到美国读高中后，第一年冬季的校队试训失败了。梓涵蒙着被子哭了一晚上，枕头被子全部打湿了，但是第二天他就振作起来了，和我分析失败的原因：一是太急于求成了，导致动作变形和受伤，没能发挥出真实水平；二是他之前比较重视个人战术水平，缺少团队的配合，所以他要在努力提升个人水平的基础上，寻找校外的篮球俱乐部，增加团队之间训练和比赛的经历。这次试训失败可以说是儿子人生中的第一次挫折，欣慰的是他马上分析失败的原因，并开始调整，通过校外俱乐部的训练和比赛，不断提升团队配合能力，最终在第二年成功入选了学校的校队，这段经历对他来讲非常宝贵！的确，体育运动总是会有输赢，没有常胜将军。正如人生也不可能永远一帆风顺，总是有各种各样的困难和挑战，学会了在体育场上如何经常应对失败和挫折，这种逆商会逐渐内化和根植在孩子心中，更容易笑对人生。

研究发现，运动能让大脑中9个不同区域的大脑灰质增多，这些区域关联认知功能、执行功能等，运动还能让大脑产生多巴胺、血清素、正肾上腺素及营养素 BNDF，这些神经传导物质能让人心情愉快，精神振奋，缓解焦虑，增强记忆力和专注力，并促进神经细胞长出新的分支。不仅如此，运动还能让大脑年轻，保护大脑，不受无法治愈的疾病（比如抑郁、阿尔茨海默症、失智症等）的侵扰，而通过运动加深对生活的理解和热爱才是体育真正的魅力所在。

古希腊哲学家柏拉图在他所著的《理想国》中以体育和音乐为教育之基，认为体育能让人集中精神，音乐和美术则能陶冶性情，它们对学问和人格训练至为重要。柏拉图曾经说过，神给人进化的两种管道——教育和运动，教育，是人走出愚昧无知的管道，而运动，是人走出平庸走向强大、突破自我的管道。1919 年，

著名教育家、时任北京大学校长蔡元培先生提出了"完全人格，首在体育"这样前瞻的教育主张，认为体育是要发达学生的身体，振作学生的精神。的确，体育，最重要的不是输赢，而是体育精神，包括意志品质、忍耐和毅力、突破自我、遵守规则、团队精神以及如何在失败中崛起，等等。NBA 著名球星科比那一句"你见过凌晨四点的洛杉矶吗？"曾经激励了无数人，也是对体育精神的最好诠释之一。体育，应该是教育中不可分割的一部分，理应成为一种生活方式，而不仅仅是强身健体。

浅尝辄止却受益无穷的艺术探索

2020 年 1 月，我利用春节前后的空当来波士顿探望梓涵。一天傍

晚，我听到了吉他弹唱的声音，循着声音找过去，发现是梓涵在抱着吉他自弹自唱。看他对照着琴谱，熟练地拨弄琴弦，轻声和唱，我不禁惊讶于他居然可以无师自通掌握了吉他弹奏的技能，并且运用自如。

询问了梓涵，他说是小时候的钢琴学习给他打下了扎实的乐理基础，也让他有了很好的乐感。来到美国之后，在教会的家庭聚会上，经常看到弟兄姊妹们弹奏吉他，集体演唱教会诗歌，于是对吉他弹奏产生了浓厚兴趣，买了吉他和相关书籍，自己摸索着学习，很快就学会了。

此后的一段时间，经常可以看到梓涵在忙碌的学习之余，拿起吉他自弹自唱，无论是教会诗歌还是流行歌曲，都能信手拈来，弹奏自如。兴致来临时，有时还会在家里的三角钢琴上弹奏一小段钢琴曲，每每这时，家里的两只狮子狗就会围上来，随着琴声摇头摆尾，犬吠不停，就像是在唱歌一样，实在是非常欢乐的场景。对于梓涵来说，这也是紧张忙碌的学习中的一种放松和调剂。

虽然吉他弹奏技艺与日俱增，但遗憾的是，因为疏于练习，梓涵的钢琴演奏能力几乎荒废，现在只会弹奏一两段钢琴曲了。梓涵有一次和我聊天时，后悔小学时就放弃了钢琴学习，也埋怨我们没有逼迫他继续练琴，枉费了他在幼儿园时打下的好基础。

从梓涵上幼儿园开始，我们一直支持和鼓励他发展各种兴趣爱好。梓涵幼儿园上的是音乐幼儿园，每天都有一个小时一对一的钢琴课，学校也经常组织各种汇报演出，给孩子们提供表演的舞台。上了小学之后，我们继续给梓涵报名钢琴学习班，每周两次钢琴课，直到小学四年级时，钢琴老师希望梓涵参加钢琴考级，要求他每天练琴，但是梓涵不愿意日复一日重复演奏同一首曲子，屁股根本坐不住板凳，后来更是抗拒考级。我和孩子爸爸商量之后，决定不勉强孩子做自己不愿意的事，也就不再逼迫他练琴和考级了，梓涵的学琴之路戛然而止。此后，我们又给梓涵报名过绘画班，但是他没有耐性，也是浅尝辄止，不能持之以恒，直到初中阶段才找到了篮球最爱。

即便如此，梓涵小时候的钢琴和绘画学习还是带给他很大的收获。第一，有很好的乐理基础和音乐感觉，所以才会无师自通很快掌握吉他弹奏技能；第二，从小就经常登台表演或者主持，锻炼了梓涵的舞台表现力和语言表达能力，让他在公众场合从不怯场，无论是在班级的讨论课、公开演讲还是各种访谈现场，都能从容表达自己的观点，且自信满满；第三，有较好的艺术领悟力和鉴赏力，兴之所至时还能随性挥毫，画上几笔；第四，紧张忙碌的学习之余通过弹琴来放松和调剂，也是幸福力的来源之一。

著名诗人余光中曾说："高尚的情趣会支撑你的一生，使你在最严酷的冬天，也不会忘记玫瑰的芳香。"我也曾看过一篇文章，提到艺术对于孩子的影响，文中写道："用故事喂大的孩子，自然通达人性；用诗词喂大的孩子，自然有格局；用音乐喂大的孩子，自然有灵性；用绘画喂大的孩子，自然富有创造力；用舞蹈喂大的孩子自然肢体协调、团队合作能力强……"的确，关于生活的趣味，关于艺术的感知，关于美的教育，不仅仅是一项受益于一时的技能，更是一种能够融入到生活中，使孩子受益一生的思维方式。

纵观人类发展史，艺术与科技始终不曾分割，从达·芬奇到米开朗琪罗，皆在艺术与科学领域共有卓越成就。而苹果公司之所以成为科技巨头，正是受益于科技与艺术的结合。苹果公司创始人乔布斯认为，伟大的艺术家和伟大的工程师是相似的，他们都有自我表达的欲望，而技术与艺术并不是相互分离的。乔布斯一直坚持在科学与艺术的交叉领域不断创新，在他看来，好的产品设计来源于对美的不懈追求，用技术来保证质量，用艺术来提升品位，要给冰冷的科技注入人性的美感。正是基于此，苹果公司推出的手机等产品不再是一堆金属片，而带有浪漫、美好等象征和人文关怀，并因此受到了无数用户的青睐。

今天的社会，科技日新月异，早已从工业时代迈入信息时代，而未来三十年，还将从信息时代转向概念时代，改变会更多、更猛、更快、更不可测，到那时，仅靠知识和逻辑工作的人，逐渐就会被人工智能所替代，越来越贬值，只有那些有创意的工作，才不会被轻易替代。届时，科技产品艺术化、时尚产品科技化将是未来的趋势，人文、艺术和科技交融的职业也由此会受到更多青睐。而随着物质生活的日益丰富，未来的孩子们一定不会像我们这代人，追求赚钱，追求生存，追求房子，而是会真真正正地代替我们开始追求幸福。

未来学家丹尼尔·平克认为，未来的孩子要掌握六种技能：设计感、讲故事的能力、整合事物的能力、共情能力、会玩、找到意义感。其中，感性的思考力、创造力和幸福力，至关重要。而让孩子从小在艺术上不断探索和浸润其中，将会有助于提升这些能力，未来将受益无穷。

最好的课堂在路上

前不久，准备给梓涵更换归国证件（原来的中国旅行证到期），翻出他的护照，发现盖满了各式各样的入境章，又从抽屉里翻出了厚厚一沓出入境通行证（仅限一次性使用），盘点了一下，发现梓涵从出生开始，足迹遍布世界各地。

回想起我们这一代人出生和成长的年代，正值改革开放前后，百废待兴，很多家庭只能维持温饱状态，根本没有多余的闲钱出门旅行。那时的我们，埋头于书本，在上大学之前几乎没有离开过家乡（记忆中我只有一次去北京参加夏令营的机会），去国外，更是想都不敢想，对外面的世界知之寥寥。印象特别深的是，直到研究生毕业那一年，我才第一次坐上飞机。记得那时在一家外资企业实习，老板很赏识我，希望我毕业后留在公司工作，得知我过年回家要坐将近20个小时的硬座火车，他主动提出来为我报销一次机票，我才有了第一次的空中旅行。

梓涵是00后，出生在美国，不仅仅去过美国多次，还游历了奥地利、德国、匈牙利、澳大利亚、新西兰、日本、韩国、越南等国家，从小听英语歌曲，看各种外国电影和剧集，对NBA球星和世界足球巨星如数家珍，似乎完全没有国界的限制……至于国内各地，从北到南，从东到西，从城市到乡村，足迹遍布近二十个省份。

两代人的游历是如此大的差别，让我不由得感慨时代的进步。对我们这一代人来说，舞台是家乡、省城、北上广，少数人去了欧美，对梓涵这一代人来说，舞台一开始就瞄准美日欧，未来会不会是银河系的浩瀚星辰呢？

古人有云，读万卷书，不如行万里路。著名教育家陶行知先生也一直倡导"知行合一"，强调行中去悟，实践中学，学以致用的教育理念。我和梓涵爸爸一致认为，科技进步，世界大同，对如今的孩子们来说，世界是最好的书本，最好的课堂在路上。教育，不一定仅仅局限于校园中，也不只是老师单方面的灌输，它也可以在田野、营地、基地、景区等"无边界的教室"中实实在在地发生，让孩子们通过研学（研究性学习和旅行体验相结合）开阔眼界，增长见闻。因此，从梓涵出生开始，我们就利用各种机会，带领梓涵游历国内及世界各地，让世界在他面前徐徐展开，让梓涵在大自然的春风雨露中吸收营养，健康成长。

梓涵从小到大，经常跟随我们到美国东西部旅游，也曾多次参加美国的夏令营，还陆续探访过二十多所美国顶尖私立高中和二十多所美国著名大学，非常喜欢当地的文化和教育模式。除此之外，在他的成长历程中，以下四次研学经历令他印象深刻，对他的生涯规划和全面成长颇有助益。

最早的一次是在小学三年级，学校统一组织学生利用暑假参加"趣味新学习，非常新体验——福山学子海外文化交流活动"，游历了德国、奥地利和匈牙利，通过穿越具有历史积淀的世界名城，体验浓郁的异国文化。那是梓涵第一次远离父母到国外旅行。记得在机场送机时，孩子爸爸竟然因为不舍而落泪，而梓涵倒是因为有老师和小伙伴们同行，表现得很兴奋，完全没有紧张感。为期两周的旅行，梓涵遵照老师的要求，每天一篇日记，记录了沿途所见所闻，也从旅行中开阔了眼界，锻炼了独立自主能力，加深了集体生活的体验。

2015年暑假，梓涵到澳洲的一所公立中学插班学习了两个月，凭借扎实的英语基础和外向开朗的性格快速融入班集体中，与小伙伴们相处融洽。探究型的教学模式和活跃的课堂氛围让梓涵深感新鲜有趣，更加关键的是，因为国内基础教育非常扎实，原本是短板的数学、物理突然成为了优势，让他感受到了学霸的快乐。这段经历对梓涵非常宝贵，也是促使他下定决心去美国读高中的一个重要诱因。

2016年暑假，梓涵参加了北大校友自发组织的"二代夏令营"，十余位北大同学的孩子齐聚位于杭州的诺辉健康生物科技公司，利用一周时间，聆听诺辉健康精心组织的各种学术讲座，参加小组研讨，了解生物科技知识，并跟随科学家走进实验室，实地体验肠癌早期筛查的方法和流程，甚至尝试亲自动手操作。这些课本以外的知识和实验，让梓涵对生物和化学产生了浓厚兴趣，也让他在留学美高后主动修习相关的大学先修课程，并取得了很好的成绩。

2018 年暑假，梓涵参加了达特茅斯学院的一个机械工程研学课程，跟随教授学习相关知识，并且随同参加了在纽约举办的一个国际会议，接触了很多前沿科技信息。这段经历又让梓涵对机械工程学科产生了兴趣。梓涵的好学精神和认真态度也博得了教授的好评，教授盛赞他"每天准时来学校，积极动手参与实践和讨论，对新科学有强烈的好奇心和钻研精神，是不可多得的可塑之才"。

去年，梓涵收到了耶鲁大学"全球青年学者项目"的录取通知，并于暑假参加了耶鲁大学举办的为期两周的夏校。这个项目致力于为精英的高中生培养跨学科的应用能力、国际意识及成为领导者的思辨能力及交际能力。今年这个项目有七千多名申请者，只招收250人，在激烈的竞争中脱颖而出，让梓涵不胜欣喜和雀跃。

特别值得一提的是，这些研学活动有别于之前课堂上的做题训练，它是集参观访问、社会调查、文化体验、资料搜集、小组研讨、老师点评、集体活动、同伴互助等为一体的综合性实践活动，而且更多是孩子们自主的研究性学习和讨论（或称为项目式学习），教授和指导老师只是提供引领和帮助。活动组织者会事先确定要培养学生哪些能力，然后找到对应的主题或具体的问题（也就是项目），把相关的能力培养都融到学习过程当中。这种"用中学"和"做中学"是最高效的学习，不仅能获取知识，更是综合能力的培养，也更适用于当今信息时代的人才培养方向（相比而言，传统的灌输式教育更像是工业时代的模式）。更关键的是，这种研学活动有利于激发孩子们的自主学习兴趣，并能从中体会到学习的快乐和思维的成长。

除了上述研学课程外，梓涵还曾多次参与或发起募款、捐物、义工和支教等公益活动。到了美高留学后，又有了很多打工经历，例如，在篮球俱乐部做外教的助理和翻译、在英语培训机构做助教、在儿童

游乐中心做安全防护员，等等。通过这些活动，梓涵有机会参与各种
社会实践，接触和了解社会，也体验到了靠劳动赚钱及帮助他人的快
乐，逐渐成长为一个阳光开朗、平和有爱、人格健全、有利他精神和
服务社会意识的青少年，可谓收获满满。

2018 年结束陪读生活后，我回到国内，有感于梓涵的蜕变和成
长，开始对中小学生的研学实践和素质教育产生浓厚兴趣，并在探索
相关的事业机会。在这个过程中，我了解到，研学和营地教育在欧美
国家已经有一百五十多年的历史，影响了几代人的成长，形成了独特
的营地文化，帮助孩子在集体生活中锻炼社会实践能力和人格素养，
成为发达国家教育的重要组成部分（是学校教育的延伸和补充）。我也
欣喜地获悉，近年来，教育主管部门越来越重视学生的综合素养，把
立德树人融入思想道德教育、文化知识教育、社会实践教育各个环节。
2016 年 12 月，教育部联合 11 个部委共同颁布《关于推进中小学生研
学旅行的通知》，将研学旅行纳入教育教学计划，倡导由学校根据区域
特色、学生年龄特点和各学科教学内容需要，组织学生通过集体旅行
和集中住宿的方式走出校园，走进名山大川和革命圣地、高等院校和
科研院所、城市社区和田野乡村、企业和工厂以及其他各类营地 / 基
地，开展丰富多彩的研学旅行活动，通过综合性的文化实践活动来拓
展视野，丰富知识，加深与自然和文化的亲近感，培养独立自主意识
和团队精神，增加对集体生活方式和社会的体验。

法国思想家卢梭曾有两个教育理念："在实践中学习"和"在戏剧
实践中学习"。著名作家龙应台说："上一百堂课不如让孩子自己在大
自然中走一天，教一百个钟点的建筑设计，不如让学生去触摸几个古
老的城市。"的确，世界是孩子最好的课堂，我们要创造更多的机会，
让孩子们走出校园，沉浸于不同的多元文化学习中，体验各地各国的

文化差异，丰富孩子的思维、见识以及精神，领略世界的精彩，培养他们对生活的热爱，对知识的兴趣，对生存的认知，对世界的达观，这是孩子成长最好的礼物。

打工经历和利他精神

梓涵升入 11 年级后，有一天和我们视频通话时，欣喜地告诉我们，刚刚收到一个 OFFER，周末到一家游乐场做安全防护员。

"爸妈，我打这个工，每月都有一百多元的收入，足够我的日常开销了。"

"你今年功课那么忙，还有篮球训练和比赛以及义工，每周还要跟随哈佛大学副教授做阿尔茨海默症项目的实习，哪里还有时间去打工呢？"

"每个周末只有半天的打工，我时间安排好了能应付过来的。"

"爸爸妈妈可以给你零花钱哦，为什么还要在繁忙的功课之余挤出时间打工呢？"

"我今年买了车，每天开车，加油费和停车费等都是不小的开支，妈妈为了陪读放弃了工作，没有了固定收入，我想自己赚点钱贴补一下。"

"不用担心家里的经济状况，爸妈有储蓄，你自己安排好时间，不要耽误学业哦。"

通话结束后，我想起了梓涵从小到大的打工及义工经历，想起这其中的收获和成长，颇有感触。

从幼儿园开始，梓涵就在我的引领下开始接触公益，常常在班级里向小伙伴们开展义卖募款，2008 年汶川地震时，梓涵把自己所有的零花钱都捐了出来，支持抗震救灾。

初一的时候，因为梓涵的英语发音非常地道标准，被英语老师推荐，为一本小学英语教材配音，还挣了 200 块钱，可以算是他人生中的第一桶金，不仅对他的英语学习是一种激励和鼓舞，也让他体会到了靠劳动赚钱及帮助他人的快乐。此后，他继续在我的带领下参加募款、捐物、义工和支教等各种公益活动。

到美国读高中后，梓涵有了更多机会从事义工活动，在小学里做篮球助教，在教会里做青少年服侍，还陪同我做了好几场公益讲座，与学龄期的学生及家长分享自己的成长经历和感悟，并且在学校里发起了一个体育公益项目，调研中美澳三国青少年体育发展现状，开展力所能及的募款及义工等活动，希望能够帮助中国偏远地区的青少年及家长感受到体育运动的价值。

梓涵曾经在一次访谈中提到："从小到大，我父母给我的家庭氛围很好，他们都是名校毕业，在道德品行上给了我很大影响，使我在做人方面比较阳光开朗，对我良好性格的养成，影响很大。我之所以能找到自我驱动力，能找到自我学习和奋斗的目标，也是因为父母在我成长的历程中，给了我很多潜移默化的影响。"

的确，我们从小就教导梓涵做一个善良有爱、对社会有价值的人，也一直以身作则言传身教。对我个人来讲，我始终信奉"爱出者爱返，福往者福来"，在持续做公益的过程中，最大的体会是助人为快乐之本，在帮助他人的同时，受益最大的实际上是自己，在付出中能够收获发自内心的快乐和丰盈。对此，我是有切身感受的，在我事业最低谷的时候，我牵头发起的一个公益项目上线，各个地方的捐赠和支持如雪片般飞来，这种正向的能量，让我很快从低谷里走了出来。因此，我始终觉得公益应该是一种生活方式，不需要轰轰烈烈，也不是有钱人的专利，是应该内化于每个人的心中，通过平时点滴的付出而坚持不懈地做下去。

梓涵读高中之后，在学校和教会中耳濡目染，更加认同利他精神和奉献社会的价值观。记得他在访谈中提到："我很喜欢'利他'这个词，很多事情我们都想简单了，以为考大学就是为了自己，所以成绩一定要好，课外生活一定要丰富，但其实最重要的是要认识到自己以后对这个社会有什么价值。譬如说我打篮球，我们近期计划开展一个项目，希望能够帮助到中国偏远地区的孩子们，给他们一个机会去体会到体育运动带来的乐趣和价值。因为最终我们都需要意识到自己是谁，体会一个人对这个社会有多大的价值，作为一个目标来努力奋斗。"

前不久我参加了一场讲座，主讲人提到了两种不同的教育观，分别是"学霸型养育法"和"能量型养育法"，不少人推崇的成功模式常常是成为学霸—考入名校—找到一份好工作—获得成功（有钱有势）……在中高考的压力下，孩子一心埋头于学习，很多家长挂在嘴边的一句话就是，只要学习好了，什么都不用管，以至于出现了很多"高分低能的生活巨婴"，考入大学后就迷失了方向，毕业即失业，或者沦为精致的利己主义者。更可悲的是，不少中学生在无穷无尽的刷题中彻底失去了学习的热情，厌学甚至厌世。而"能量型养育法"特别重视价值观的培养和塑造，希望孩子们发掘自己的兴趣爱好，明确个人追求，做最好的自己，然后引领别人，甚而成为改变世界的领袖，并从中完成个人使命。

对于以上两种教育观，我也是深有体会。梓涵是经历了申请美国私立高中的过程，此后我又陪同他参观了二十多所美国顶尖大学，在这个过程中，我了解到美国优质高中和大学的招生标准和要求，很重要的一点就是价值观，尤其强调"利他精神"以及服务社会和奉献社会的精神。所以在美国，高中生做社会实践和公益活动是非常重要的，而且是有具体要求的。而这种"利他精神"恰恰是我们的基础教育和家庭教育中缺失的，也是非常值得借鉴的地方。

前任耶鲁大学校长理查德·莱文认为，真正的教育不传授任何知识和技能，却能让人胜任任何学科和职业。教育的目的不是学会一堆知识，而是学会一种思维！以耶鲁大学为例，致力于领袖人物的培养，本科教育的核心是通识，是培养学生批判性独立思考的能力，并为终身学习打下基础。通识教育的英文是"liberal education"，即"自由教育"，是对心灵的自由滋养，其核心是自由的精神、公民的责任和远大的志向。

在梓涵的成长道路上，我很庆幸他有机会在不同的文化环境之中体验东西方跨文化的教育模式，吸收各自所长，在父母"望子成人"的期盼中健康成长，成为一个阳光开朗、平和有爱、人格健全、有利他精神和服务社会意识的青少年，**希望他拥有掌握自己人生和幸福的能力，这些远比做学霸及考入藤校更重要！**

善用第三种力量

2018 年冬季的一个早上，已经结束了为期一年的美国陪读生活，回到上海的我接到了在波士顿的北大同学建华的电话。

"听梓涵说他最近压力非常大，你有了解吗？"

"我不清楚呀，梓涵和我们通话时，一般是报喜不报忧，他遇到什么困难了吗？"

"梓涵说升入 10 年级后，修读了两门 AP 课，学业明显紧张多了，冬季又入选了学校的篮球二队，每天要两个小时以上的训练或比赛，经常要写作业到凌晨，连续睡眠不足让他精神疲惫，状态不佳。"

"梓涵没和我们提过，那怎么办呢？"

"不用太担心，我已经和梓涵长谈过了，引导他做好时间管理，帮他做了情绪疏导，他感觉好多了。给你打这个电话，就是希望你这段时间不要给他太大压力，我们一起帮助他，平稳度过这个篮球赛季哦。"

放下电话，我为建华同学的细心关照而感动不已，不由得想起了当年我即将结束陪读生活时，梓涵的监护人对我提到的四个字"易子而教"，真是慨叹古人的育儿智慧！

时间回溯到2017年9月，梓涵到美国波士顿就读一所公立高中，我陪伴了他整整一个学年，帮助他度过了适应期，引导他找到了内在驱动力，使他在学业及综合素质方面有了长足的进步和成长。

因为签证所限，我不能长期留在美国，因此，我把梓涵托付给在那里认识的林兄，作为他的监护人，恰好建华同学是他们的邻居，他也表示愿意帮忙照顾儿子，于是我放心地结束了为期一年的陪读生活，回到了上海。

记得临离开美国时，儿子的监护人林兄和我交流，提到了"易子而教"，他说这是古人的育儿智慧，青春期的孩子有时候会排斥和抗拒父母，听不进父母的规劝，与父母难以对话和交流，但是可能会乐于向自己信赖的长辈或者朋友敞开心扉，并悉心倾听和接纳他们的意见。林兄表示他会像对待自己的孩子一样照顾梓涵，让我尽管放心。

我回国后，尽管不能时时陪伴在儿子身边，但是林兄和建华等一起呵护和关照梓涵，让他始终感受到大家庭的温暖。林兄每周都会和梓涵有深入的交流，关注和指引他的学习和生活。

2020年1月，我趁春节前后的空当来到波士顿探望梓涵，正值新一年的篮球赛季，已经升入11年级的梓涵再次入选了学校的篮球队，依然是每天两个小时甚至多达五个小时的训练及比赛，同时又选

修了四门 AP 课程，每周还要有一两个下午到麻省总医院跟随一位哈佛大学副教授做阿尔茨海默症的研究课题，周末还要做义工以及到一个游乐场里打工，忙得不可开交，成绩也因此有所下滑，梓涵为此非常焦虑，意志消沉，状态低落。

梓涵的状态让我看在眼里，急在心中。我先试着和儿子沟通，发现他很抗拒，于是我又想到了寻找"外援"。此后，林兄、建华及马克分别与梓涵交流，倾听他的困惑，并从各自不同的角度给他有益的指引和教导，帮助他找到解决问题的方法，卸下他的思想包袱。

随后，趁着梓涵的冬假期间，我陪同他到加州探访了八所顶尖高校，并且借助崔兄和马克的帮助，悉心安排了每一站与当地年轻人的交流，同时利用其间两天的空当时间游览了死亡谷，放松心情。高校的探访，再次给了梓涵以鼓舞和激励，特别是我们参加了二十多位南加州大学大学生的聚会及生日派对，看到一张张朝气蓬勃洋溢着光辉的面孔，见证了大学生们火一般的热情和青春四射的活力，让梓涵深受触动和感染，不知不觉就从情绪的低谷中走了出来，重新振作起来。

　　写到这里，想起了梓涵在 2018 年暑假的实习经历，也是"第三种力量"在他身上的作用力。那一年的暑假，梓涵回到上海，在 YBDL 青少年篮球发展联盟应聘做了美国著名街头篮球巨星拉瑞·威廉姆斯（绰号"骨头收集者"）的翻译、助理及助教。两周的夏令营，梓涵从早到晚忙忙碌碌，任劳任怨，被"骨头收集者"盛赞为他最满意的助理。特别值得一提的是，梓涵说"骨头收集者"教给了他很多人生感悟，其中最让儿子印象深刻的是"责任和担当"。"骨头收集者"自小生长在贫苦家庭，靠着自己不懈努力成为街头篮球巨星，改变了家人的生活状况，他用心做篮球教练，激发了很多青少年的篮球兴趣，也帮助了很多 NBA 球星提升篮球技巧，实现了他对社会的价值。记得当时梓涵和我说，他也要学着做一个男子汉，承担起一些责任，于是把那个暑假实习赚到的 4000 元做了分配，除了自留 1000 元，其余都送给了爷爷奶奶、姥姥和爸爸妈妈。儿子说以后要上一个好的大学，赚钱养家，不要让爸爸妈妈再辛苦了。儿子的懂事和成长让我不胜欣喜，而这背后离不开他的偶像（"骨头收集者"）的影响！

另外，前文提到的梓涵的学业规划顾问和美国大学探访经历，也是梓涵成长中重要的"第三种力量"。梓涵的学业顾问是美国一所常青藤名校的前任招生官，从九年级开始，为梓涵在学业、课外活动、夏校安排等方面提供指引，帮助梓涵明确目标和方向，并适时给予督促和帮助。

不久前，我读到一本书，是著名音乐家谭盾的太太、资深育儿教育专家黄静洁（妈咪 Jane）所著《父母的格局：成就孩子的第三种力量》，其中分享了她在十八年育儿过程中的点滴感受和实操经验。在妈咪 Jane 看来，"第一种力量"称为亲情的力量，来自原生的父母和家庭；"第二种力量"称为知识的力量，来自老师和学校；"第三种力量"则是能帮助把亲情和知识有效转化成孩子内驱力的一种推动作用，它就像一个电伏转换器，可以把 110 伏电压有效地转压成 220 伏。这是一种多元作用的微小不起眼的力量，生活里处处都有，但常常被忽视。在书中，妈咪 Jane 记录下发生在她和孩子生活里的 12 个生活片段，它们代表着 12 种看不见的力量，可以来自亲朋好友、榜样精神、人生辅导员或一个小小集体，也可以是一本书、一个故事、一张机票、一次旅行和一连串的错误，更可以是孩子们所面对的一次困难一连串挑战。这些宝贵的"第三种力量"有的可遇不可求，有的需要父母去仔细探索和发现，有的要求父母耐心和持久的实践才能发挥出应有的作用。

前段时间，有一个北大师姐和我交流，说她很困惑，孩子到澳洲留学之后依然沉迷于游戏。她问我是怎样让梓涵变得这么自律的。我说，其实每个孩子内心都有一个火种，你要找到它并且把它点燃，孩子一定有他特别喜欢或者是特别擅长的领域，可以和孩子进行深入沟通，但是沟通的过程中一定不能以家长居高临下的方式，而更多是一个引导者的角色，通过沟通和交流，看看他心中的热情在哪里。如果孩子已经没有办法向家长袒露心扉，也可以找一个孩子比较信赖的人去跟孩子进行沟通，甚至于可以找一个心理咨询师与孩子沟通。沟通过程就是寻找孩子的问题所在，或者是找到孩子感兴趣的领域。师姐和我讲，她觉得孩子虽然沉迷游戏，但是他的计算机处理能力好像有那么一点天赋，我就让师姐去放大他这个潜力，给他创造条件上相关的辅导班，或者去参加一些行业内的比赛，如果孩子在这方面有了成绩，得到正向的鼓励和认可，他就会找到驱动力，会感到特别自信，特别荣耀，接着他就会自己主动加码在这些方面去不断地学习和提高。

养育子女需要父母的格局和智慧，父母如果善于探索和发现第三种力量，可以更多地付诸实践，也许会事半功倍！

寻找内驱力，做最好的自己

/ 易梓涵

我的名字叫易梓涵，今年 17 岁。我在美国出生，当时我爸爸在哈佛大学读研究生，妈妈陪读生下了我，两个月大的时候我们就一起回国了。我小时候可以说是辗转各地，先后在北京、大庆、武汉、深圳都待过一段时间，2004 年定居在了上海，然后一直在上海长大，读了小学和初中，直到 2017 年初中毕业时，我决定去美国留学，目前在大波士顿地区读高中。

我的小学和初中都是在公立的外国语学校上学，所以我的英语一直是强项，去美国留学之后也没有任何不适应，可以很自如地与同学沟通和交流。我觉得在我的成长历程中，在两个外国语学校读书的经验，可以让我在不同的文化环境之中来去自如。

在初中的时候我有一件记忆犹新的事情，就是因为我的英语口语发音比较标准，所以当时被英语老师挑选去给一本小学的教材配音，还挣了 200 块钱，可以算是我人生中的第一桶金。当时我不仅仅体会到了作为劳动者这份酬劳的来之不易，也在某种程度上坚定了我要出国留学的信心，因为我知道可能我在一种新的环境里更能施展我的拳脚，更能体现出我对这个社会的价值。

另外值得一提的是，从幼儿园开始，爸爸妈妈一直支持和鼓励我发展各种兴趣爱好，我幼儿园上的是刘诗昆音乐幼儿园和孔祥东音乐幼儿园，每天都有一个小时一对一的钢琴课，另外还在校外报名参加了跆拳道、绘画、足球、游泳、骑马等各种兴趣班，可是我都浅尝辄止，不能持之以恒。

直到上了初中以后，妈妈给我报名了一个篮球俱乐部，是外教全英文授课，在这个过程中我不断探索并最终发现了自己的兴趣和爱好所在。在小学阶段，可能我一直都没有寻找到一件热爱的事情，但爸爸妈妈一直都很支持我去做各种尝试，最终让我发现了篮球这样一个可能相伴终生的兴趣，它也是我非常有热情并愿意付出更多努力去收获快乐的一项运动。

所以我觉得在我长大的过程中，对父母给我的支持，我是由衷地感谢！老实说，在美国，华裔孩子打篮球不占优势，很难出成绩，但是爸爸妈妈一直鼓励我继续打下去，就是希望借助这个爱好培养我的意志品质、加强团队精神和合作精神、知道如何应对失败和挫折、学会放松和解压。

我觉得体育带给我最大的收获就是，从小，足球和篮球是我的两项体育爱好，这两项恰好都是团队运动，在运动过程中让我明白了自己一个人单打独斗是不会出成绩的，而如何去和队友沟通，共进共退，正是美国教育很重视的一点。在运动过程中我也认识到自己一个人没有办法去改变很多东西，但是通过与队友协作，作为一个整体去努力，齐头并进，就可能改变很多事情，并能创造更多机会。

我觉得这种团队合作在学习生活方面也是很重要的。在美国的课堂上，我们有很多的小组讨论和课题，很多的课题需要的不仅仅是我一个人的努力，还需要和队友们进行深层次的沟通，需要很多的团队协作。在生活中也需要和同学们保持紧密的联系，这样可以在遇到难处的时候，找个人打打电话，谈谈心放松一下。

在我的成长经历中，我始终感谢父母在道德品行方面对我潜移默化的影响。在我看来，在学习和家庭生活中，营造一个良好的氛围，可以起到决定性作用。从小到大，父母给我的家庭氛围很好，使我比较阳光开朗，对我良好性格的养成影响很大。另外，父母一直崇尚"利他"的价值观，从小就带着我参加各种公益活动，希望我能意识到自己是谁，并能有一颗关爱他人的心，为这个社会创造价值，而不要沦为一个精致的利己主义者。譬如说我一直喜欢打篮球，妈妈就鼓励我发起一个项目，希望能够帮助到偏远地区的孩子们，给他们一个机会去体会体育运动带来的乐趣和价值，从中也能体现出我对这个社会的价值和贡献。

另外，父母在学业和人生规划上对我的耐心引领也让我受益匪浅。回想起我在初中时，数学和物理成绩平平，偶尔还会不及格。但是，父母并没有苛责我，只是让我找到问题的原因，鼓励我不断进步。记得那时妈妈常说，不和别人比，只和自己比，只要每次成绩提高一点点就是进步，这种鼓励让我一直对学习保有热情，对自己保有信心。我到了美国读高中之后，妈妈放弃工作陪读在身边，为我的每一点进步欢欣鼓舞，并且利用学校的冬假和春假，陪同我访问了二十多所美国顶尖大学，又为我找到一位学业规划顾问，还给我创造了各种研学和社会实践的机会，让我逐渐明确了未来的求学方向和人生规划，找到了内在驱动力，我才有了明显的蜕变。

我觉得家长对孩子的影响主要体现在，孩子能不能使自己的潜力发挥到最大。每个孩子其实都有无穷的潜力，不管是在哪个方面。有些人是艺术方面，有些人是体育方面，作为孩子第一位教育者的家长，需要观察和引导，然后创造各种各样的条件。孩子内心都有一粒期待向上的种子，作为家长，可能是园丁，老师也是园丁，需要给这颗种子浇水施肥，使他能够茁壮成长。每个孩子其实都能长出很多的果实，都能成长为一棵大树，但是内心的潜力只有孩子自己知道。所以我觉得家长需要更多地和孩子沟通，去了解彼此，去挖掘孩子真正的潜力。

最近的这三年，带给我最深刻的体会是，付出时间和精力做一些事情的同时，一定要明白自己的目标是什么。因为一个人一旦认识到了自己真正想要什么，真正想要成为一个什么样的人，以后的路该怎么走，就会知道自己需要做些什么，需要付出些什么来达到目的。比如说在前年学校篮球队试训失败之后，我就明白了，我第二年的目标就是要进入校队，接着我就为着这个目标去付出自己的努力。我觉得很多事情需要有足够的热情和信心，需要有一种执着的信念，才能不停地去追赶，不停地去追求，不停地朝着目标努力奋斗！

以上都是比较正面的部分，其实我的成长过程中也有一些遗憾。从小到大，因为我父母工作都很繁忙，所以他们真正陪伴在我身边的时间比较少。记得在我小时候，妈妈可以说是一个工作狂，每天朝九晚十的工作状态，我经常一次次打电话催问妈妈何时回家。除了周末以外，平时父母忙于工作，在学习和生活上对我的帮助不多，没有给我全力的督促和指引，虽然说他们的确在道德品行上给了我很大的影响，但是在我成长的过程中缺少了父母的陪伴始终是美中不足的地方，这一点可能也是我一直以来想要寻求的。所以我留学的第一年，妈妈陪在我身边，到最后我也不想让她走了，因为能和父母在一起的时光还是很珍贵的！

我们这些成年人，能从纯真的孩子那里学到什么呢？为人师表的老师，和孩子在一起时，能不能有对孩子的敬畏之心呢？

梁宽鸿，1998 年出生于美国，2004 年 1 月随父亲回国。曾就读于上海中芯国际学校、耀中国际学校、德威英国学校、浦东美国学校。2016 年入加州大学伯克利分校，2020 年毕业，获计算机和经济学双学位。2020 年 9 月在伯克利继续攻读计算机硕士学位。

梁莞鸿，2000 年出生于美国，2004 年 9 月随母亲回国。曾就读于上海中芯国际学校、耀中国际学校、德威英国学校、浦东美国学校。2019 年被加州波莫纳学院提前录取。

孩子才是我的老师

/ 梁昌年

我是这样做爸爸的（1）

一

孩子出生

1997 年末的一个下午，我正在英特尔的办公室里上班，突然接到一个电话，她在电话那头兴奋地说："我有了！"

"有什么？"

"有宝宝了！"

我的内心突然产生了一种无以言状的感觉，就好像受了一次轻微的电击。虽说我们结婚七年了，但我们并没有准备马上要孩子，按计划五月份我们要去北大参加百年校庆呢。即使要，也应该从国内回来后要啊。由于这不是期待或预料中的，我并没有做好心理准备。

医生马上给了她许多资料，其中包括胎检计划，要上什么课，等等。

"孩子是我们俩的，你要每次陪我胎检。"她给我一条很明确的要求。

尽管英特尔工作极忙，我都照做了。只是，一直没有什么感觉，直到⋯⋯

直到第一次胎检！

当我第一次听到彩超传来的心跳时，我的心灵仿佛经历了一次强电流电击。

啊，我真的要做爸爸了！

这时，我才开始进入要做爸爸的状态。

我现在和学米屋学生的缘分，和这一次听到儿子的心跳的感觉也是分不开的；我对生命的认知，就是在那一刻重新开始的。

儿子的出生比预产期早了两天，因为他妈妈在生产前几天一直在清理车库。出生的那天，一大早六点钟就送去医院，结果医生说还早。我匆匆忙忙赶去上班，不到两小时，她打电话来，又说不行了不行了。我匆匆赶回家里，送她去医院。医院说可以了，一直折腾了十个小时，到晚上 9 点 17 分，孩子才不急不慢地出来了。

我最直接的变化是，当儿子又稠又黑的胎粪出来时，我怕弄脏地板，想都不想就本能地用手去接了。从那一刻起，我进入了爸爸的状态。今后，不管什么事儿，我都要亲力亲为了。

女儿的出生则顺利得多。从我到医院急救大楼的门口，到她的出生，总共才花了 31 分钟。医生都没有赶来，是几位护士急匆匆之间接生的。更逗的是，她出生的时间是凌晨 2:29，是千禧年波特兰市的第一个圣诞婴儿，当天晚上就上了"福克斯新闻"。

三岁以前

睡整觉

我们两个孩子都是 60 到 75 天之内根据书上的方法被训练成

睡整觉的，是孩子妈妈根据一本叫《零岁方案》的书里推荐的方法严格照做的。没想到，儿子在第一次出去逛商场后回来就睡整觉了！

怎么做的呢？满月后，我们就开始每三个小时喂一次奶，玩半小时，睡两个小时。他睡得再沉都要摇醒他，吃奶，玩，再睡觉，循环往复……

我们两个孩子吃睡从来不需要父母操心，生活起居很有规律，应该和这一段的训练有直接关系。

翻身

四个月时，孩子妈妈像往常一样把儿子放在床的正中间，自己就去准备水给儿子洗澡。没有想到，不一会儿，传来一声"扑通"的声音，儿子连翻几个身，掉床下了！

谁能想到，他从一次都没翻过身，到一次能翻几个身直扑床下？

第一个孩子，没有经验，这种事情经常发生。为人父母一定要小心！

同样，孩子入学以后的学习能力，父母千万不要低估！当然，也不要别人家的孩子报什么班，你就跟风报什么班。最好是顺其自然！

七坐八爬

爬的阶段对孩子的成长非常重要，很多家长完全没有意识到。

因为很多学生在一年级的时候数学怎么样学都学不好，我一直追根溯源，才发现没爬过的孩子都有感觉统合失调的问题。

感觉统合是一种大脑和身体相互协调的学习过程，是美国南加州大学爱尔丝博士 1972 年提出的。我国的有关研究表明，在儿童中存在不同程度的感觉统合失常者占 10%—30%。感觉统合失常的罪魁祸首，是都市化生活和小家庭制度。

我至今还记得我用有声音的彩色玩具诱导儿子爬的情景。先把玩具放到离他10厘米的地方，然后20厘米，30厘米……，直到一米，他都能够根据我的声音和看到的玩具去爬。这个目标达成的过程，是孩子成长不可缺少的一步。他的眼睛和大脑的协调即统合过程，一步步得到了发展。跳过了这个阶段的孩子，大脑的发育不够充分，会导致后来学习能力的缺陷。

为什么爬这一段这么重要，因为每个班里成绩最差的同学，如果不是智力的问题，那一定是感统失调。

成千上万次的爬行，让我们的大脑学会判断物体离我们的距离，并不断校正，为我们的感统能力打下了基础。我小的时候，玩弹球、打雪仗等各种各样的游戏，是成长过程中感统能力完善与丰富的要素。如今，这些游戏已远离日常生活，孩子的感统失调已经成了日趋严重的社会问题，家长必须重视。

走路

我儿子第一次独立走路，是他十个多月的时候，当时我正好在他身边。他扶着墙站起来，又挨着墙走了几步，突然，他连着走了四五步，走到了屋子中间的一个茶几旁。

我当时的喜悦，真的不知道该如何用语言描述。

"宽宽，你会走路了！"

虽然儿子还不会说话，但他完全能够体会到爸爸的惊喜。

这个场景至今还是历历在目。更重要的是，他的学习能力，是和他成长的过程中许许多多类似的互动相关的。

如今，我的数学课堂之所以有魅力，就在于我善于把我的情感，传达给我的学生。

说话

儿子会喊的第一个人是"阿爸"，第二个是谁？是奶奶！

一天吃晚饭时，奶奶不自觉地对孙子说："宽宽，奶奶下个星期就要回国了，你什么时候会叫奶奶呀？"

没有想到的是，那天晚上一给他洗完澡，刚擦干身子还一丝不挂的时候，他嘴巴里就蹦出一句"奶奶"。那一刻，奶奶真是喜笑颜开！

我曾经一直以为这是一个偶然事件，但我这些年来的课堂经验让我意识到，奶奶的那句话，其实是一次引起孩子能力突变的有效刺激。

学习是大脑针对外界刺激的反应的累积而形成变化的过程。如何营造一个自由且有压力的环境，是一个教师需要解决的首要问题。如果父母都做不到这一点，期冀学校老师做到，显然是天方夜谭。

单独睡觉

让儿子单独睡自己的房间，是一件非常难的事儿。第一次他哭了45分钟，姑外婆、妈妈和我在外面铁着心听他哭了45分钟。第二天他就只哭了20分钟，然后一天比一天短，很快就自己适应了。

为什么会这么快？因为我们目标明确，提供了合适的睡觉环境。

和父母分开睡觉，就是提供一个独立的成长环境。我碰到过一个七岁还和妈妈一起睡觉的男孩，抵触任何新的环境。所以，一个学生成绩好不好，是和他的综合能力，也就是大脑对环境的适应能力相联系的。

如今的家长教孩子数学，都是恨不得一次教会，觉得只要教了，就应该会。明明是孩子在三岁以前的教养方式有问题，他们却怪孩子注意力不集中，对孩子随意呵斥甚至打骂。殊不知，这样做的后果是让孩子更加厌学。

大解

这是我和他妈妈最费劲的事儿。一个这么简单的事，竟花去了整整两个星期！

我们从图书馆借了录像带，天天给他看。告诉他，你长大了，应该会自己大解，不要尿不湿了。结果，一点也没有用。

终于有一天下午，我接到了儿子的电话："爸爸，我拉了一条香蕉！"

呵呵，这么简单一件事，花了两个星期，而且还是两岁半的时候。现在有的家长动不动就说学什么什么应该很容易，我真想用香蕉去堵住他的嘴。

受他启发，我开始用花生米、黄豆来描述他的便便的形状。他对物体形状的启蒙，三岁前就不自觉地已经完成了。

晚上不戴尿不湿

儿子白天不戴尿不湿是两岁半，晚上不戴则是三岁半。这里也有一段故事。

我们是等到一年一度的年假时，安排好了给他去尿不湿的。2002年3月，我们去圣地亚哥度假。前两天晚上，我都是半夜两点醒来，让他去小便，以免尿床。第三天，我睡过了，早上六点也没有问题。

从那以后，他就不需要尿不湿了。

孩子的学习或适应能力，往往被父母低估。其实，他的膀胱早就发育到了不需要尿不湿。只是我们为了保险，担心他尿床而一直没有改变。

现在的爷爷奶奶们喂饭，爸爸妈妈陪着学习，也都是类似的心理。只是多戴几天尿不湿不过是多花了一些钱，而喂饭或陪着学习则有害于孩子的生理发展或学习习惯的养成。

再看看女儿的经历。她不满一岁时，就被爷爷强制性把尿。爷爷坚持了一星期，她就给我们省了一年半的尿不湿。因为看到哥哥大解坐马桶，她轻而易举地就学了样，没有任何障碍。在后来的学习和工作方面，她都会不自觉地向哥哥学，省了我们大量的时间和精力。

有一种流行的观点，第一个小孩照书养，第二个小孩照猪养。其实这种说法过于强调了父母的养或教，而忽视了孩子自己的学。老二容易带，是因为老大无意中代替了父母的角色。

俗话说，三岁看大，七岁看老。上面描述的每一件小事，都和孩子学习能力的发展，也就是大脑的发育有关。为人父母，不能不知！

我是这样做爸爸的（2）

前面主要讲的是儿子三岁以前生理方面的成长过程，同时说明**学习是人的本能**这个基本的学习原则。下面要分享的则是他在心智方面的成长过程，着重体现**学习是个人的事**。希望我的文章对家长们，尤其是对教师们有所启迪，不要对孩子做为所欲为、急功近利和唯利是图的事情。

一、成长的事例

1. 你打谁呢?

儿子九个多月的时候,当时还只会爬不会走。一个周末的下午,他在那里专心地玩,没有出声。我无意中发现,他在把花盆里的土抓出来,而花盆外面是地毯。

当时我做爸爸没有经验,气不打一处来,抓住他的小手就不太重地打了几下。想想还不够,就继续教训他:"你再试试,再抓土我就再打你!"

他看看我,又看看花盆里的土……

突然,他的小手抓住了我的大手,用我的手去碰土!

当时我蒙了!

他没有碰土,是我的手碰到了土,我该打谁呢?

一个九个月的孩子,真的会有思维吗?我当时很不理解,但记住了这件小事。

2. 我做一个实验,不行吗?

又是一个周日的早上。我在专心做我的事情,没有管他。他当时不到两岁。

突然,厕所里漫出水来了!

我跑去一看,他把餐桌上的餐巾纸全都拿到了厕所,把抽水马桶塞住,然后冲抽水马桶,冲了两三次,水就漫出来了。

天啊!

我正准备揍他,手举到半空中时,想到我在单位,对技工都很耐心,用的是培训的方式,何不试一试呢?

我就拿来拖把和卷纸,对他说:"你在旁边看我做。"

我一边做,一边耐心地对他说:"你一闯祸,爸爸就要擦屁股,多不好啊。"我从来没有这么和声细语地跟他这样交流过。我自己都很奇怪。

从此以后，他再也没有用这样做实验的方式满足他自己的好奇心了。

我的一个北大校友，她家有两个男孩。去她家，看到所有孩子够得着的抽屉都上了锁，抽水马桶也被褡裢扣住，因为有一次她儿子把无绳电话放进了抽水马桶。

两种不同的管教方式，后一种似乎万无一失，前一种则有一定风险。人们一般都习惯于选择后一种，以为孩子不懂事，总是防着孩子。

3. 你喜欢谁？

我们两个孩子出生后前几个月，都是姑外婆带的。老二出生前两周，姑外婆第二次来到美国。一天晚上，我们一起去串门，拜访我们的老邻居。

大家聊得正欢的时候，女主人不知道怎么回事，突然问了儿子一个刁钻的问题："宽宽，你喜欢爸爸，还是喜欢妈妈？"

我一听，有一些紧张，也有一丝不悦。

没有想到，儿子看看爸爸，再看看妈妈，不紧不慢地说道："我喜欢姑外婆。"

这怎么可能？**我们没有教过他啊……**

4. 为什么说我不吃蔬菜？

还是不到三岁的时候，有一天晚上，妈妈和姑外婆教育他要多吃蔬菜，蔬菜对身体有益处。虽说没有到口干舌燥的地步，但也算得上是苦口婆心。

没有想到的是，人家不紧不慢地伸出小手来，一个一个手指地数，"我吃芹菜，我吃胡萝卜啊。"

在场的三个大人顿时戛然而止。

这一幕虽然已经过去了 17 年，但仿佛就在昨天发生，当时的情景依然历历在目。**一个三岁的娃娃，讲起道理来，丝毫不比大人逊色！**

5. 你知道吗？

儿子不到六岁的时候，还在中芯国际学校上幼儿园大班。奶奶和他一起学习了我从昆明买回来的昆明花博会参展国家和省份的小册子。

有一天晚上和他一起散步，他问我："爸爸，有一个城市是两个国家的首都，你知道是哪个城市吗？"

在此之前，我一直帮助他背诵各大洲有哪些国家，他们的首都是哪里……这都是我小时候爸爸妈妈教我的内容。不同的是，国土面积、国花、国旗他都能记住，因为他有书，而我小时候没书，只能口述。

我被他难倒了。想了一会儿，没有答案。

"不知道，哪里呢？"

"耶路撒冷。"

"哦，以色列和巴勒斯坦。"

能够从学过的知识里提炼出问题，已经很不容易了。能够提出一个考倒老爸的问题，真是没有料到。

6. 爸爸不教我

也就是这一段时间，他在中芯国际学校上大班，妈妈和妹妹远在美国，爷爷和奶奶和我们住在一起带他。我平时就是晚上下班后或者周末有时间时陪他散散步，和他聊聊天。

根据上面的栩栩如生的描述，我这个爸爸是不是为他做了不少事？

没想到的是，有一天他在电话里（当时没有微信，是要打付费的国际长途）哭着对妈妈说："爸爸不教我！"

我当时的感觉，就像被人抽了两个耳光，脸上觉得火辣辣的。什么？我这么糟糕？

在我小的时候，读到过一篇课文，是家喻户晓的《半夜鸡叫》的作者写的，题目是《我要读书》。听到他的哭声，我觉得我比那个周扒皮还要麻木啊。**孩子要学习，我却没有给他提供足够的学习机会……唉！**

7. 我该买多少？

从三年级开始，儿子就参加了小学生童子军。每年复活节以前，他都要卖一次巧克力，为需要帮助的残疾人组织募捐。

有的家长是为孩子代劳的。我呢，一般是积极支持和参与，但不帮助他做他自己该做的事情。

我给了他我的同事、朋友刘永伯伯的电话，他向刘永伯伯销售的对话让我笑喷了。

"刘永伯伯，今年我们又要卖巧克力了，你能买一些吗？"

"好啊。我应该买多少呢？"

"去年你买了330元的巧克力，今年发生了经济危机（2008年），你就买这个这个这个，一共280元。怎么样？"

天啊，一个四年级的小孩子，卖几个巧克力，还要扯上金融海啸，真的让我大开眼界！

8. 这算舞弊吗？

儿子四岁差20天开始学小提琴，五岁到上海后又继续练了两年，一无所获，因为我是个乐盲，不知道如何辅导。

八岁时，不得不转学钢琴，钢琴不需要听音调，只需要记住键盘的位置就好了。

练了两年，就去考三级，考过了。

又练了两年，再去考七级，又过了。

这时候他已经没有太大的动力学习了，但仍在继续学习。

又坚持练了一年，去考八级，考完一个多月后，得知也顺利通过了。

有趣的是，一考完，他就对我说："爸爸，以前的谱子比较短，40秒到 1 分钟就让我停下来。这次我只记了两分钟的谱子，后面没怎么练，幸亏只考了我 1 分半钟！"

我哭笑不得！

这是不是也算舞弊啊？

9. GPS 寻宝

儿子上六年级时，不知道怎么搞的，迷上了一个地理寻宝（GeoCache）的游戏。

为了寻宝，他第一次克服自己的恐惧，骑自行车去张江的某一个地方；为了寻宝，他钻进深山老林，有一次在华盛顿州的奥林匹亚国家公园里的一条橡皮蛇里找出了宝藏；为了寻宝，他还在我不知晓的情况下用美国联合航空公司的四万航空里程数换了一个用来寻宝的GPS。从俄勒冈的林肯城开始，到上海、东京、迪拜，还有柬埔寨的吴哥，我们到的每一个地方，他都会一大早爬起来，出去寻找（不影响妈妈和妹妹睡觉）。有一次，我们早上四点起来送表姐去机场，五点天还没有亮，我们就在贝尔维尤的民居附近打着手电寻找藏宝点（GeoCache）。

到申请大学时，他已经在二十多个国家找到了大约 470 个藏宝点。因为寻宝，我们"浪费"了许多时间，少参观了许多景点，有时候妈妈等得实在不耐烦，还会有些微词。

他的方位感，对地图的熟悉程度，对野外的熟悉程度，都和这个"不务正业"的嗜好有关。这不是一个简单的嗜好，而是他个人成长和发展的关键一步。

二、事例的意义

这些小故事，读起来似乎是一些琐碎的成长轶事。但把它们串起来后，可以看出**人的思维能力其实是天生就有的，而不是按照成人以为的方式教出来的**。下面是我对这些事例的反思与理解。

1. 幼儿会思维吗？

用手抓土这件事，我一直不能理解，因为我曾经以为幼儿是不会思维的。所以他抓我的手去摸土，非常不可思议。照我这个成年人看来，要经过好几步思维，才能达到这么奇妙的对抗。其实对他而言，是一种本能！

两个星期大的婴儿就能够分辨**一与多**，说明了幼儿也是有思维的，只是思维量的多少和思维方式的不同而已。

而我们过去的传统认知是，他连话都不会讲，甚至还不会走路，怎么可能有思维呢？于是，不会把他们当作独立的个体。

再者，用手抓土这件小事，其实是他的学习成长过程。**成长中的他需要锻炼自己的触觉与能力**！但大人看起来认为是他在调皮捣蛋，是在闯祸，所以用"教训"的方式来纠正他，**觉得纠正是天经地义**。不会学习的父母，还会振振有词地辩解，如果不管教，孩子就会成为把可乐泼向钢琴的熊孩子。

如果你注意观察，这根本上就是两回事。熊孩子往往是由于大人极度的忽视或关注，溺爱过度，有太多的自由或完全没有自由所致。他们缺乏自我，需要关注。**而要学习的孩子，是为了满足自己的好奇心与成长。虽然结果相似，但动机与过程完全不同**！

2. 水是怎么流的？

用餐巾纸去堵抽水马桶，水漫出来，的确很好玩啊！对一个刚刚开始走路的孩子，这应该是很有趣的一件事儿。而且，这是对他自己能力的一种测试。

我没有打他，不是因为我懂得了育儿规律，而是因为我突然想到英特尔的技工也经常犯类似错误。对他们我不能用惩罚的方式，对孩子为什么就可以呢？结果，临时换了一种方式，发现非常非常有效。

我每当讲起这件事，都会想到另一个朋友的管教方式。她把所有抽屉锁起来，不让小孩子碰。她的方法无疑非常有效率，但是并不十分有效果。

实施简单惩罚的父母只是让孩子知道，不随我意就会挨打。但从来不和孩子解释为什么受到惩罚，**缺乏了行为和价值观的连接**。结果，记住了哪些事不能做，但并不知道为什么不能做。这样的家庭教育和学校教育，是"毁"人不倦的实践。

这个简单的例子说明，**不到两岁的孩子完全能够学习，关键是如何实践帮助他学习**。

3. 我喜欢姑外婆

这是最令我和他妈妈惊喜的回答。

我们当时也完全理解不了，我们没有教过他，他怎么就会这样说呢？

现在看来，这不是巧言令色，拍成人的"拍马屁"，而是**人的本能**。

如果接受孩子一生下来就开始思维的假设，再结合上面的两个例子，说出这样的回答并不奇怪。

因为，在场有且只有三个亲人。他所做的，只不过是跳出了出题者的范围，不入提问者的圈套而已。对于没有任何思维禁锢的孩子，这样表达其实非常自然。

而经过学校训练的大孩子或成年人，反而失去了这种本能。这是我们家庭教育和学校教育必须反思并改变的。

4. 我吃蔬菜啊

如果说"我喜欢姑外婆"是因为他天天和姑外婆在一起，虽然才两岁就完全理解姑外婆是什么概念并能运用自如，蔬菜则属于另一个完全不同的类别，知道芹菜和胡萝卜是蔬菜则更加令我惊异。

如果说的是天天吃的青菜、白菜或包菜，也许不会让我如此诧异，他说的是芹菜和胡萝卜，说明他的学习和思维能力在三岁时又进了一步。

为什么这种现象在其他孩子身上并不普遍呢？是不是因为儿子的基因所致？非也！平等的交流和环境的宽松是造成这一切的原因。

我从来没有把儿子当作不懂事的小孩，一切按照大人的意愿，怎么方便就怎么做。我和他在一起的时间，大多是为了让他快乐，想尽办法让他笑。没想到，让他快乐这件事本身，就是学习！用脑科学的说法，就是多巴胺的分泌对大脑的发展非常有益。

相比之下，有些父母带孩子的做法，是把孩子交给老人，老人按过去吃不饱肚子的年代的方法，教养今天衣食无忧的孩子。或者是全职妈妈在家带孩子，觉得既然全职在家，不把孩子培养成材对不起家庭，因而走到了另一个极端。前者容易导致**后天性痴呆**，后者则容易产生**习得性愚蠢**。

5. 你知道吗？

国家和首都是地理知识，记忆力好的孩子三岁开始就能够零零星星地掌握。儿子在五岁多的时候，不仅能够记住120多个国家、首都，还能记住人口和面积，还有国旗与国花。

在许多人看来，识字就是聪明，这么好的记忆力就更了不起了。

更多的人则是简单地把这个归结为遗传。在我看来，这些都是**奶奶和他一起共同学习和娱乐的结果**。我工作忙，没有时间和他在一起，但奶奶花了相当多的时间和他一起认字、读故事、算数和画表格。这都是不可缺少的学习过程。奶奶1955年毕业于华南工学院，她爸爸1933年毕业于湖南大学电机系，她爷爷则是前清举人。**在她的意识里，读书认字是天经地义，也就是"学习是本能，学习是每一个人该做的事"。**

言归正传，从问哪个国家的首都是什么，到问哪个首都属于什么国家，最后到两个国家共用一个首都，而且出的题居然考倒了爸爸，**这肯定不是基因的作用，是后天的学习环境使然，也是顺理成章的思维发展。**

从一岁到三岁，再到五岁，思维能力一步步发展，给我们的启示是什么呢？**每一个父母，每一个教育工作者，都需要把自己清零，虚心地向孩子学习，开启终身学习的习惯。**

6. 爸爸不教我

在许多人眼里，我在子女教育方面，效果是非常不错的。可是，在孩子那里，却是哭诉说"爸爸不教我！"。

学习是痛苦的，还是快乐的？ 这个例子非常明白地说明了**学习是人的本能。是充满功利性的应试教育，让学生们厌学。**

当家长们把孩子送到早教班去的时候，有没有意识到，那并不是孩子想要的。孩子希望和父母一起成长，得到父母的肯定。这一切你做了吗？

盲目地接受死的知识，对学习能力有直接的伤害。

7. 我该买多少？

一个十岁的孩子，能够为他人着想，而且联系到刚刚发生的金融海啸，真的是让我几乎石化。

"去年卖 330 元，今年有金融危机，你就买 280 元吧。"

这个例子，再一次证实了，在知性自由的环境里，人的学习本能随时能够彰显。

一个不满十岁的孩子，给顾客的建议不是增加销售额，争取拿第一，却是主动降低 50 元，我们成年人会这样做吗？最后是联系金融危机的思辨能力，一个不满十岁的四年级学生，能够做得这么自然纯真！

我们这些成年人，能从纯真的孩子那里学到什么呢？为人师表的老师，和孩子在一起时，能不能有对孩子的敬畏之心呢？

8. 这算舞弊吗？

再来看看考钢琴八级这件事儿。他居然能够根据前两次考三级和六级的经验，安排自己的考试策略，又一次让我大跌眼镜。

三分钟的曲子，只练好两分钟，就去考试了，这算舞弊吗？

当然不算。他很诚实，一出来就告诉我了。虽然不知有没有炫耀的成分，但他的确不认为这是错误。他的目标很明确，就是考级过关。钢琴不是他感兴趣的事情，我们都心知肚明。

当他表示不再愿意继续考级时，我看到他兴趣的确不大，就爽快地同意了他的提议。**学习是个人的事**！

跳开学钢琴和考级这些芝麻事儿，我看到的是儿子**对学习环境的适应与把控**。这是更高层次的能力。我这个做父亲的，当时真的是只有高兴，完全没有想到他的态度是不是端正。

这就是我和大多数爸爸的不同。

9. GPS 寻宝

上大学以前，儿子最感兴趣的事情是 GPS 寻宝。这件事我没有任何经验，百分之百是他自己开始并主导整个过程的。用自己的4万英里的飞行里程换GPS寻宝仪是他人生中的第一个大手笔。

这个例子，也是学习是个人的事的最佳范例。他因为这个嗜好，做了许多自己过去不敢做的事情。为了找到一个一时找不到的藏宝点，他可以苦思冥想，然后让我开车带他再去，不达目的，誓不罢休。

结果，寻宝这件事后来是他申请麻省理工的五篇小短文之一的内容。

成年人的问题是，往往只会从自己的角度去观察和理解事物，忽视了孩子自身成长的规律。

希望通过我分享的反思与思考，能够帮助更多的家长开始和孩子一起，多花一些时间进行高质量的互动。孩子的思维一直在持续成长，如果缺少父母的陪伴，将会有难以弥补的终身遗憾。

我是这样做爸爸的（3）

在上面的内容中，我通过描述孩子生理和认知的成长，阐述了学习三原则的前两个原则：1）学习是人的本能；2）学习是个人的事。下面要介绍的，是和学习的第三原则有关的经历：**学习需要合适的环境。**

1. 激发兴奋点

在儿子学习爬行的时候，他还有另外一个典型特征，就是喜欢笑。尤其是看到新鲜事物的时候，总是咯咯咯笑个不停。我太太称这些事情为儿子的"兴奋点"。

出于本能，也因为喜欢听他笑，我总是抓住这些机会，**让他笑个不停**，直到累得笑不出来了，我才不做了。

下一次他和我无聊的时候，我又做同样的事，让他发笑，一直笑到他笑不出来。这样来了好多次，他没有新鲜感了，就不会再笑了。

我就注意观察什么新事物会让他发笑，又开始下一个循环。

举例来说，他有一个很大的软布球。有一次我随手一扔，他就咯咯咯笑起来了。我就把布球拿到他跟前，玩起了**自由落体**的游戏。他就一直咯咯咯发笑。

现在回想起来，这是一种非常有意义的学习。他在学习**观察**"运动"！像练习爬行一样，他的大脑对球的运动非常敏感，觉得好玩，就笑个不停。我每次都玩四五十次，歪打正着，成全了他的眼睛和大脑发展的需要。

每一个新的兴奋点，都是他的大脑的真实需求。每当他得到满足，他就会自然地笑出来。

如今我教小学生数学课时，学生们也是一波接一波地咯咯咯笑。笑的原因不是我追求风趣，而是因为我能够满足他们大脑发展的需求。

2. 听故事

姑外婆带了儿子九个月后，爷爷奶奶又来带了十二个月。随后帮我们带儿子的是一位周奶奶。周奶奶那一年七十二岁，退休前是一位小学高级教师。

可能是因为当老师的职业习惯，周奶奶特别爱说话。有一次去海边度假，我们请周奶奶和她先生一块儿去，在路上周奶奶一路上跟儿子讲的话比我们俩一周和儿子讲的话还要多！她一直跟儿子嘻嘻哈哈逗乐子，真的很让人佩服！

没有想到，无心插柳柳成荫！在儿子刚刚开始学说话的时候，周奶奶无意中强化训练了儿子的听觉，这和我们在一岁前通过反复爬训练他的视觉正好互补。

我们家有一本图画书，里面有180种蔬菜和水果的图片。儿子每天让周奶奶讲这些蔬菜。结果，儿子居然把这 180 种蔬菜和水果名从头到尾记住了！

为什么说是记住了呢？因为有一次我考他，不到两岁的他连韭菜都认得。我不相信他会认得韭菜。于是把前后的图片都遮住，结果他就不灵了。原来，他是靠次序、图片和相互联系把 180 种蔬菜和水果给"认"了出来。

也就是说，**在视力和听力充分发展的基础上，他的视知觉能力和记忆力在不到两岁时也得到了很好的训练。**

这不是因为他聪明，而是因为周奶奶天天和他过一遍！熟能生巧。

如今我坚持出"梁博士每日一题"，就是因为天天花 1 到 5 分钟做一题，也会有同样的效果。儿子看图画书练的是记忆力，学生们坚持做每日一题，练的是思维和毅力。

3. 背唐诗

周奶奶只带了儿子三个月，随后有一位爷爷带了他两个月，姑外婆就第二次来到了美国，来帮我们带即将出生的老二。这期间，又一件未经规划的学习发生了，那就是背唐诗。

因为要带老二，姑外婆就没有时间像周奶奶那样有时间读故事了。姑外婆带女儿去外面散步时，就一边推车，一边让跟着走路的儿子背唐诗。不知不觉中，就背了一二十首！

"白日依山尽，黄河入海流。欲穷千里目，更上一层楼。楼字不好听。"每次背这首诗，儿子都是这么背的。原来，背这首诗时，姑外婆不知道为什么多说了一句"楼字不好听"，结果每次背这首诗时，都有额外的一句话，让人忍俊不禁。

这个插曲说明了两个问题，一是两岁半的孩子没有什么理解力，输入什么，输出就是什么。二是没有书口授，容易加入额外的内容。

从无意中记住蔬菜的次序到刻意去背唐诗，儿子的记忆力得到了进一步的扩展。儿子去年一月在演讲中分享学习经验时，就把兴趣、记忆力和**连接**作为学习的三个关键要素。

需要强调的是，**这些学习都是自然而然发生的，不带任何功利性。**我们从来不要求背多少唐诗，就是好玩、打发时间而已。

4. 认字

姑外婆带了六个月以后，外公又来了半年。外公回去以后，爷爷奶奶又来美国带他们俩了。

有一天，我们带儿子去朋友家，儿子发现比他小半岁的一个女孩已经能认字了，回去就对奶奶说，"奶奶，我要认字！"

这一下，就一发不可收了。

每天早上一起来，一边喝牛奶，一边认 5 个字，雷打不动！结果五岁不到回国时，已经能认 800 到 1000 字了，街边的路名基本上都认得。不认得的字，他问一遍，也就能记住了。这不是因为他聪明，而是**因为他真的是自己要学，注意力能够高度集中。**

不光认了字，数数这一关也过了。因为奶奶天天统计已掌握的字和要复习的字，经常会提到认了多少字。在这个过程中，儿子学会了五个五个地数数。

认字的过程，还是熟能生巧的过程，从不会到会，慢慢形成认字的习惯。这件事非常有价值，因为从此他可以自己反复地读一本书了！

如今，**规定幼儿园不许强迫幼儿认字是有道理的。但是强制性地规定所有幼儿都不能学认字，就值得商榷了。学习是人的本能，任何阶段，都不能限制孩子学习。**

儿子的例子说明，三岁开始学认字，是完全可行的，但前提是孩子的感官得到了充分的发育。**为了教而教是不可取的，但孩子要学，却有意不教，是错误的。**

5.学计算机

三岁时，他妈妈给他买了一些游戏光盘，他玩得很带劲儿。

像小熊穿衣服（次序）等游戏，因为和生活经验匹配，他玩起来没有任何问题。唯一有挑战的是托马斯火车，其中有一个**紧螺丝**的步骤，他死活就是做不好。

我教了他好多遍，他还是学不会，最后我对他吼了起来。折腾了一个小时以后，他终于学会了。

现在才知道，螺丝的尺寸很小，他的大脑没有精细控制手的能力。而我当时**对幼儿成长一窍不通，觉得我教了这么多遍，他就一定应该学会。**

这，是我的第一次滑铁卢。

第二次滑铁卢是他四岁差二十天时开始学小提琴，铃木教程的第二课有四个相同的音，他有时候拉四个，有时候拉三个，有时候拉五个。我在旁边陪练，把我急的！后来也是忍不住，对他大叫："四次！四次！"

开办学米屋以后，我才开始有了这方面的经验。这才了解，他当时虽然知道三和四，但大脑根本控制不了手去决定拉几次。**即使是半小时后学会了，也不是因为会数数，而是因为他能够找到节奏，控制长短了。**

掌管两只手的脑神经元，比掌管整个背部的脑神经元要多得多。为什么？因为手有许多精细运动要做。而背部，只需要有触觉的能力就可以了。

我写下这两个"失败"的故事，是希望提醒父母和老师们，**我们**

自以为正确的"应该如何如何",对孩子的学习来说,是一个灾难。

儿子在一个小时后总算学会了鼠标,因为那是那个游戏中他唯一不会的点,**他自己愿意去攻克**!所以,我的态度很差,并没有影响他的学习状态。

这不是因为我的坚持正确,只是非常幸运,没有造成不必要的伤害。

所以,当他五岁半在国内跟妈妈哭诉我不教他后,有一天我突发奇想,让他给妈妈写电子邮件,"Mommy,I love you! Alan.(妈妈,我爱你!艾伦)"就这几个字母,我陪了他半个小时!而且,我让自己在离他 3 米以外的位置指导,绝对不去看他如何找键盘的,而是凭着记忆告诉他,"第一个 M 要大写,在第三行。o 是小写,在第一行,从右边找更快一些……"

三岁多学会用鼠标,五岁多学会用键盘,不是因为我要开发他的潜能,而是因为他有极大的兴趣,愿意克服困难。是我这个父亲,被要学习的儿子拽着跑……

6. 点读机／录音磁带

儿子一出生,妈妈就给孩子买了许多玩具。这给儿子的听觉、视觉训练有很大的帮助。

除了买光盘,在四岁到五岁这段时间里,她还给儿子买了点读机,又买了自然拼读(Hooked Phonics)的磁带系列(当时 330 美元,不便宜啊)。这些教学资料,对儿子的能力发展起到了积极的作用。

我不记得我给儿子买过任何玩具和书籍,这一切都是他妈妈包办并实施的。尤其是自然拼读系列,他妈妈一直作为亲子活动和他一起学习,没有任何的功利性。这对儿子的听知觉、视知觉和大脑的发展有非常直接的正面影响。

7. 背百家姓

不知不觉就到了小学一年级，儿子学背《百家姓》的经历，是我难得的一次教学实践。

我从南京夫子庙买了 26 本小书，其中一本是《百家姓》。奶奶用它和孩子们一起背诵，一个月才背了第一页的 56 个姓氏，赵钱孙李周吴郑王……

有一天早上六点半，他醒来以后跑到我的书房里，"爸爸，我能干什么啊？"我不想他吵我，随手就给了他这本《百家姓》，对他说，"你去给我好好背，背完一页，给你五块钱。"

没有想到，他当真了！不到两个星期，他就全部都背会了。效率绝对让人称奇！

只是，整本书 534 个字里，他有不到 10 个地方，总会卡住，背多少遍都没有用。

我知道这是一个心理问题，一直在考虑如何帮他解决。过了半年，在南京过春节的时候，我想到或许可以通过分散注意力的方法帮他解决心理障碍，于是采用了物质刺激这个方法。

"宽宽，百家姓有 534 个字，光盘里的朗读花了 7 分半钟。如果你能够在 7 分半钟里背完，我给你 100 元！"

"太难了！"

不干！的确，我们近半年里尝试并失败了许多次，他已经本能地害怕了。

"那就 200 元！你好好考虑一下。"

反正已经失败过很多次，再多一次不损失什么，如果成功，又多挣 200 元。何乐不为？

他马上就答应了。

结果，在关键的地方，他想到的是奖励，而不是过去的失误，这个坎他说过就过了。

而且，最后他背完百家姓的时间，是 133 秒，不到 7 分半钟的三分之一。

从这件小事里，我们可以看出，**一件事情哪怕再小，父母都要付出 100% 的心力。因为孩子成功的乐趣和信心，都是从这些点滴的成就积累的。**

8. *游泳*

儿子五岁多就开始学游泳，到了八岁多还是不会换气，每次只能游八米左右，换多少老师也没有用。

白花花的银子付给了游泳教练。教练也没辙儿，谁让他心理素质不过关，害怕呛水呢？最后这个教练是国际学校的老师，不像之前的教练，用竹竿逼着孩子往水里跳。

对游泳，儿子也没有对托马斯火车或给妈妈写信那样的激情，他是能躲就躲。

我意识到我该做一点什么了，但不知道应该如何做。

有一天，我陪着兄妹俩在游泳池里玩水，看到妹妹如鱼得水的样子，我对妹妹说："妹妹，你可以游过去了。游吧！"

不干！她平时基本上是听哥哥的，不怎么听我的。

"妹妹，你能游！游过去给你 100 块钱。"

这小东西，一摆一摆地就真的游了 25 米！ 100 元钱转眼到手。

只是我这个老爸一直跟在她后面走，紧张极了。

出人意料的是，儿子二话不说，在没有任何奖励的情况下，马上就游了两个来回！从 8 米到 100 米，就在一瞬间突破！

这不是任何理论或教练能够做到的。谁能料到，**妹妹是他学游泳**

的最佳老师！

和背百家姓一样，抓住时机，鼓动妹妹，成就了我今天在小学数学课堂和学生打心理战的本领。

勤观察，爱分析，是每一个学习者都具有的习惯。我还有一个教女儿骑自行车的例子，也是这么神速。

儿子学自行车，是从四个轮子（两个是辅助轮）开始的。去掉两个轮子，花了很长的时间。女儿也想学自行车的时候，哥哥正在玩滑板车。我突然灵机一动，要女儿先玩滑板车。

女儿玩了一个月的滑板车后，平衡完全自如。我看时机已经成熟，就对她说："来，我教你骑自行车。"她上车后，我一推出去，她就会了！**根本就不需要我教她如何骑！**

我姐姐当年学自行车，摔过无数次，脚还崴过一次。我自己学自行车，因为有姐姐的受伤，不敢往外倾，学了一两个月。女儿的这次学习，却是如此简单！为什么？**因为运动平衡的能力是同一个脑区控制。**

当时我并没有这些概念，我的直觉让我成功地完成了这个实验。

如果我当时急功近利，心浮气躁，这一切一定不会发生。希望家长和老师们能够从这些小小的例子中，看到合适的学习环境之重要性。

9. 卖巧克力

童子军卖巧克力，是儿子的一次很好锻炼，也是我陪伴能力的又一次提高。

第一次复活节卖巧克力蛋募捐，儿子三年级。他既兴奋，又害怕。兴奋的是可以卖东西了，害怕的是不知道如何开口。我因为第一次做，也完全没有底。

他既担心又害怕，是因为不知道怎么开始。我就利用他过去的生活经验开导他："宽宽，你就把这次卖巧克力当作是万圣节讨糖。我们的邻居有募捐的习惯的。"（我们住在涉外社区。）

他让我陪他一起去。我答应了，但条件是，我在 30 米到 50 米以外，主要是保证安全，不参与交流。

他很懂事，就答应了。

不仅很懂事，而且还特别守规矩。童子军教练说八点以后不要去敲别人的门，他七点五十五分都愿意准时收工的。

有时候，妹妹还陪他一起去。两个小娃娃，一个九岁，一个七岁，充满童真与稚气，没几天，他们就卖完了 20 家，教练发的表格不够用了！（一般的孩子卖掉 5 个到 10 个就很不错了。）

老爸我一不做二不休，马上给他做了一个 Excel 表格。它不再是静态地记录个数和钱数的一张表，而是随时可以调整并预测的一个无限多项的数据表。

后来再加上卖的日期，然后又加上送货日期，他各方面的技能都得到了突飞猛进的提高。

不管是刮风还是下雨，他都坚持每天要去卖几家。他的热情也深深地打动了我。

另一个打动我的，就是西方人对孩子的随和与鼓励。这是我这个理科男过去从未关注或重视的。

我对儿子说，这些叔叔阿姨买了你的巧克力，你一定要感恩和负责啊。

果真，第一次发巧克力时，他发错了一家，把需求弄混了。他根据自己的回忆一个个排查，确信是哪一家发错了，根据表格里的电话号码打电话给那一家，及时纠正了错误。

他的记忆力，纠正错误的果断，都是令我这个父亲惊叹的。一个十岁的孩子，如此执着与纯真，让我自愧不如！

他在三年级的第一次销售，就卖出去了 5300 元的巧克力，取得了第三名的好成绩！

四年级第二次卖，他已经驾轻就熟了。而且，他自己就学会了使用 Excel 数据表格，不要我操什么心。送巧克力的时候，他知道自己找出提杆箱，不等我下班回来，就自己主动去送货了。

我只是在定计划的阶段给了他一点启发。"宽宽，今年的销售，你的目标是什么？准备比去年增加 10%，还是 30%？"

结果，他卖了 8100 元的巧克力，增长 52.8%。金融危机对他的业绩没有任何影响。他取得了销售第二名的好成绩。

第三年，我们搬到了一个新的小区。这时候五年级的他已经不怎么需要我了。他还知道自己的长处，要卖两个小区。结果，这一年他卖出了 14200 元的巧克力，增长率达到 75.3%，再度获得第二名（第一名卖了 30000 元，是家长在自己的公司里帮助孩子推销的。）

更可喜的是，我们那一排 7 家，有 6 家买了他的巧克力！这给了他极大的鼓舞。他甚至自豪地告诉我："爸爸，看里面的人开门时的样子，我就大概知道他 / 她会不会买了。"

天性内向的儿子，能够取得如此可喜的成果，从这个过程中得到的锻炼和长进，是我完全没有料到的。由此可以看出，只要环境合适，一个孩子的潜力有多大！

10. GPS 寻宝

开始 GPS 寻宝时，儿子已经是初中生了。儿子第一次寻宝是在波特兰，他把我带到阿罗哈镇的 185 街，找了十多分钟，一无所获。他也没有说清楚要干什么。

随后到林肯城度假。一大早 7 点钟，他要我开车带他出去寻宝。

我照做了。到了那里，他就开始找起来。我闲得没事，也跟他一起找。结果，还是我眼尖，看到了一个塑料盒。这是他找到的第一个藏宝点。

回到上海，他的热情来了。有一次为了寻宝，让阿姨打的陪他去找。我正好打电话给阿姨，听完后让阿姨马上回家，**业余爱好就是业余爱好，不可以没有规矩！**

一个月以后，他自己第一次骑自行车出去找，骑了 4 公里的路程。我既为他捏一把汗，也肯定了他做了正确的事。因为他一贯是非常畏惧未知的和不能把控的事情的，找藏宝点无意中让他突破了这一点。

圣诞节在迪拜，我连着为他找到了最初的两个藏宝点。我发现了我和他的区别，他是根据网站里的信息一步步寻找，而我呢，则是站在那个区域（3 米之内）判断那个地方最可能藏宝。

在泰国曼谷，我们一路上找过去，一口气找到了十几个，创造了一天之内的历史纪录。

在东京的一个电话亭里，他用眼睛逐一搜寻，我则是想都不想，闭着眼睛用手去摸，结果又被我找到了。那一次，我们早上出门很早，好像又一次破了纪录。

在河内，早上六点我们就出门，和他步行两公里，找到了越南的第一个。

在吴哥，我和他爬进了一个阴森森的古堡，周围一公里没有一个人，只有旷野里的乌鸦不停地叫，实在令人胆战心惊。

为了找到藏宝点，他需要做许多准备工作。把地图准备好，判断在有限的时间内去哪里能够收获更多，有时候还要顶着妈妈的数落和爸爸的催促。有一次，到了飞机场，他还说附近700米有一个，申请离开队伍。

公路上停车的次数则更是不可计数。出去度假，寻宝几乎成了他的头等大事。

等到11年级申请大学时，他已经找到了471个藏宝点。他在申请麻省理工的五篇小文中有一篇就专门讲的是我和他在华盛顿州的一个电话岗亭里找到藏宝点的故事。**更令我感动的是，申请麻省理工的五篇小文里，有三篇提到了他的爸爸。**

爸爸作为他的学习伴侣，尤其是在找藏宝点这件事上，可以说是表现得全心全意。

回过头看，我自己成长的过程中，没有一个像他这样的嗜好。他能够有这个嗜好，实在是一件幸事。

看看今天的补习班和游学，孩子们基本上摆脱不了被大人牵着鼻子走的安排。儿子GPS寻宝的经历，则是一个完全自我的选择。这个嗜好，一开始我们并不喜欢，但现在回过头看，尤其是和前面的九个例子一起看，可以说是一环套一环，是水到渠成的结果。

在孩子不同的阶段，父亲的角色是需要不断调整和变化的。做一个三岁孩子的爸爸，和十三岁孩子的爸爸，是完全不同的。

幸运的是，我在不知不觉中顺应了孩子成长的需要，成了他学习的陪伴者。这也导致了他在高中时主动和我一起复习数学备考，大学时向我汇报每门主课的选择和考量。

　　我的两个孩子，因为我们搬家，上了中芯国际、耀中国际、德威国际和美国国际学校，在每一个学校，学习从来没有成为他们或我们要头疼的问题。原因是我这个爸爸，自愿充当了学习陪伴者的角色。女儿后来分享她的学习经历时，给爸爸一个很中肯的评价：不添麻烦。

　　以上就是我做爸爸的经验和心得，它们是我2012年提出的学习三原则的实践基础：

　　1）学习是人的本能；2）学习是个人的事；3）学习需要合适的环境。

　　在知识社会，终身学习是每一个知识工作者的标配。希望家长们能够坚持学习，做一个知识社会的智慧父母。

吾家有女自长成

　　去年12月15日上午十点一刻，我正在上数学课，收到了孩子妈妈发来的微信，女儿被波莫纳学院录取了！我的第一反应是，谢天谢地！这有些出乎我的意料。

　　就像她到医院门口半小时后就出生一样，她的大学录取又给了我们一次惊喜！全美最难录取的文理学院，我们去年暑假去过之后才知道它的存在，十月份还一直想不清楚究竟提前被哪所学校录取，就这样顺利地定了？

　　事后得到了不少同学家长和朋友的祝贺，并问我有什么经验。真的不知道说什么好，就像我儿子当初说的那样："呵呵，他们做了什么，不就是读了几篇个人陈述吗？"可是，在女儿申请这件事上，我不光一篇个人陈述没有读过，而且一个字都没有读过。她是百分之百靠自己完成的每一件事。

很惭愧，现在回想她的成长历程，我的大脑几乎是一片空白。如果硬要说一些事情，好像也都是上不了台面的琐事。

也许，正是由于什么事都说不出来，才真是一个值得挖掘和诉说的故事。

01

不添乱的老爸

女儿这次申请大学，不是人们所料想的那样，一帆风顺地抵达港湾。恰恰相反，在申请这件事上，她一直让我们费心。

儿子当年申请大学，暑假的七月底就开始写麻省理工的申请文章了。只是后来改成申请芝加哥大学，与麻省理工失之交臂。而女儿，一直到九月中旬，还不知道要申请什么学校，也就没法开始写申请文章了。

更糟的是，9月14日在香港打女子橄榄球比赛，她被对方的队员撞倒，后脑直接撞到地面，轻微脑震荡！

回来后看医生，三天没有去上课，开始一次看书只能十五分钟，需要逐步康复。有许多考试需要复习补考，大脑还不能多用，否则就会头晕。这怎样去申请大学呢？我们做父母的，急也没有用，只能听天由命。

这样就拖到了十月，她仍是不知道哪个学校好选，最后决定申请最难申请的波莫纳学院。而我的意思是巴纳德学院，哥伦比亚大学的附属女校，名声更好一些，又在纽约，有自己的校园，她应该很容易适应。既然她有自己的主意，我们也只能随着她。

我不知道她是如何并何时写完个人陈述的。但在11月1日晚上十点半，看见她兴致勃勃跑下楼来。"我八点钟重写了我的第三篇个人陈述，现在我的同学要帮我改了！"她妈妈在美国出差，我在忙我的事情，只是随口问了一句，什么时候是截止期。"晚上 12 点以前！"我做完我的工作，11 点 10 分左右就上楼睡觉了，她在自己的房间和同学一起改她的文章。

录取以后，同学的妈妈微信里告诉她妈妈："你们是不是都不在啊？ 10 点 20 分，女儿说要帮 Adeena 改文章，我说这就糟了，你们能改好吗？……我急得在楼下走来走去。"

知道录取的消息以后，女儿在自己的微信里发了一段感言，兴奋地告诉了朋友（帮她改了文章），告诉了妈妈（前一天晚上提醒她要继续申请其他学校，因为别人都知道了申请结果），告诉了哥哥（一直调侃她进不了波莫纳）。唯独对我这个老爸，一字不提！

有过那么一丝酸溜溜的感觉之后，我更多的是对自己能自律感到自豪。老爸像空气一样存在，使她全然不觉得！

"我没有烦她"，是我的最大贡献！我对自己说："也自豪一把，**没有给她添乱。**"

她怎么这么顺啊？仅仅是因为她的运气好吗？回过头来找原因，还是离不开我 2012 年提出的**学习三原则**。

02

知道我要什么

学习是人的本能这条原则，在我的宝贝女儿身上，表现得截然不同。她十年级时，在一次家长会后，说出了一句让我震惊但也欣慰的话：爸爸，我对学什么不感兴趣；我感兴趣的是跟谁学。

为什么我会感到欣慰呢？因为她知道自己要什么。

她九年级暑假去过一个三周的奥数夏令营，花了好几万，我问她："妹妹，你学到了什么？""我觉得数学不是我的菜。"我没有任何不舒服，反而称赞她："这样很好！你不会在数学里浪费不必要的精力了。"

知道自己要什么和不要什么，学会选择，是一项最高精尖的任务。这次申请波莫纳，而且最后一刻敢把一篇个人陈述推倒重来，就是因为她懂得选择，充分发挥了自己的本能。

我没有像许多家长那样，把学有用的知识放在第一位。我觉得，她能够知道在数学方面别人比她强，能够找到并发挥自己的长处就好了。所以，我对她的肯定是不假思索的，不需要经过任何思考。

这次决定报波莫纳学院，自己写申请文章，最后一刻自己又决定重写，不正是她一直坚持"学习"的结果吗？许多人认为在课堂里才是学习，学数理化才是学习，看小说则不是学习，是对学习的误解。

她有自己的兴趣点，有自己的学习方式，大人可能不能理解，甚至不能接受，就需要学习和操练如何服从学习三原则。

最后一刻改写文章，任何一个旁观者，一个有理性的人，都会出于本能地反对。不过，作为一个创业十年的 CEO 老爸，虽然理解任务改变的风险，但也更能理解看清楚目标改变后决心变革的冲动，所以我做了一个冷静的旁观者。

德鲁克说，知识工作者必须对自己的工作质量负责。在女儿申请大学这件事身上，她敢于为自己申请学校负责的风格得到了充分的体现。

在那些日子里，我为她做了什么？我做得最多的事情是当司机。每次她从同学那里回来，都会给我打电话："爸爸，我在地铁上了。还有 15 分钟到地铁站，你能来接我一下吗？"不管我多忙，一般都会说："当然能！"如果是儿子，我一般会说，骑共享单车！

帮助她把学习本能发挥到极致，是我这个老爸的基本任务。我虽然做得很不够，但勇于承认自己有心无力，不导致欲速不达就很不错了。

03

吃吃玩玩喜洋洋的女儿

之所以这么淡定，还因为学习三原则的第二条：**学习是个人的事。**

在一个老爸、老妈和老哥都是学霸的家庭里，出现一个吃吃玩玩喜洋洋的老小，环境给她的压力有多大我不得而知。我看到的现象是，不到考试，她是不会拿起书本去学习的。哥哥则完全不同，一有新东西，就会去花时间学懂它。习惯上，我们更容易认可哥哥的方式。

对妹妹的这个现象，我很早就有了一个解释，人都有趋利避害的本能：你们学习都太好了，我肯定比不过，不如比比我的长处。

所以，在体育竞赛和社会活动上，她花了许多的时间。橄榄球这个让她妈妈揪心的运动就不提了，足球、女子垒球她也积极参加……以前还参加过篮球和排球赛呢。在我这老爸眼里，她觉得什么都比读书更有趣！

女儿从小好动。不到两岁时，每天早上她一定是像一只小猫一样，睡在家里的哪个犄角旮旯儿，而一般的孩子根本爬不出自己的摇篮床。不得已，妈妈只能把门的锁从里面安装到外面。每天晚上 11 点，她房间里的灯都会亮着，妈妈又去把灯泡卸下来，房间里就不能有灯！还有一次，她在自己的房间玩，居然把摇篮床推到了门背后，床的另一端又正好被一个衣柜卡死，弄得我不得不到朋友家借了一个 3 米的楼梯，弄破纱窗，从窗子里爬进去把她解救出来。我们在外面急得要命，她在里面玩得好好的，一点都不害怕。

所以，不管是先天基因，还是后天环境，让她静下来学习，得一个好成绩，看来都是违背本能的。既然没有读书的本能，那我只能遵循三原则里的第二原则——学习是个人的事，由她去了！

04

由她去

学习需要合适的环境是如何体现的呢？如上面所介绍的：由
她去！

我们没有问寒问暖，提供一切学习条件逼她读书。但我们还是九
年级送了她去奥数夏令营，十一年级又送她去康奈尔的夏令营。因为
我们觉得她适合跟人打交道，将来可以从事餐饮或旅游等行业。在酒
店管理方面，康奈尔的专业水准是首屈一指的。

没有料到的是，她去了一趟以后，坚决不要报康奈尔了。那里的
气候与设施，她非常不喜欢。我们希望她坚持四年，也就四年而已，
但她最后还是没有采纳我们的建议。

她妈妈开玩笑地对我说，早知道这样的话，不去康奈尔体验，反
而会更好！

"不要去"，这不正是学习的结果吗？为什么我们不相信她的判断呢？

读到这里，我是不是已经清楚地描述了一个"学渣"的形象？嘿嘿，你上当了！

下面正式介绍一下女儿在考试方面的战绩，每一个关键指标，她都让她的学霸老哥无语，也让我这个学习专家大跌眼镜。毕竟她在学习上花的时间，不到哥哥的一半啊。

1）十年级考 PSAT，哥哥第一次将近 200，第二次提高 10 分，妹妹第一次就比哥哥第二次的成绩高十几分；

2）哥哥考 SAT 两次，第一次是十一年级的十一月和次年的五月考了两次，除了数学两次都是 800 外，比十年级没结束就去考的妹妹低了一百来分。

3）录取最看重的是 GPA，妹妹高达 3.98，让学霸哥哥也不得不仰视。

面对这样的成绩，在惊愕之余，我不能不承认：**我们已经给她提供了最好的学习环境！**妹妹一直在以她自己的方式学习和成长，我不能再像爷爷一样，认为只有数理化才算学习。

如果不爱学习的女儿不学习都能取得如此的成绩，她如果要是"爱"学习的话，那还了得？所以，**是到了给学习重新下定义的时候了。**

对 GPA，她心里很明白，我的数学和中文如果上和哥哥一样的课，那是不可能比哥哥的 GPA 高的。我的课比哥哥的容易。

多元智能里最难有的就是内省智能。妹妹在运动队里接触的同学多，了解的人多，内省智能和人际交往智能不逊于哥哥是很自然的事！

挺逗的是，我过去的中芯同事，知道莞莞这么顺利地被录取了，也是一脸惊愕。我说 GPA 摆在那里呢。她更不相信了："呵呵。我还以为她只能学学文科呢。"不仅充满了对文科的偏见，还对女儿有很大的误解。这是因为，她并不理解大脑的发展与学习的关系。女儿的大脑，其实从来也没有闲着，只是关注的内容不同而已。

05

小草的生命力

也许，佛系家长会为自己的不上心来为我女儿的故事做一个炫丽的总结：对，对，静待花开就好。

通过本文，我想探讨的是，从目前的状况来看，我儿子或许是林清玄先生"心田上的百合花开"中所说的百合花。"它的内心深处，有一个内在的纯洁的念头：'我是一株百合，不是一株野草。唯一能证明我是百合的方法，就是开出美丽的花朵。'有了这个念头，百合努力地吸收水分和阳光，深深地扎根，直直地挺着胸膛。终于在一个春天的清晨，百合的顶部结出了第一个花苞。"但我更欣赏的是，女儿作为一株不起眼的**小草**的**生命力**。我以为，不管你是百合花，还是小草，**做一个最好的自己，才是每一个有生命的载体的存在目的。**

花是否鲜艳和美丽，取决于大众的审美标准，那仅仅是人的标准，是因时因地而异的。**考试成绩是否靓丽，能否上名校，则是父母或师长和学校的要求，不应该是衡量是否学习的唯一标准。这些外在的要求，都不能否定也不应该影响生命的内在价值。**

所以，希望上面的故事能够帮助家长控制住自己，减轻焦虑。

育儿点滴

申明一下，我从心底里就不认同哈佛女孩、牛津男孩那类书所传扬的理念。如果不是因为利益，也是因为不懂得教育学原理，他们不明白每个人的能力、每个人的学习方式是不同的，每个家长的价值观和因此所造成的孩子的成长环境也是不同的。存在的就是合理的，我不想论断是是非非，而是想提醒一下读者，如果您的目的是为了功利，我下面讲的简单例子，可能对您不会有太大作用。我要着重强调的，是每一个孩子都有自己学习的本能，我们要做的，不是去拔苗助长，而是要因势利导地启发出这些本能。

因为数学是我的强项，儿子的数学也不错，所以大部分的例子，都是有关幼儿的"数学教学"的，虽然我和儿子都没有觉得我们在学习。

1. 儿子最早的数学教育是催眠曲。儿子两岁的时候，每天晚上八点多我要哄他睡觉。我既不会唱歌，也不会背儿歌。怎么办呢？我无意中用了我的长处。他的催眠曲是，一、二、三、四、五、六、七、八、九、十；二十、三十、四十、五十、六十、七十、八十、九十、一百；二百、三百、四百、五百、六百、七百、八百、九百、一千；二千、三千、四千、五千、六千、七千、八千、九千、一万；二万、三万、四万、五万、六万、七万、八万、九万、十万；二十万、三十万、四十万、五十万、六十万、七十万、八十万、九十万、一百万；二百万、三百万、四百万、五百万、六百万、七百万、八百万、九百万、一千万；二千万、三千万、四千万、五千万、六千万、七千万、八千万、九千万、一亿。（二和两可以互换，如二十万，两千万）您还别说，这一招还真管用！不知道是数字太枯燥，还是这个催眠曲的韵律非常好，结果非常奏效，念完80个数，他基本上就睡着了。更没想到，四年级的"大数的认识"，在两岁前就这么给上完了，呵呵。

2. 儿子另一个难得的数学教育是奶奶教他认字。三岁的时候，他看到比他小半岁的一个女孩能够认 20 个字，回家就对奶奶说，奶奶，我要认字。这下好了，每天早上一边喝牛奶，一边认 5 个字。雷打不动的作息规律！奶奶从《婴儿画报》读过的故事里找出生字，自己写好，一个个教他认（呵呵，不需要花里胡哨的图片，更不需要精装本的必读或儿童必认之类的书）。奶奶把字分为三类，已复习的字（100% 认得）、待复习的字（有时候认得）和生字。对已复习的字，每周或者每月复习一次。10 个 10 个地数……这样，到 5 岁时，他已经认得了 800 到 1000 个字。认得这些字的同时，他学会了 1000 以内的数数、写法，甚至打下了速算的基础！我在学米屋教了两年小学生之后，才意识到了奶奶教学法的简单和伟大之处。布鲁姆的掌握学习法，奶奶都会！而且，语文和数学一起教了……这是目前学校的老师绝对做不到的！我之所以说绝对，有几个原因：1）小学老师是分科教学；2）小学老师没有时间和精力；3）他们也没有精力做到尽心尽力地来带每一个小孩！而且，奶奶六十岁时得过脑溢血，身体一直不太好，当时已经七十岁了，绝对没有精力也不会去拔苗助长。相反，身体不好还能让孙子更体贴和帮助奶奶做事，学到语文和数学里学不到的人际交往。

3. 奶奶还有一些生活习惯，比如说每天晚上都要看新闻联播和后面的天气预报。儿子也一样，两岁多一点，刚学会说话但话还说不全的时候，就开始跟着播音员报明天的气温。非常有趣的是，他的小脑瓜当时只能记一位数，所以 2 度，12 度，零下 2 度，他报出来的都是 2 度。看了让人忍俊不禁！还有一个细节，儿子三岁的时候，每天早上一醒来，第一件事就是去看烤箱上的时间，而且念出来。听了他每天的报时，我无意中发现，他每天早上的起床时间都是 7:05 加减 5 分钟，生活非常有规律！当我发现如今的孩子，二年级还不会认时钟，不知道两张十元是四张五元，我才明白我妈妈在教育孩子方面，是多么地了不起。我曾经写过一篇文章，《下雪了》，讲的就是三年级的儿子一看到下雪，就拿温度计到室外去量温度的事。这不正是布鲁姆的记忆、理解和应用吗？

4. 儿子不到五岁的时候，妹妹才两岁半。我们一起去中山陵玩。妹妹要我抱。如果我要抱的话，哥哥也会跟着要我抱。这时候，我对儿子说，来，我们一起数有多少级台阶。这一招还真管用，一口气数了300多级台阶，早把累这件事忘记了……再看现在二年级的学生，甚至有100以后就不会数了的情况。不要说老师没教的一定不会，老师教了的有的也还是不会。为什么？家长从来没有和孩子一起认真学习过，也没有用心在一起生活过。即使是帮助孩子做作业，也是和收租或讨债者一样，没有一个互相信任、互相激励的环境。我呢，则是因为自己很"懒"，所以无意中让孩子们身体和大脑都稍微勤快了一些。（呵呵，我和那些反复强调用正确的理念、方法和操作去教育孩子的书的作者不同，就是在儿子面前做一个真实的父亲，其中也包括自我管理和发挥自己的长处。）

5. 儿子一直到四年级，学校都是在我们住的地方的马路对面，就是为了让他多睡一点觉。只有睡眠充足，脑子才能够正常发育。否则教多少知识，也很难灌进去。但他的问题是有些胆小，什么事都要大人陪。在二年级的时候，我让他自己走到学校去，不要我送。他当然不干，再怎么讲道理也没有用。他对数字很敏感，对钱的多少也就很在乎，于是我利用他的这个特点，给了他一个建议。你给我连续走10天，第一天我奖励你10元钱，第二天9元，……第十天1元，以后就没有了。干不干？他想了一下，这个很划算，就答应了。结果，十天下来他赚了 55 元，1 加到 10 的连加结果也记住了。也就是说，人和人不同，我们不需要蠢到非要用高斯的算法去教每一个孩子，因为高斯是自己发现的规律，而奥数班的孩子不是。然后，我再给他讲高斯的故事，他就能够理解速算方法了。因为，速算是懒人的本能，是聪明人的技巧。做父母的，要因时因地调整自己的角色，鼓励孩子成长。不幸的是，有一些家长，自己懒得学习和转变，却一直去追求"聪明"的方法，结果总是不如人意。

6. 在二年级的时候，他已经能游 400 米了。我就开始教他分数——我教他数学，从来不用教科书，用的就是生活。我和他说，我们游 400 米，要游 8 个来回，16 个单程。游玩一个单程后，我告诉他这是十六分之一。也就是说，25 米是 400 米的十六分之一。游了一个来回，是 50 米，这就是十六分之二了。然后又说，我们只要游 8 个来回，现在游了 1 个，是几分之一呢？是八分之一。所以，十六分之二就是八分之一。一个月下来，他就掌握了分数的表示和简单的约分。然后平时在别的地方再应用应用，就融会贯通，完成了分数的理解和应用。而现在的孩子，却是在三年级背"一米的绳子剪成 7 段，绳子长（ ）米，是 1 米的（ ）"，六年级背最大公因数……本意是好的，但完全脱离了孩子的生活。**再加上老师的备课和教学的目的，就是要让学生掌握这些刻板的知识，应付升学率的要求，使得大多数的知识点都是学生学习的难点。**甚至还时常会出现一种怪现象，越贴近生活的问题，越不知道如何解答。最典型的例子是，儿子六岁的时候就对所有饮料的容器大小了如指掌，因为他认得毫升两个字，总喜欢比较哪个多。他对 250 ml、350 ml、500 ml、550 ml、1.5 L、2 L 都有直观判断，比我都强！（呵呵，我现在能写出这些典型的数值，都是他给我洗的脑。）我拿一瓶农夫山泉的水问那些奥数成绩好的四五年级同学，都是即刻回答老师没教或者学校没学！而我问550毫升等于多少升时，他们能够马上回答出0.55！这样本末倒置的学习，让我啼笑皆非。呵呵，目前有的学校里出现的一些教学难点的确都是客观事实，但在我的子女身上，却都没有发生。这不是因为他们聪明，**只是因为他们是活在真实的生活之中**。换句话说，我没有把高大全之类的内容抽象出来去教他们，**而是让他们自己去吃五谷杂粮**，自己能抽象出多少就是多少。长此以往，他们的思维能力因为他们的知识积累而与日渐增。

……

这样的例子应该还有一些，我有意选择了不同年龄段的一些"难"的知识点，来说明小学数学就应该是从我们的生活经验中学。过早地去学习思维训练，剥夺孩子思维的空间，压抑孩子学习的热情和兴趣，打击孩子的自信心，自然就会有欲速不达、物极必反的效果。而家庭教育存在的问题之解法应该而且只能是，家长自己要学习，要有基本的判断能力，要有正确的价值观。这些是教育孩子的首要条件。

教育重新回归生活，充实每一个人的生命，应是我们的理想！

人生是一场马拉松，成功的人不是赢在起点，而是赢在转折点和终点。

张艺萌，1998年出生于美国堪萨斯州。参加过舞蹈队、游泳队、校女子高尔夫球队，主持过当地华人春节晚会。曾两次参加美国数学奥林匹亚竞赛（USAMO），2017年入读麻省理工，学习数学和计算机科学两个专业，成绩全A。且将于2021年9月，在麻省理工学院继续攻读博士学位。

张翼龙，2000年出生于美国堪萨斯州。参加过州内游泳队、网球队、学校飞盘队，担任过义务救生员，做了四年校乐队指挥。吹了七年萨克斯，州内第一名。2019年入读哈佛大学。准备学医，目前成绩全A。

顺其自然　静待花开

——姐弟俩比肩成长，圆梦麻省理工和哈佛大学

/ 钱　峄

计划赶不上变化

有人说："生活，就像一盒巧克力，你永远不知道下一颗会是什么滋味。"

回忆姐姐的成长过程，如果用一句话形容，就是"计划赶不上变化"，"变化"是常态，而顺应变化的过程让姐姐不断成长和进步，虽然也不免有些许遗憾。

姐姐六岁开始学弹钢琴，老师是一位来自钢琴世家的俄国大妈，在她家上课。大妈上第一堂课时，就对姐姐赞美有加："你的手指长，腿也这么长，都不需要延伸器。"几个月后，姐姐获得州内钢琴比赛同年龄组第三名。我的一位朋友告诉我，周末在中文学校碰到姐姐，问她长大后想做什么，姐姐答，将来想在家一边炖肉一边教钢琴（俄国大妈家时常飘着肉香）。

然而，时隔不久，俄国大妈要求姐姐为了比赛每天重复练习两首固定的曲目，一遍遍反复弹奏。姐姐慢慢地失去了兴趣，想尽各种方法逃避枯燥的钢琴练习。她曾向学校老师告状，说妈妈不给她读书的

时间，老师没理会，建议她弹完琴再读书；她又给隔着半个地球的姥姥姥爷打电话，让他们跟我谈谈，没得逞；后来她又游说姥姥给我寄一套中文版《哈利·波特》，想培养我跟她一起读书的兴趣。最有意思的一次是暑期我和一个朋友轮流带娃，一天，姐姐从朋友家回来，噘着嘴抱怨："我在他们家可活不下去。"一问才知道，姐姐在朋友家弹琴时，设了个四十分钟的闹钟。闹钟一响，人拔腿就想溜。朋友叫住她，说弹琴的四十分钟内，她上了两趟厕所，加上翻找乐谱耽误的时间，还需要再补弹十分钟……

姐姐上小学四年级时跟我商量，想停掉钢琴课，只继续绘画课。我也承诺如果她在钢琴比赛中取得好成绩，可以给她选择的权利，但如果只是因为不想努力而放弃，是不可接受的。姐姐全力以赴练习了几个月，在州内比赛中获得了第二名，在大家的羡慕声中中断了钢琴学习。

如今回忆起这一段经历，我依然为她过早放弃了钢琴学习而感到遗憾。不过，静下心来想想，姐姐本身的性格是喜欢挑战自我，不喜欢重复枯燥的练习，也就能理解当年她的选择了。**相对于为孩子规划一条平稳的成长路线，我更愿意顺其自然，让姐姐追随自己的内心，尊重她本人的意愿。**

姐姐中断钢琴学习后，本想专注于从小喜欢的绘画，在这个领域也曾小有成果，有些作品被挂在学区和附近银行展览。并被学校选中组成五人小组，参与设计和涂刷了一面走廊壁画。但是，一次偶然的机会，她被邀请去参加一个地区数学竞赛，成绩中上等，并不突出，这反而激发了她的斗志。一贯要强的她在竞赛结束后回家的路上，告诉我说组织这次比赛的老师开私教课，考试结束时还给他们讲了几道竞赛题目，她很有兴趣，想跟这位老师学数学。学习始终是好事，我当即痛快地答应了她。

五年级开学，姐姐开始跟随这位数学老师上课。学费较贵，一学期一付，自己缺课，老师不补。我心疼银子，每节课帮姐姐认真记笔记，课后反复练习，尽量不让老师同一个问题说两遍。几节课后，老师开始称赞姐姐："令人惊喜！"并陆续接到老师临时打来的电话："晚上有空就来加一次课。"想必是有其他同学缺课，便宜了我们。三个多月后，老师帮姐姐申请了一个数学竞赛，据说五年级会有八十多人参加，周围几个州的数学爱好者也会来。老师让我预估一下姐姐的名次，我猜了个二十名左右，老师乐了，说我对姐姐太没信心了。那次比赛姐姐拿了第一名，让她备受鼓舞，更加坚定了她继续学习数学的兴趣。值得一提的是，姐姐的这位数学启蒙老师还培养出了一位奥数金牌得主（印度男娃）。姐姐读初中后，顺理成章加入了学校的数学俱乐部，并多次代表本州参加全国数学竞赛。

上高中后（九年级），学校没有数学俱乐部，姐姐跟随好朋友加入了学校的演讲与辩论俱乐部，凭着敏捷的思维，伶俐的口齿，很快就小有成绩，成为老师的重点培养对象。每周五旷课去比赛，周日凌晨回家后，补觉，补课，补作业，还时常准备补考，我对此有些担心，在去辩论赛做了一次评委后，更加对妈妈做评委的赛制产生了质疑，但也不忍打击姐姐的积极性，努力支持她。

就在这时，姐姐被邀请（根据八年级的数学竞赛成绩）参加了麻省理工学院举办的女子数学竞赛，并取得了优异成绩。也是在这次比赛中，姐姐结识了很多全国各地的数学爱好者，她们一起申请数学夏令营，一起比赛，相互分享各自收集到的竞赛题目，偶尔也会帮助评估入营考试题目。记得有一次，姐姐被朋友们邀请组队参加普林斯顿大学数学竞赛，组委会拒绝了她们的申请，理由是地域分布太广，包

括姐姐在内的小组中四个女孩分布在密西西比、纽约、芝加哥和佛罗里达。这些女孩儿最后大多进了麻省理工学院和普林斯顿大学等名校。

在朋友们的带动下，姐姐的小宇宙大爆发了。她后来在申请大学的面试时，对面试官提到，解数学题就像是做拼图，每解出来一道难题，就像完成了一个拼图一样，让她很有成就感，这让她对数学的兴趣一直有增无减。

十年级时，姐姐以一分之差落选美国青少年奥林匹亚竞赛，一贯要强的姐姐不甘心，更加勤奋和努力，成绩也是节节攀升，接下的十一年级和十二年级，连续两次入选。与此同时，她在所就读的公立高中，始终保持最高的学业成绩（GPA），在三百多名同级学生中，稳居第一名，还入选了学校的高尔夫球队，并组建了物理俱乐部，展现了一定的领导力。在申请大学时，她在早申请阶段就如愿拿到了麻省理工学院和加州理工的录取通知书，后来在常规申请阶段，又拿到了普林斯顿大学的录取通知书，最终入读了她最心仪的麻省理工学院，学习数学和计算机科学两个专业，实现了她的梦想。

姐姐考入 MIT 之后，经常有朋友找我取经，让我分享爬藤的经验。坦白说，姐姐基本是自由生长的，她天生要强，自我驱动，在学业上从没让我操心，真正让我头疼的是她在生活上的马虎大意。回忆起来，可以数出来一笸筐的例子：小学时常常忘记带书包和作业到学校，我不得不一次次专门从单位跑回家找出来送到学校去；中学时经常把笛子落在教室里；暑假夏令营时，负责小行星定位的她居然定错了坐标，害得小伙伴们半夜一起来补救；十一年级考 SAT 的物理专项考试时，竟然带了一年前考世界历史的准考证，幸好我及时送过去，害得全考场延迟五分钟开考……这种马虎大意的性格至今也没根本扭转。不过，我想开了，每个人都不是完美的，也就包容和接纳吧。

回忆姐姐的兴趣爱好，从钢琴，绘画，到辩论，再到奥数和高尔夫球，一直在变化。唯一始终不变的是她对阅读的兴趣，从三年级开始喜欢课外书，四五年级开始痴迷哈利·波特等小说，从图书馆、朋友、同学那里不停借书来看，甚至于一度同时阅读九本书。姐姐的阅读书单里，基本是小说类读物，我一度质疑这是不是在浪费时间，还曾试图引导她阅读科普类书籍，但是姐姐依然沉迷于小说。后来，看到姐姐在高中毕业典礼上的演讲稿和大学申请文章时，我终于发现，这些阅读对她的写作能力打下了扎实的基础。所谓"读书破万卷，下笔如有神"就是这个道理吧。

写到这里，我摘录一段姐姐在高中毕业典礼上的演讲稿，作为结尾：生活不如数字清晰，也不如数学逻辑明了。在现实生活中，变量多于常数，未知数多于已知数。我们被变化包围着，未来会有很多不确定性和未知的挑战。同时我们也有机会直面这些挑战并证明自己。不管你取得了成功或遇到了障碍，请永远记住温斯顿·丘吉尔的这句话："成功不是最终的，失败不是致命的，重要的是继续下去的勇气。"无论你在哪里，一定要永远记住你的初衷，以及所有帮助过你的人。

静待花开

俗话说，龙生九子，各不相同。与一贯聪慧的姐姐相比，弟弟比较慢热，开窍较晚，他的成长故事就是静待花开的过程。

弟弟的开窍晚最早体现在开口说话上，一岁进美国幼儿园，两岁半才开口讲话。这之前他都是一个字就是一句话。吃饭的时候，举着勺子喊："More！（多点儿）"玩儿玩具时，喊："Mine！（我的）"后来开口了，也喜欢说，但讲出的话一半都像在自言自语或是梦话，以至于姥姥一度怀疑弟弟智力是否正常。直到弟弟三岁时，有一次我在加油站加油。弟弟坐在车上很无聊，问我："妈妈你为什么要加油？"我告诉他："车跟人一样，吃饱了才有力气跑。"弟弟抬起头，认真地问："那它什么时候拉屎？"姥姥听说后才松了口气："这孩子不傻。"

弟弟五岁上学前班，每天背着个空书包上学放学，里面经常连一张纸都没有（书本和铅笔盒是留在学校的），回家都说没作业，对学校唯一的印象就是牛奶很好喝。整整混了一年后，开始念小学了，弟弟依然没开窍，对功课不感兴趣，只是热衷于收集绕口令和奇闻怪谈。他经常会从书包里摸出个小纸条，上面有他从学校或书上抄下的绕口令或一段趣事。对学习漫不经心的后果是，小学毕业的这一天，弟弟没得到任何含金量高的奖项（例如英文、数学、科学……），就连他自以为蛮有把握获得的数学奖也没得到，只得到一个类似安慰奖的"图书馆奖"。看着别的小朋友脖子上挂满奖牌，又被姐姐打击："什么是'图书馆奖'啊？你将来要做图书管理员吗？"他的情绪有点低落。

小学毕业典礼上的这一幕深深触动了弟弟，所谓"知耻而后勇"吧，弟弟终于振作了起来，开始下定决心要发奋努力，让大家对他刮目相看。尽管有了雄心壮志，弟弟贪玩儿的个性依然存在。初一时，功课比较轻松，有一阵子他迷上了打游戏，每天都要打，但却很自律，懂得先做完作业，打完篮球，再提出玩游戏。也因为我不刻意限制他，他不会产生逆反心理，反而懂得了自控。另外，美国人相信"不落后于终点"，小学和初中教育相对宽松，强调快乐学习及发展兴趣爱好，弟弟尽管开窍晚，学习上不够用心和勤奋，但是和其他同学相比，并没有明显差距。

上了初中以后，弟弟入选了学校的数学俱乐部。我们所在的学区，一直非常重视数学教育，学校的数学俱乐部可以占用正常上课时间来学习和训练。俱乐部的老师曾经辅导过姐姐，也许是爱屋及乌吧，对弟弟格外关照，经常鼓励他，激发他的学习兴趣，于是弟弟不再沉迷于游戏，开始用心学习，成绩越来越好。

到了高中，学业压力明显增大，学校规定的必修课和选修课之外，还有很多大学先修课程，此外还要参加各种体育项目和课外活动。弟弟开始全面开挂，遇强则强，后劲十足。很快，和姐姐一样，学业成绩稳居所就读的公立高中全校第一名。

除了在学业上比肩姐姐，弟弟在音乐和体育方面更展现出了优势。从初中开始，学校的乐队和合唱队抢着要他，后来他在六年级时选择了在乐队吹萨克斯，十一年级更是考取了州乐队，成为首席萨克斯演奏者，获得了世界级比赛的殊荣，同时还凭借个人能力入选为学校高中乐队指挥（兼任队长的角色），且任职长达四年时间。弟弟的运动协调能力也强，无论跆拳道、棒球，还是网球，都上手很快。经常听到教练赞他："天生会打""一颗明星就要诞生了！"高中时，弟弟加入学校的飞盘队，获得了州冠军。

对那时的弟弟来说，最大的挑战是如何管理好时间。特别是高中阶段，他在学习之余，身兼数职（乐队指挥、萨克斯演奏者、学校飞

盘队队员、校外游泳队队员、学校财务部长、义务救生员，等等），特别是在音乐上面，耗费了很多时间。每年秋季开学到年底，是他作为乐队指挥参加行进乐队训练和比赛的时间，春季又要以萨克斯演奏者的身份参加音乐会训练和比赛，几乎每天都有排练。其中，行进乐队每周五在校际橄榄球比赛时的演奏，作为指挥的他，一站就是四个小时，对体力和毅力都是十足的考验。特别是到了十一年级，他以萨克斯演奏者的身份入选了州乐队，为了成为首席，他每天刻苦练习一个小时，终于在第二年如愿从第六位跃居首席位置，跟随乐队到欧洲参加世界级的比赛并获得冠军。成绩的背后，是无数心血和汗水的付出。我统计过，他最多时曾一周花费二十四个小时在音乐上。尽管如此，学业上又不能耽误分毫，要保持全年级第一名的学业成绩（GPA），他常常要学习到凌晨。

记得有一次，弟弟从校外游泳队训练结束，回到家时已经是晚上九点了，随后一直埋头写作业。我像往常一样给他准备了夜宵。去叫他时，看他仰着头发呆，就问他在想啥。弟弟很认真地说："人要是能看到未来就好了。"我问为什么，他答："如果我将来会是个乞丐，我现在就不用写作业了。"我大笑，告诉他："你将来会不会成为乞丐，我不知道，但你把这个作业做完一定可以降低你成为乞丐的可能性。"

说到这里，不得不夸一夸弟弟的好性格和好心态。从小，弟弟几乎是在姐姐的"阴影"下生活，于他，姐姐就是"别人家的孩子"，老师和亲戚总是自觉不自觉地把弟弟和姐姐相比，甚至于还有老师曾直言不讳地说，都是在一个家里吃同样的饭，你怎么和姐姐差距这么大呀？但天生乐观开朗并有幽默感的弟弟不仅学会了自我减压，能做到胜不骄败不馁，更是对人宽容友爱。姐姐曾经评价，没见过比弟弟更宽容的人，从没听他说过任何同学不好。无论是在学校还是社区里，弟弟是出了名的好人缘，可谓人见人爱。从七年级开始竞选学校的财务部长，从来都是高票当选，以至于后来他提出来要继续竞选，没人愿意和他 PK（知道难以匹敌），让他年年"独孤求败"，坚持任职到高中毕业。

弟弟非常乐于助人，担任乐队指挥的四年间，他是乐队的领导，不仅要带各个乐器分部的领队，还多次协调乐队成员之间的矛盾，让乐队始终保持良好的氛围，在比赛中一次次为学校赢得殊荣。还有一次在学校吃午饭时，他救了一个被热狗噎住的同学，弟弟当时反应很快，从后面抱住他，做腹腔挤压，反复四五次才成功。事后，校长代表学校和家长给弟弟发了感谢信和礼品卡。

弟弟的"恒毅力"也让我倍感骄傲。我曾经看过一篇文章，有实验曾追踪 1970 年 4 月出生的 17000 名婴儿到 2008 年，38 年的持续追踪发现，影响他们快乐和生活满意度最高的因素，不是智商或者学业成绩，而是自觉性与责任心。的确，成功的人不是最聪明的人，而是最有毅力的人，所谓勤能补拙，著名的"一万小时原理"就验证了这一点。与从小聪慧的姐姐相比，开窍较晚的弟弟是属于"后天补优"，在高中阶段开始真正发力，用勤奋刻苦的学习创造了优异的学业成绩，而他任职学校乐队指挥和财务部长长达四年时间（每年换届重新竞选），为此付出了大量时间和精力，更展现了他的恒毅力和责任心。

去年申请大学时，弟弟凭借全校 GPA 第一名的好成绩、优异的 ACT（标准化考试）分数和丰富多彩的课外活动以及从中展现出来的恒毅力、领导力、关爱他人和利他精神等个人品质，在早申请阶段如愿获得哈佛大学的录取通知书，目前决定学医。他和姐姐一样，成为了学校的骄傲。他以厚积薄发的努力，终于实现了小时候的愿望，和姐姐"并排比肩"了。

常常听一些家长说起，"不要让孩子输在起跑线上"，其实，从姐姐和弟弟的成长经历来看，每个孩子都不一样，开窍时间有早有晚，没必要急功近利，更不要拔苗助长，让孩子超前学习，超标学习，过分苛求孩子，不给孩子留时间，在与孩子的相处中极度缺乏延迟满足能力。在我看来，**用鼓励的目光追随孩子的成长，放大孩子的优点和长板，多给孩子一些时间和耐心，孩子就会越来越自信，终有一天会惊喜蜕变**。

记得有一次和弟弟一起观看热门综艺节目《非诚勿扰》，片尾的主题歌有一句歌词是"向前一步是幸福，退后一步是孤独"，弟弟当即说，这个歌词不好，为何退后一步就是孤独呢，完全可以是祝福嘛。是呀，"向前一步是幸福，退后一步是祝福"，这不仅仅适用于同学和朋友之间的彼此祝福，对于家长来说，如果孩子向前一步，自然是一种幸福；退后一步，也值得祝福。毕竟人生是一场马拉松，成功的人不是赢在起点，而是**赢在转折点和终点**。家长何不放下焦虑，相信每个孩子都有自己的潜能，让孩子做自己的鼓手，去掌握人生的节拍，击打出精彩的鼓点，家长只需要给予祝福和鼓舞，静待花开。

手心手背

姐姐两岁半回到美国家里，对忽然出现的半岁的弟弟有些不适应。一天我正给弟弟换尿布，姐姐站在我身边问："妈妈，你喜欢我多一点，还是喜欢弟弟多一点？"我给她讲了手心手背的道理。她又问："那我是手心，还是手背？"我问她想做手心还是手背，她毫不犹豫地答："我想做手背，你的手总拿脏东西。"那时我手里握着沉甸甸的尿布。

作为一个公正的妈妈，我在他们每天的战斗中保持中立。既不能理会姐姐要把弟弟换到别人家，好让与她四手联弹的好朋友来我家做她的双胞胎姐妹的无理要求，也不帮助为了几块糖就跟姐姐签了卖身契的弟弟脱离奴籍。

姐姐语言表达能力强，弟弟嘴笨但行动力强。他们上小学时，有一次谈起一位脾气不好、讲话时又容易喷口水的老师。姐姐夸张地描述着，什么"像下大雨"啦，"希望脸前有副雨刷"啦，我刚想教育她要尊重老师，弟弟小嘴转了转，凑到我脸前五厘米的位置，重重喷出"噼里啪啦"几个字，把攒了一嘴的口水都喷到我脸上。我一边擦脸一边捂住弟弟又在转悠的嘴，说："我明白了。"姐弟俩呵呵笑了。

弟弟科学课考了个 80 分，我鼓励他："很好，又进步了。"姐姐不满地说："我每次考个 98 分，你都问我，'两分丢在了哪里？'，你为什么不问问他，20 分丢在了哪里？"虽然我心里想说，是因为虱子多了不咬，债多了不愁，但嘴上还是维护弟弟："他开窍晚，等他开了窍，会突飞猛进的！"姐姐不依不饶："妈妈，你从他三岁就这么说，他现在都快九岁了，你还这么说。你是不是打算在他二十岁的时候还这么说？"现在明白了，那时我是在静待花开。

姐姐六年级时，二月份在区数学比赛中得了第四名后，整整一星期都处在亢奋的情绪中，每天都在电话上重复着类似的话："如果我在三月州内的选拔赛中进入前四名，我就可以去华盛顿参加全国的比赛，如果在全国的比赛中我能进入前三名，我就可以跟奥巴马总统握手。"我不忍打击她的积极性，耐心地让她跟十多年来的朋友们都握了遍手。吃晚饭的时候，姐姐很认真地对我说："妈妈，你要问问别的小朋友的家长是不是也跟他们去华盛顿，如果只有我一个人带家眷，我会不好意思的。"我啥时成了她的家眷？

弟弟上初中后，也考入了数学竞赛小组。有一次考试成绩不佳，回家后问我："妈妈，我什么时候才能考得像姐姐一样好？（姐姐此时已是州冠军）"我安慰他："你和姐姐的阶段不同，她是收获的阶段，你是播种的阶段。继续坚持下去，你一定会有收获的。"过了两天，弟弟又问我："妈妈，我现在是什么阶段了？是不是洒水的阶段了？"

姐姐上八年级时，已经一米六四了，弟弟只有一米四六，两人差了一头。姐姐在外很维护弟弟，经常告诉别人弟弟发育晚，以后会长得很高，在家却经常取笑弟弟的身高。有一天，当弟弟站在姐姐面前

跟她讲话时，姐姐直视远方，目光越过弟弟的头，说："谁在说话，有人说话吗？"弟弟向我告状："姐姐嘲笑我。"我告诉他，我们中国人讲，谁笑在最后，谁笑得最甜。他满意地走了。

上高中后，姐姐就明确了奋斗目标：上哈佛。她经常开玩笑说："妈妈，等我和弟弟上了大学，你也写本书，叫《我的哈佛女儿和社区大学儿子》。"

姐弟俩吵嘴，弟弟从没赢过。有时弟弟理屈词穷时，就问："姐姐，我该怎么说？"弟弟上六年级时捧回了学校唯一一个萨克斯管演奏的奖杯，他把奖杯放在姐姐的数学奖杯旁，骄傲地告诉姐姐："我的奖杯比你的高一点儿。"姐姐不屑："把我的几百块钱奖金垫在奖杯下，就比你的高了。"

弟弟上了高中后，不仅成绩稳居年级第一，还成为学生会干部和校乐队指挥。他每年都被同学们选为返校节舞会代表。有一年的返校节舞会，当弟弟听说姐姐没有舞伴时，终于找到机会打击姐姐："我们几对儿准备租个豪华轿车一起去舞会，可以捎上你，你没有舞伴，就去跟司机坐一起吧。哈哈哈！"

姐姐上了MIT后，一天吃晚饭时，弟弟对我说："将来我可以在姐姐家附近买个房子，这样就能经常见到她了。"晚上我跟姐姐打电话时，告诉她，弟弟想你了。姐姐让我把电话给弟弟："迈克尔，你确定你能买得起我的小区的房子吗？"俩人一块儿呵呵。

弟弟十一年级的寒假预约了拔智齿。姐姐因在外地实习，回不来，特别嘱咐我要在弟弟麻药没清醒时问他："姐姐是不是世上最美的女孩儿？"并要录像。录像时，弟弟咬着后槽牙，翻着白眼说了声"No"，就迷迷糊糊地往姐姐房间走。我提醒他，那是姐姐的房间，他回："我没洗澡，有点儿脏，不想睡自己的床。"

弟弟一到哈佛就加入了 12 人的阿卡贝拉演唱小组和飞盘队，他说学校太大了，每天东奔西跑很累，就买了滑轮车代步。弟弟学校凭学生证免费吃饭，而姐姐学校根据学生购买的不同餐券控制学生每月的用餐数量。姐姐的餐券还允许她一学期内邀请朋友吃八次免费自助餐。所以弟弟周末会踩着滑轮车去找姐姐吃顿饭。弟弟大一春季学期刚开学，跟朋友们在冰球场滑冰时，不小心撞到窗框，磕碎了半颗门牙。修补牙齿要用医疗保险，他不得不告诉了我。怕我担心，姐姐事后给我打了电话："弟弟的牙已经修好了，跟原来的没有区别。他补牙之前跟我吃了顿饭，我从没见过他那么天真无邪的笑容。"

姐俩学中文

姐姐在北京跟姥姥姥爷生活了十五个月，两岁半时回到美国。她的中文说得很流利，带她到图书馆，她会小声说："不敢高声语。"

五岁开始，她和其他 ABC 一样每周末去中文学校学两个小时中文。三年级时，有一天从中文学校回家后，她很神秘地告诉弟弟："你不知道吧？世界上最后一只恐龙是孙中山杀死的。"后来发现是老师在课堂上讲到孙中山消灭了中国的最后一个 Dynasty（王朝），她听成孙中山杀死了最后一只 dinosaur（恐龙），并立即向老师提问："他一个人杀的吗？"老师说是有很多人帮他一起做的。

姐姐喜欢不拘一格地使用成语，鼻塞流鼻涕，她会说，我的鼻子"水泄不通"。回国探亲时，我经常提醒她少用没把握的成语、俗语。一日，姐姐陪姥姥聊天，在姥姥畅想当年、回顾自己的光辉历史时，姐姐赞美道："姥姥，我觉得您风采依旧！"姥姥乐道："成语用得太准确了，多用成语。"过了几天，她给我们讲述她的一位朋友因失恋，痛苦得"废寝忘食"了好几天，发现几位长辈不仅不难过，还不厚道地在呵呵。

不讲成语时，姐姐的中文与国内长大的孩子没什么区别，用词准确，语句流畅。记得有次我带姐姐去一家中餐馆吃饭。我们正吃着，我看到邻桌的客人在吃一盆水煮肉，看起来很辣，似乎很香。我正琢磨着要不要也点一盘，姐姐发言了："妈妈你这样不好，你不能吃着自己碗里的，看着别人盆里的。"

姐姐在中文班几乎次次考第一，弟弟却总是迷迷糊糊地垫底。二年级期末，老师因家里有事提前一周考试，弟弟不知道，也没复习，和班里一位罗马尼亚男孩子考了并列倒数第一。我看了眼考卷，他连自己的名字都没写对。"张翼龙"写成"张一O"。我对他叫："张一蛋，你过来。"弟弟乖乖地跑过来。我指着他的名字说："龙字不会写，翼字也写错了。"弟弟笑眯眯地回答："那我下次就写张蛋蛋。"我对他进行了教育："你怎么能跟罗马尼亚的小朋友并列呢？你从小说中文，怎么也得考个倒数第二吧。"弟弟气愤地说："都怪丹尼尔。"我不解地问："你没考好，跟丹尼尔有什么关系？"弟弟理直气壮地说："他没来考试，如果他来了，我就是倒数第二了。"

在姐姐的影响下，弟弟在家也主要讲中文，虽然有时会词不达意。经常在我刚下班回到家，弟弟就冲过来，兴奋地说："妈妈，我要跟你叙叙旧。""叙吧，"我逗他说，"有多旧啊？"他很认真地说："今天考试，我得了最高分。"或者："妈妈，我听得一干二净。"我回他："我看出来了，一点儿都没剩下。"

一天，弟弟在学校读到篇讲中国古代故事的文章，非常兴奋。回家后翻译成中文讲给我听：

弟弟："很久很久很久——嗯——"

我："以前？"

弟弟："对，在一个地方，他们攒了几个农村……"

我："是组织了几个村民。"

弟弟："对，他们去打一条龙，受伤的人都坐——嗯，坐轿子。"

我："是担架。"

弟弟："我不讲了，你都知道了。"

弟弟七年级时进入数学竞赛全州前四名，将代表本州去奥兰多参加全国的竞赛。得到第五名的是个八年级的女孩儿，这次是她最后一次数学比赛，她因没能被选入州队，大哭，还流了鼻血。在比赛现场，弟弟小声问我："妈妈，这算不算是血泪史？"

每次与孩子们的中文交流都让我觉得有意外的惊喜。为了更好地鼓励他们多说，不怕说错，我也不再急于纠正他们，只要不会引起误会或歧义，我都会乐呵呵地听着。看着他们兴致勃勃的样子，我也不自觉地沉浸到了他们的世界里。慢慢地，我们也培养出了共同的兴趣，一起欣赏中文电视剧和综艺节目。他们的语言越来越丰富，一些小口误也显得越来越有趣，感觉与他们的距离更近了。

现在回想，似乎已经不记得对他们最初的期待，只记得这一路上成长的欢乐。悠悠岁月，翩翩时光，他们相伴成长，如今海阔天空，希望他们能继续相伴高飞。

纵观人的一生，我觉得挫折教育是情商教育的关键，在孩子的成长过程中可以说比文化教育更重要。

作为父母，我们责无旁贷在孩子长大成人的这十八年里，让他们学会在任何情况下选择快乐生活。

我家总共四个孩子：老大王洁茜，今年二十六岁，2017 年毕业于纽约大学艺术系，主攻视觉艺术。毕业后的三年就职于曼哈顿的一家小型艺廊；老二王凯恩，二十三岁，2020 年 5 月从耶鲁大学哲学系毕业，潜心研究康德的著作。毕业前夕，凯恩先后得到了多伦多大学哲学系的硕士全奖和德国富布莱特奖学金，一心想成为哲学教授的他，计划先去多大一年，拿到硕士学位后，再转去德国一年专心研究学习；老三王信恩和老四王霁恩今年分别是九岁和七岁，是一对相爱相杀的小姐妹。

二十六年育儿马拉松

/ 扬　缨

　　都说孩子催人老，下一代一年一年地成长，上一代们在忙忙碌碌中老去。我至今记得二十六年前大女儿呱呱坠地的时刻，初为人母时内心战战兢兢又骄傲神圣的感觉。二十六年间，所有的欢笑和泪水，焦虑和自豪，都已经浓缩成一抹发梢上的灰白和额头上的皱纹，"时间都去哪儿了"，所有的记忆一瞬间倾泻，仿佛一生都在这一刻里度过。

　　我家总共四个孩子：老大王洁茜，今年二十六岁，2017 年毕业于纽约大学艺术系，主攻视觉艺术。毕业后的三年就职于曼哈顿的一家小型艺廊，从日常的艺廊的生意到定期组织主题展览，她基本独当一面；老二王凯恩，二十三岁，2020 年 5 月刚从耶鲁大学哲学系毕业，潜心研究康德的著作。毕业前夕，凯恩先后得到了多伦多大学哲学系的硕士全奖和德国富布莱特奖学金，一心想成为哲学教授的他，计划先去多大一年，拿到硕士学位后，再转去德国一年专心研究学习；老三王信恩和老四王霁恩今年分别是九岁和七岁，是一对相爱相杀的小姐妹，白天把对方怼得直跺脚，晚上又会挤在一张床上睡觉。

　　五年前我爱上了跑步，于是时不时参加马拉松比赛，以此来检验自己平时顶着亚特兰大骄阳吭哧吭哧的训练效果。马拉松全程二十六英里

（约 42 公里），每一英里都是一步一步迈出来的，有汗水，也可能有血水；有兴奋，也可能有失望。时而不知疲倦，时而望而却步……

对我来说，养育孩子这二十六年来就像是一场马拉松，目前才跑了半程。因为前半程起跑时的我，年轻气盛，于是乎在跑这场马拉松的前半程时的心态是抢时间，忙忙碌碌中把孩子们拉扯大，天天盼望着孩子们快点离巢。回忆那些年，自己跌跌撞撞，磕磕绊绊，一路走来，作为母亲犯过不少错误，也常常检讨自己对孩子们不耐心。不过，上天对我分外惠顾，又给了我另外的两次机会来改正自己在前半程中犯的错误，因此我是带着战战兢兢和敬畏的心接受了这两个机会。

回顾这些年来的育儿经验，与其说让我学到更多和孩子沟通的技巧，不如说让我学会如何以一颗坦然平常的心来接纳每一个儿女的天然本性，从而更多地以欣赏的眼光来和孩子们相处，和孩子们一起长大。我的育儿经验也许并没有让我更懂得建立激励机制来帮助孩子独立，却让我学会如何以一颗淡定正面的心来允许孩子们在骨感的现实中努力后短暂地失败，从而更多地教会孩子们如何可以有强大的心灵来面对未来的不确定性。

顺应孩子的个性，挖掘孩子的潜能

姐姐洁茜的个性比较自由，不愿意受太多的拘束。虽然从小算是个乖宝宝，但是她不喜欢的事情你绝对说服不了强迫不了她。举个小时候学钢琴的例子吧：洁茜从小学钢琴，练琴一般不疼不痒，奉母命每天在钢琴边坐上半个小时，真正敲琴键的时间撑死了也就只有十五分钟，其他时间不是口渴去喝水，就是水喝多了去上厕所，再就是坐在钢琴前抠抠指甲，抓耳挠腮地发愣。

她十岁那年，朋友推荐了一位名声很好的华人钢琴老师，我兴高采烈地给孩子报了名，送她去上课。她倒是没有反对，但是上了几个月后，我感觉她并不喜欢这位老师。有一天，我正在工作，突然接到一个电话，原来是钢琴老师打来的。"洁茜的妈妈，我不能再教洁茜了。"老师倒是开门见山。"为什么？"我迷惑了，使劲地想自己是不是拖欠了老师的工资。"我没有办法再教你的女儿了。一个指法练习的曲子，你女儿居然六个月下来还做不到完全正确。我教了那么多孩子，还是第一次遇到。"我愣了，因为接到老师劝退的电话，这也是我人生第一遭，但是我却没有任何跟老师争论的理由。好吧，不上就不上吧，谁让我摊上这么个孩子呢，她大概就没有音乐天赋吧。辜负了这么个好老师，人家孩子上了她的课都能在州里的钢琴比赛中拿奖，而她呢，愣是让老师劝退……唉，真没辙！就这样，洁茜在之后的八年里没有再接受钢琴传统训练。不过，她的音乐教育还在继续。一位搞音乐的好友，根据孩子的个性，建议让她学习电子合成器，这样可以学习根据氛围来即兴弹奏。从此，大女儿就很开心地学习电子合成器，并且学习长笛、夏威夷吉他、口琴及声乐。大学毕业后，她一边在纽约的一家艺廊工作，一边跟几个要好的小伙伴组了一个流行音乐乐队，自己写歌作曲，组织音乐会表演。这个经历，让我体会到，永远不要因为自己的想法而把孩子框起来。我们做父母的其实很多决定是带着自己偏见的，甚至下意识里是自私和虚荣的，我们常常用"为你好"来为我们的决定辩护，殊不知我们自己也所知甚少。

"一母生九子，九子各不同"，说的是一个家庭里孩子之间的差异。我的老二凯恩和姐姐个性差异很大，从小很安静，严谨细致，一般事先都有他的想法，如果临时变更，他会很难适应。而他这样的个性长处是一旦有了动力，他可以自己从头到尾思路清楚，安排妥当。下面的例子说明像凯恩这样的孩子需要怎样的管教。

记得小学一年级时学校为了鼓励学生们养成阅读的习惯，设立每周读十本书，奖励比萨饼一片的活动。爱吃比萨饼的儿子，为了得奖，自然是很认真地一本一本去读，刚开始几乎什么书都拿来读一下，忙不迭地把书名写下来，然后要我签字就可以交给老师领奖。看到儿子这么积极，我当然心里很高兴。过了几周，我发现他对读书领奖这事儿似乎热度冷却，也不找我来签字。有一天晚上，我碰巧帮助儿子整理书包，发现了一张当周的书单，上面居然有模仿我的签字！我立刻怒火中烧，按捺着帮他把书包整理好后，把凯恩叫到跟前，狠狠一番训话后，我当着他的面，把那张书单撕了个粉碎，因为我想让他知道，欺骗和投机取巧在妈妈这里是大忌。

作为男生，从小长大最大的诱惑莫过于打电游了，我儿子也不例外。凯恩打电游最上瘾的年龄是初中时期，基本下午两三点钟放学后到家，就闷头打游戏一直到6点钟我下班回家，昏天黑地。我当时非常担忧，于是也常常会告诉他打电游的害处。当然这么讲讲，孩子肯定不会当回事。有一天默祷完毕后，凯恩说"妈妈，你知道有好几次我在打游戏的时候，电脑突然就不工作了，怎么也搞不好，我就想这一定是上帝不想让我玩了。"这之后，虽然他还是每天玩电游，可是我心里有一种踏实感，我知道凯恩心里有谱了，尽管年龄还小，但是只要他有所敬畏，就会有所节制的。因此我再也不因为打游戏的事情念叨儿子了。

他真正不再打游戏是到了高中二年级，学习和课外活动占据了他所有的时间。自从高二开始，他一直保持全年级第一名的水平，为此他付出了很多时间并且乐此不疲。这说明一件事，那就是**当孩子内在的动力开始发挥作用时，外在的东西很难分散他们的精力，关键是点燃他们里面的那个超级马力的引擎。**高中毕业时，有朋友问他成长过程中是如何戒掉打电子游戏的瘾，他回答说："对我来说，我发现了有

比打电子游戏更上瘾更有趣的事情。"

帮助孩子面对失败，接纳自己；帮助孩子建立强大心理，合理自信

　　马拉松之所以富有挑战性，是因为其路程长，外部环境条件变数较多，内部状态也非运动员可以 100% 掌握的，因此全程二十六英里，可能出现各种意想不到的状况，能够咬牙跑下来，不仅要事先长时间地训练，在体力上预备，更需要在心理上有强大的韧性，做到"越败越战，越战越勇"，成功挑战自己。教育儿女，陪伴孩子们人生之初十八年，在应对挫折这点上，与马拉松是有异曲同工之妙的。

　　每个人的人生机遇都是不同的，即使你很努力，机遇错过，并非是你的过错；机会失去，也并不意味着失败。就如马拉松的每一英里，即使有时你会稍微慢下来，没有达到理想配速，也并不意味着你是失败的，路漫漫，笑到最后的人才是赢家。心理强大的人，错过不会成为他/她的心理障碍，乐此不疲地继续尝试，相信机遇最终会青睐他/她。纵观人的一生，我觉得挫折教育是情商教育的关键，在孩子的成长过程中可以说比文化教育更重要。现在父母流行说"我不在乎孩子有多大成就，我只希望孩子一生快乐"，可是殊不知，快乐生活是一种态度，是一种选择，是需要长期的被教育和训练的。幼儿时期，各种生理需要得不到满足，孩子会哭闹，会发脾气；而同样的，在成人世界里，理想目标没有达到，一个人就不快乐，就沉沦自暴自弃，这跟婴儿有什么区别呢？作为父母，我们责无旁贷在孩子长大成人的这十八年里，让他们学会在任何情况下选择快乐生活。现在的孩子们智商很高，悟性很好，但恰恰是智商高悟性好的孩子会被挫折所困，因为很多事情对他/她来说很容易，一学就会，不费力气，一旦遇到真的难题，三下五除二没法解决了，坎儿没法一步迈过去了，他/她最自然的选择可能就是生气地放弃。同时，这样的孩子一般自视过高，因此需要学习接纳不完美的真实自己。

我家老大洁茜在高中时期非常喜欢吹长笛，而且在学校的管弦乐队里也算是长笛的前三把椅子。她每一年都报名参加州里和县里的各种比赛，结果都不是太理想。其实洁茜从小就不喜欢条条框框，不按常理出牌，要她规规矩矩地照猫画虎，她是无法做到完美的。但是这些比赛基本上是技巧比赛，而非创意比赛。作为母亲，作为成年人，我了解这一点，可是我还是愿意让她去尝试，去看见现实里的真实。每次做她的司机接送她参加比赛，去时路上为她加油，回来路上为她打气，真心捏着一把汗。慢慢地，孩子也就这么长大成熟了。

孩子高中时期的最后一年充满了各种挑战，无论是学习、情绪还是心智，都是一种考验。但是一旦他们顺利度过，就一下子成熟起来了。我家老大高中时非常独立，什么事都不喜欢父母过问。记得高中最后一年申请大学，我作为母亲，想了解一下可以如何帮助她，主要是看着孩子每天很忙，又很辛苦，觉得也应该为孩子做点啥。可是每次询问，她都会很不以为然地回答我说："妈妈，你不用管了，这是我自己的事。"无奈，我也就只好作罢。

有一天，她从学校回到家，脸色很难看，上了二楼自己的卧室。我急忙去她的房间问个究竟。原来这天是她申请的埃默里大学的全奖公布结果的时间，而她既没收到拒绝通知也没收到得奖通知，她这才感到事情有点蹊跷，于是就上网查了一下，才发现她的辅导员把她申请的事忘在了脑后而没有提供相应的资料，使得她的申请材料自始至终都是不完整的，因此错失了拿到全奖的机会。听完她伤心的哭诉，我默默地坐在了她的身边。她慢慢平静下来，专心继续完成该完成的事情。但是自那件事以后，她渐渐地开始在一些小事上征求我的意见，而我则在她问到时轻描淡写地点到为止，怕说多了引起她的反感。孩子渐渐地看见父母的人生智慧可以帮助她，也意识到了自己的不成熟及软肋处。

与姐姐不同，凯恩高中四年基本上顺风顺水，没有经历过挫折。时过三年，轮到凯恩申请大学，当时他梦想的学校是哈佛，而且也自视成功率很高，因此提前申请时，他只申请了哈佛。结果十二月发榜，他收到哈佛推迟决定的通知，面对这种吊胃口的结果，他有点儿傻眼。原本计划被哈佛录取后就不再花精力搞普通申请了，结果这个如意算盘就这样被粉碎了。从收到通知到重整旗鼓，我看到了他内心的沮丧失望，也看到了他重拾自信调整情绪的速度，我放心了。第二年三月，哈佛又通知他被列为候补，又是一次吊你胃口。我听说候补转正是很可能的，但是至少要做些努力。我当时就想找在哈佛任某系系主任的朋友帮一下忙，但是后来决定不去做这件事情。因为我想，哈佛的录取决定之所以是这样，是有其原因的，尽管我们并不知道背后的原因，也可能一辈子都不会知道，我不想用人为的方式来夺取孩子失败的体验，以及孩子对自己人生选择的权利。而经过了自己的深思熟虑，凯恩也得出了相同的结论，他觉得他的个性更适合去耶鲁大学，于是他决定把自己的名字撤出哈佛的候补名单，并高高兴兴地去了耶鲁。

尊重孩子独立多元价值观，培养孩子求生应变、搜索资源能力

我们这一代人承前启后，经历时代的变迁，出国后又经历了中西文化上的碰撞，因此我们和我们的下一代，无论从时代上和文化上都是有很大差异的。我们作为第一代移民，从心理上下意识地渴望融入当地文化，因此在很多行为上就不自觉地表现出更多的跟风和从众。但是我们的下一代需要建立他们自己的价值观，当他们有自己选择的独立价值观时，他们便知道他们是谁，行事做人不容易受他人影响。

我们所在州的高中生在高中阶段最后两年都有一年一次的舞会。每次舞会之前，每家都会花不少钱，给这些少男少女准备高档的晚礼服、化妆、做发型并租借豪华轿车接送孩子们出入高级餐厅。在我看来，打扮得漂漂亮亮参加舞会，在高中阶段留下些美好的回忆也是不错的。我家老大高中三年级参加了一次舞会，感觉她那次挺开心的。可是到了四年级的舞会季，她郑重向我们宣布她不想参加舞会了。我当时着实吃了一惊，赶忙问为什么。她跟我说，这个活动很无聊，基本上就是中产阶级用来炫富，而且由男生来选择女生搭档，对女生很不公平，因此她计划抵制这个活动，需要旷周五一天的课。她编了一个令我瞠目结舌的旷课理由来搪塞老师，老师居然也没再追问。读者们可能觉得我纵容孩

子对老师撒谎。我想在美国这样一个大熔炉里，孩子正在寻求自己的价值坐标，能得到父母的尊重和保护，她会更自信，同时又增进了亲子关系，相比之下，编一个旷课的理由不过是无伤大雅的小机智。

凯恩相对来说就比较中规中矩，但是也干过类似涂着浓艳的指甲油在学校招摇过市的事情。究其原因，人家老兄说了，这个社会对男人有太多刻板印象，为什么男人不可以涂指甲油？我今天就要挑战这个刻板印象。我忍不住笑了，心想：好吧，那你不怕麻烦你就涂着吧。我先生有点受不了，私底下跟我抱怨，这个指甲油是个啥德行？我说，没事儿，只要老师不来提意见，你就让他去吧。同时，我想到凯恩另外一件事，至今想起来我仍然为儿子而自豪。那年凯恩被选入参加每年一次的返校节游行，返校节里女生们被叫作"皇后"，游行之前的排练时，老师让男生们优先选择女伴。凯恩第一个站出来反对，理由是既然返校节里女生是女王，那应该女生优先选择男伴才更合理。老师想想，也对，就照着做了。

培养孩子对生活环境的关注并且在任何环境里可以变通自立，是孩子将来独自闯世界的基本能力。我家孩子们上初中时自己学习准备午餐。因为家离校车站有一段步行的距离，他们必须每天出门前看好天气预报，早做必要的准备，要不然放学回家突然下雨可能会挨淋。我们家每次出去度假，都是由孩子们轮流计划行程、路线，那时还没有谷歌地图或者百度地图可用，孩子们就要学着去自我摸索，或者请教他人，来完成旅游规划。记得我女儿高中二年级的暑假，我们全家在中东旅行。一天到了埃及，我们正兴致勃勃地在景点参观，忽然听见有人用中文和我们打招呼，我还没反应过来，女儿就马上用中文回应。对方是当地阿拉伯人，继续用中文问我们从哪里来，我当时刚要说是从美国来的，女儿马上用很标准的普通话回答说："我们从北京来。"我事后想起，觉得孩子的脑筋急转弯还是很赞的，毕竟在中东旅行，作为美国来的游客，应该更小心地保护自己。

孩子们在高中期间，每到圣诞，就列出一份需要送小礼物的清单，这些小礼物一般都是送给他们各自的同学。我家是双职工，一周五天工作日，因此工作日期间，孩子们的课外活动，我们有时就很难去接送他们，于是孩子们会自己跟同行的同学说好，搭同学的车，于是乎，这些同学以及他们的父母就成为了他们的帮助者。为了表示对平时搭车的感谢，圣诞节的小礼物是送给同学的。不可否认，学习如何利用自己身边的人脉资源也是孩子自立的重要功课。

与其"望子成龙"不如"望己成长"

教育，首先也是根本，应该是身教，其次才是言教。事实上，身教在任何情况下都比言教更加有力。一件事如果你自己不去做，却期望你的下一代去做，这个期望落空的概率肯定很大。这个世界里，其实如果你不能改变自己，就免谈改变其他任何人。当你努力去做，孩子们会看见你的努力，他们就会不自觉地受到正面的影响。这个影响比你的一万句叨叨要有用得多。凯恩高中时期很少参加体育活动，虽然我也常常鼓励他参加户外运动，可是往往是无果而终，我想这孩子个性就是比较宅吧。五年前我开始长跑，渐渐地爱上了跑步，不定期地参加一些马拉松比赛。令我惊喜的是，我发现凯恩进入大学后也开始跑步，我有的时候会关心他跑步的情况，跟他交流跑步心得，分享比赛成绩。他在这样的影响下，训练进入常规，跑步也渐入佳境，甚至给自己定下了达标波士顿马拉松的目标。

结束语

回想这些年，作为母亲，我和孩子们一起成长，孩子们教会了我

很多，特别是看到孩子们可以在失败中站起来，很多时候比我更坚强乐观，我释然了。我为他们感到骄傲，**并不是因为他们做了或者准备做惊天动地的事情，也不是因为他们毕业于名校拿着六位数的工资，而是因为他们学会了独立思考，学会了在逆境中前行，学会了不受身外世界的价值观的影响……**

　　这场马拉松虽然漫长，有时会疲劳，但是一路的风景如画，非常值得。这场马拉松没有终点，为人父母乃一生之久，日晒雨淋，风雨兼程，千辛万苦，重在体验。既然没有终点，那就无所谓输在起点，没有快慢，没有输赢。下一代终究会长大，无论成功或失败，都是人生路上的风景，如果没有了风景，就没有了乐趣。俗话说，儿孙自有儿孙福。我祝福我的孩子们，祝福所有的下一代，愿他们每个人都在完成自己使命的大道上向前奔跑，他们是有福的。

从小养成读书的习惯；

通过各种体育运动（爬山、攀岩、跆拳道等），锻炼孩子的意志；

和孩子做朋友，每天一起晚餐，畅所欲言，了解她的内心，给她出谋划策；

培养领导力——很多事情都尊重孩子的意见，让她做决定，并且通过实习和社交活动锻炼孩子的交流沟通能力。

李海伦，1990年出生于美国纽约，三岁时随父母迁居到北加州旧金山湾区，在那里上了小学直至初中七年级，2003年又随家人迁居到德州休斯敦，完成初中和高中学业（高中期间曾到德国做交换生）。2008年以优异成绩被莱斯大学录取，主修数学经济分析和德国文学。大学毕业至今，先后在埃森哲、哈克特等多家公司任职，从事战略咨询工作。2020年至今在总部位于达拉斯的西南航空公司任战略主管。在做公司战略规划的同时，她也给自己的事业和人生做了很好的规划。2015年她与高中同学在夏威夷结婚，并如愿在三十岁生日前有了两个可爱的孩子。

反虎妈之道而行之

/ 何 瓯

我小时候特别好奇，问题极多。为了解答我的问题，我爸让我读《十万个为什么》。读完后我问题更多了。所以我爸给我起了个外号叫"每事问"。幸运的是父亲学识渊博，勤奋好学，对我也颇有耐心，总是不厌其烦地解答我的所有问题。后来我以成都市高考文科状元考上了北京大学。很多家长向我父母请教经验，我爸介绍了两点经验："1. 孩子有问必答；2. 答不要答错。"

我做母亲后，如法炮制我爸的育儿经。我的女儿海伦在纽约曼哈顿出生，当时我们一家三口靠她爸爸微薄的博士后薪水为生，生活在贫困线以下。我们没有多余的钱给海伦买玩具和书，当她还不到两岁时，我就带她到家附近的公共图书馆借书，然后我们一起读。每天晚上她入睡前我都会给她读书或者讲故事，这个习惯一直坚持到她离家去上大学，当然后来我们把讲故事改成睡前卧谈会了。

海伦三岁时，我们全家搬到了旧金山湾区。这里华人聚居，我也不能免俗地送她去附近的音乐学校，学习弹钢琴，但是她丝毫没有兴趣，自己退了课。我也试图送她去中文学校，她受周围美国同学的影响，也没能坚持。我想教她唐诗，选了最简单的五绝——"白日依山尽"，她说："妈妈，能不能一个字、一个字地教我？"我很无语，最后也作罢。

我和她的爸爸都喜欢户外运动，几乎每个周末都会去爬山露营，经常背上背包徒步几英里进深山。海伦四岁时，我们去爬优胜美地国家公园的"半圆顶"，沿途所有人都被她的毅力惊呆了。海伦五岁时，我们带她征服了美国大陆的最高峰惠特尼峰，内华达山脉到处留下了我们的足迹。从那时起，海伦爱上了攀岩。

海伦十三岁时，我和现在的先生加里带着她搬到了休斯敦的郊区小城汤姆堡。她在加州的初中超过一半的学生是亚裔，而汤姆堡这里她却成了唯一的亚裔，这给她很大的文化冲击。她告诉我："妈妈，我的压力太大了，我代表一个族裔！"但是在另一方面，在德州的几年高中生活，使她在学业竞争压力相对加州要小很多的环境中更加自然地成长。

海伦进入德州当地高中后，因为从加州搬过来，我们怕高中难度太大，再加上不懂学校平均学分绩点（GPA）的计算，9年级给海伦选的课程都是普通课，结果对她来说太简单了。课余时间她上跆拳道、打网球，经常打比赛，耽误了很多文化课。由于网球只是普通课程，严重拖了她的GPA后腿。但是由于她是运动员里成绩最好的女生，这并没有影响她的综合表现，后来她还从学校获得了1000美元的奖学金。再后来她加入了学校的报社，就爱上了报纸。先做编辑，然后是副主编，12年级晋升为主编。虽然新闻也是普通课，但当时海伦并没有因为这个而放弃。我和加里是她的忠实读者，排版之后帮她进行校对。学校不给报社经费，她们自负盈亏，所以必须去拉广告。我和加里自己的公司在她的报纸上打广告，也拉我们的朋友、顾客、邻居甚至保险经纪人在她的校报上登广告。在海伦的努力下，学校的报纸终于在网上发表。2007年是汤姆堡城成立100周年，老布什总统来汤姆堡高中参加了庆祝活动，学校报纸头版头条做了报道。

高中时，每个暑假海伦都要去纽约她的爸爸家。另外因为时间和地理位置等因素，能给她安排的暑期活动很有限。头两个暑假我们送她去了领导力夏令营，对她的领导力的提升有很大帮助。话说她的领导力颇具"独裁者"风格，曾经还把学校报社编辑也是她的同学批评哭了，这是笑谈。

汤姆堡有很多德国移民的后裔，所以汤姆堡高中的外语有三种选择——西班牙语、法语和德语。由于我和海伦的爸爸都在联邦德国生活过，她理所当然地选择了德语。汤姆堡和德国的泰尔格特是姐妹城市，两个城市有高中生交换项目。海伦高三结束的夏天，我们决定送她去德国当交换生，刚开始她很害怕，不想去，后来在我们的鼓励下还是去了。德国的高中同学听说来了个美国的留学生，从德州来的，大家期待着来一位金发碧眼的牛仔女郎，看到海伦后惊得目瞪口呆，不过她粗犷的性格和野外生存能力也和德州牛仔有一拼。

海伦在她们年级毕业生中学业排名第七——这可能得益于汤姆堡高中华裔少竞争小的缘故。申请大学时她选择了五所大学——斯坦福大学、芝加哥大学、莱斯大学、维克森林大学和德州大学奥斯汀（自动录取）。最后她与斯坦福失之交臂，芝加哥大学候补。莱斯大学的面试她表现超好，虽然 SAT 只有 2080 分，是莱斯大学录取学生中最低的，但还是凭借她的综合素质和能力被录取并给了不少奖学金。同一天维克森林大学也录取了她。

海伦因为在高中修了很多大学预修课（AP），仅仅用了三年时间就从莱斯大学毕业，同时获得数学经济和德语两个学位。毕业前就被埃森哲公司聘为顾问，后来又就职于西南航空公司等多家机构，从咨询顾问到高级经理及战略主管，在事业上不断晋升和发展。

从我对海伦的培养经验，如果总结有以下几点分享：

1. 从小养成读书的习惯；

2. 每天晚上和孩子共进晚餐，在餐桌上听她讲学校的事情，给她出谋划策，讨论时事新闻；

3. 锻炼她的毅力——爬山、攀岩、跆拳道。她最近才告诉我当初还是害怕跆拳道的，但是因为和自己的好朋友布莱尼一起，也就咬牙坚持了；

4. 培养她的领导力——我很多事情都尊重她的意见，让她做决定；

5. 训练她的交流沟通能力。因为她喜欢阅读，也很喜欢写作，我们让她到我们朋友的杂志社实习，也常常带她去参加商会的社交活动；

6. 和孩子做朋友，了解她的内心。也许因为我和海伦年龄只差二十一岁，我好像跟她一起在美国长大，我们读同样的书，看同样的电影电视，听同样的音乐，一起玩游戏。她和我无话不谈，也很听我的建议。

7. 选择高中时不要到排名太好、竞争太激烈的学校。

运动可以磨砺意志，培养孩子坚韧、自律、能吃苦、胜不骄、败不馁的能力，而且可以培养团队精神和领导力，让孩子从小学会互相协作，这些内在的品质让人受益终身。

　　人生是一场马拉松，作为父母，我们希望她们成长为善良、坚强、有同理心，不怕接受挑战并愿意为社会做贡献的人。

　　家有两个小棉袄，生活中常有小小的温暖触动心弦。姐姐在还不到两岁的时候，看到妈妈在沙发上躺着，就咚咚咚跑到卧室里拖出自己的被子给妈妈盖上；妹妹小的时候，有好吃的总是喂妈妈吃第一口，听到妈妈咳嗽一声，就马上递一杯水给妈妈。有幸收获两个小棉袄，陪伴她们在美国加州长大，一起沐浴阳光和风雨，如今姐姐已在美国南加州大学就读，妹妹读高中。在孩子们成长的过程中，自己也不断学习成长，深深认识到，孩子们就像花朵一样，各种花都有自己的花期和独到的美丽。

文化差异之点滴

/ 王　彤

"别告诉她"

2019 年 7 月，美国华裔导演王子逸拍摄的电影《别告诉她》在美国上映，影片根据导演王子逸自己的亲身经历改编，讲述了一个华人家庭中奶奶罹患癌症，时日无多，家里人选择向奶奶隐瞒病情，并以给孙子举办婚礼的名义让移民美国和日本的所有家人回家见奶奶最后一面的故事。影片女主角比莉在纽约长大，影片通过刻画东西方长大的亚裔在面对亲人病情时的不同反应，展现了家庭与爱的不同视角。

这个电影几乎也是我自己经历的写照。2016 年 9 月，我的母亲也被诊断为肺癌四期，当时我们兄弟姐妹们都很震惊，我的妈妈平常身体很好，耳不聋眼不花，八十多岁行走自如，穿针引线、买菜做饭样样都自理，谁也想不到癌症会和她沾上边。震惊之余我们更多的是揪心和难过。妈妈是一个非常热爱生活的人，喜欢穿颜色靓丽的衣服，给我们买衣服也总是挑鲜艳夺目的。她常跟我说，"我们年轻的时候没赶上好时光，那时候每天都是穿灰的、黑的，所以现在要穿得漂亮一点，把失去的时光补回来"。虽然八十多岁了，妈妈对新鲜事物总是抱着开明的态度，是我们家里最勇于尝试新东西的。在美国时逛超市，她常常会去买那些从没吃过的水果和蔬菜，好多新东西是我从妈妈那里才学到的。她也非常喜欢旅游和照相，在她眼里，一草一木皆风景，千山万水皆文章。她对生活还有很多计划，常常跟孙辈、重孙辈们讲要看着他们去上大学。如此热爱生活的妈妈，怎么忍心告诉她生命只有几个月了？我们非常担心她经受不住这种打击。兄弟姐妹们商量后，决定向爸妈隐瞒病情，秘密保留在我们兄弟姐妹几个人中间，因为我们觉得让她保持良好的心情对她战胜疾病更重要，也可以让她最后的时光更快乐些。

我的两个女儿基本上是姥姥姥爷带大的，她们小的时候，姥姥姥爷几乎每年都来美国，两个女儿和姥姥姥爷感情非常深，姥姥姥爷回国以后，我们每周都会通电话。我担心她们年龄小，心里藏不住秘密，打电话时万一说漏了嘴或者哭出来，可能姥姥就会猜出来，所以决定不告诉她们。就像《别告诉她》的剧情一样，比莉的爸妈最初也不想告诉比莉奶奶生病的消息，他们也不让比莉回国，因为担心她无法控制自己的表情，会露出破绽。但比莉自己购买了机票，赶回了长春。

自妈妈生病后，我几乎每个月回国一次，争取多些和妈妈在一起的时间，圣诞节时也专程带小女儿回去陪了她一段时间，当时跟小女儿解释说姥姥得了肺炎，很快可以治好。大女儿那一年正好申请大学，圣诞节没能回去，原本计划待她忙完申请后再回国。第二年一月份，母亲病情加重，我马上订了回国的机票，这时候我们觉得需要告知两个女儿真实情况了，以便让她们有心理准备。这个消息对两个女儿来说如晴天霹雳，她们都伤心地哭了，埋怨我们为什么不早一点告诉她们。当时家里只有大女儿近期没有回去看过姥姥了，由于那一周刚好大女儿是考试周，所以我先回国，给她订了迟一周的机票，但是，世事难料，一个星期之后，就在大女儿通过安检口准备登飞机的时候，母亲离开了我们，大女儿没能赶回去见姥姥最后一面，留下了永远的遗憾。我非常后悔没有让大女儿早点请假和我一起回去，大女儿向学校请假时，老师们马上同意，纷纷表示让她放心去看姥姥，任何功课和作业都不用担心，回来再慢慢补。加州的公立学校政府是按学生的出勤来拨给教育经费的，所以一般学校都不喜欢学生请假，但是，对于家人生病、参加婚礼葬礼等，老师们都会觉得这些比学业更重要，都会非常支持。如果女儿早一周和我一起走，就可以和姥姥见最后一面，错过考试又有什么关系呢？可是，这个世界上没有"早知道"。

我们全家人一起参加了母亲的葬礼，葬礼那天，家人都非常心痛，子欲养而亲不在。小女儿走上前来安慰我："妈妈，别难过了，姥姥去了天堂，那里也有爱她的人，她的爸爸妈妈和其他亲人，她去和他们在一起了，他们会很好的，所以你不要伤心。"那时小女儿只有十一岁，她从孩子的独特角度来宽慰我，让我的心情舒缓了很多。

母亲去世对大女儿的影响很大，她常常回想起姥姥做的馅饼、红烧肉、葱油饼、手擀面，回想起晚饭后姥姥带着她去散步，一边走一边甩胳膊拍手，告诉她这样有助于消化……很长一段时间她都觉得不能接受，甚至需要看心理咨询师。她很懊恼我们没有告诉她姥姥真实的病情，懊恼她没有怀疑我那段时间为什么总是回国，而且，她也不能理解为什么要向姥姥爷隐瞒病情，就像《别告诉她》中的比莉一样，她也质疑，姥姥是不是有权利知道她的病情？万一姥姥有什么事要交待呢？万一姥姥有什么愿望想要在最后的岁月完成呢？

直到看了《别告诉她》这部电影以后，女儿才终于释怀。她说剧中女主角几乎所有的感受都和她一样。剧中有两处长辈与比莉的对话让女儿印象深刻，女主角的妈妈说："人们得了癌症而离世。杀死他们的并不是癌症，而是恐惧。"女儿终于理解如果告知姥姥实情，可能恐惧会加速病情的恶化。在电影中比莉多次质疑知晓病情是否是奶奶的权利，比莉的叔叔海滨告诉她："你以为一个人的生命属于自己，但这就是东西方之间的差异。在东方，一个人的生活是整体的一部分。"

这部电影的英文名是 Farewell，意即"告别"，美国人自我意识和独立意识很强，在美国大多数情况下医生都会如实告诉病人病情，病人在知道情况后会对自己最后的生活做好安排，会有机会向亲朋好友告别。而电影的中文名翻译成了《别告诉她》，东方文化下家人更倾向于选择隐瞒病情，由家人为病人承担这种恐惧和负担。

对于我来讲，如果可以回头，我会选择早一点告诉女儿，而不是盲目地担心她们无法保守秘密。我应该给她们足够的信任，这也是帮助她们成长和成熟的必经之路。电影中的比莉虽然在重视自我和独立的西方文化中长大，但在和家人朝夕相处的那段时间内，她也慢慢理解和接受了长辈们的做法，最后甚至主动去拦住保姆修改病历，跟大家一起瞒着奶奶。感谢这部电影，女儿终于理解了这样的做法并不只是我们一家，而是东西方文化的普遍差异。姥姥去世三周年之际，女儿在大学的创意写作课上，写了一篇回忆姥姥的文章，老师看了以后都感动得哭了。在文章的最后她写道："对与错之间并没有一个很明确的界线，尤其是在文化之间的差异方面。"

健康的体魄

初到美国时，常常看到马路边慢跑的人们，挥汗如雨，那时候国内马拉松还没有现在这么流行，所以，看到满大街锻炼的人，小麦色的皮肤晒得黝亮黝亮的，颇是一道风景。那时候读书很忙，觉得花那么多时间锻炼身体太奢侈，感慨美国人热爱运动，但也颇不以为然。我有个歪理论，觉得现在花在锻炼身体上的时间可能也就是将来寿命能延长的时间，既然如此，不如现在享受生活。受这个歪理论影响，我一直对体育运动不重视，孩子们小的时候，除了让她们学会了必备技能游泳以外，也没有特意培养她们的体育爱好。老大小的时候给她报过一个足球班，当时主要是希望她通过参加集体运动，培养团队协作能力，但是女儿害怕冲撞，看见足球过来就躲，所以上了一个学期的课以后，就没有继续了。

等到年过四十，发现跑几步就气喘吁吁，我才开始逐渐意识到运动的重要性。我开始隔三岔五跑跑步，最初的目的是为了万一碰到坏人时，可以比坏人跑得快。运动了一段时间以后，才慢慢地发现，不仅跑步不喘了，身体素质和每天的精神头也越来越好了，这才真正意识到，锻炼身体并不只是为了延年，更重要的是可以让生活质量更高。自己体会到锻炼的好处后，便痛感女儿也应该加强体育运动。

可惜这时老大已经快高中毕业了，虽然没参加什么体育项目，幸好她因为喜欢吹黑管，高中四年都参加了学校的行进乐队。行进乐队训练并不亚于体育项目，赛季时每天在操场上训练两三个小时，周六几乎全天都在赛场上，而且风雨无阻。有一天下班回家路上，看到一个学校的操场上学生们冒着雨在打橄榄球，我还好奇，也不怕学生淋感冒了？回到家以后，看到女儿也淋得像个落汤鸡一样回来了，问她干吗去了，说刚刚乐队训练完。"你们下雨怎么还训练啊？"她觉得我这个问题很奇怪："下雨为什么不练，这点雨没什么啊。"

有一次她们去邻近的一个城市比赛，她们表演的曲目是表现阿姆斯特朗第一次踏上月球的振奋人心的场景，为配合曲目需要，背景用帆布做了一个很大的太空幕墙（几扇幕墙拼起来），家长们负责幕墙的稳定，那天风特别大，有的家长负责固定好撑杆，有的家长负责压着幕墙的底部避免被风吹倒，我们把吃奶的劲都使出来了，有那么几秒觉得自己就要被风吹走了。孩子们顶着狂风，非常镇定地完成了表演，让我非常佩服。这样的训练培养了孩子们不畏艰苦的顽强精神，有一次比赛前，女儿扭伤了腿，当时她非常矛盾，因为行军乐队要走队形变换出各种形状，缺一个人虽然可能不明显，但队形就没那么完美了。为了团队成绩，女儿最后还是决定忍着疼痛上场，上场前敷冰按摩，最终胜利完成了比赛。

老二这时已经七年级，正好我们所在的社区有个篮球联赛开季，这种联赛是社区组织的，教练由家长担任，按年龄分成若干的小分队，头几周是学习和训练时间，然后就开始各个队伍之间互相交叉比赛，按跟所有其他队的比赛成绩累计最后决出冠亚军。我们兴冲冲地给女儿报了名，可是第一次去就被泼了一头冷水。由于知道的信息晚，我们报名参加时其他队员已经训练过几次了。第一天去，女儿一个人也不认识，而且，美国小孩子从小跟着爸妈喜欢运动，很多孩子都是很小就开始打篮球的，已经有了比较好的根底和技术，而女儿则完全是一张白纸，都没怎么摸过篮球。看到别的孩子打得那么娴熟，女儿感受到很大压力，第一次课一直站在场外，不肯上场，幸好我们碰到一个非常好的教练迈克（也是其中一个队员的爸爸），他是一位脊椎矫正专科医生，义务做我们队的教练。迈克非常有耐心，他自己有两个女儿一个儿子，非常理解孩子不愿上场的心理，每次中间休息的时候，他就派一个小队员来鼓励我女儿，邀请她上场。这个队的女孩子们也都非常善良热情，主动来和女儿打招呼鼓励她。女儿大概觉得压力太大，第一堂课结束了，女儿最终还是没有上场去打。回到家以后，我们不停地鼓励她，第二天早晨，爸爸六点多就爬起来，带着女儿去旁边中学的篮球场练投球，爸爸陪女儿连续早起练习了一个星期，到第二次上课的时候，女儿对打篮球有了一定的概念，没有那么害怕了，终于肯上场了。迈克跟我讲，第一次课结束的时候，他还跟他女儿说："可能那个新同学不会再来上课了。"看到她再次出现在训练场上，他很为她感到骄傲。

女儿自信心的建立与爸爸的陪练、迈克教练的耐心培养、队友们的鼓励包容都有很大的关系。由于女儿的基础比其他孩子弱，每次练习时教练都会针对防守、进攻、投篮等不同方面专门给女儿一些培训，练投篮时，每次进了球，其他队员都会给女儿鼓掌为她鼓劲。等到开始比赛的时候，迈克教练会给每个队员都安排公平的上场比赛的时间，不会让任何一个队员坐冷板凳，不会为了赢只让强手上场。他更重视孩子们通过比赛提高技艺、加强对运动精神的领悟和促进队友之间的团结互助，而不是最后的输赢。在他的影响下，孩子们也不以输赢论英雄，大家都会很投入认真地打球，但是不管谁失了球，或者有什么失误，都不会有埋怨的语气。在迈克教练的带领下，她们的球队团结一心，最终赢得了亚军。女儿性格是比较害羞的，并不善于与人对抗，在第一次比赛的时候，教练派她上场负责防卫，当看到她勇敢地伸出双臂去拦对方球员时，我激动得眼泪都流出来了。

美国人喜欢运动是有传统的，体育运动对他们来说，就像看书、吃饭一样必不可少。父母们觉得强壮的体魄是所有一切的基础，认为运动可以磨砺意志，培养孩子坚韧、自律、能吃苦、胜不骄、败不馁的能力，而且可以培养团队精神和领导力，让孩子从小学会互相协作，这些内在的品质让人受益终身。另外，体育锻炼可以有效地帮助释放压力和焦虑，有益于促进孩子情绪的稳定。参加运动队也给孩子们提供了与他人交往的机会，成为交朋友、锻炼社交能力的重要途径。

大部分的美国家长都特别重视孩子体育运动能力的培养。这些家长自身就非常热爱运动，每个人都有一两种看家本领。很多家长都主动担任社区联赛的教练，身体力行，孩子从小耳濡目染，也养成了热爱运动的好习惯。老大高中四年的行进乐队结束时，老师和低年级学生为毕业生组织了一场告别晚会，其中一个项目就是让家长们站到运动场上做一个行进演出，孩子们变成观众坐在观众席看，很多家长当年上中学时就是乐队骨干，这时候重操旧业，手到擒来，到位的表演赢来阵阵掌声。

女儿的学校都非常重视体育运动。小学和初中，每天都有体育课。小女儿上的高中，学校要求三个学期（秋、冬、春）中必须有两个学期选择体育课，可以选择参加运动队（各种球类、游泳、田径、马术等等），也可以选择跳舞、艺术体操等。国内有些人崇尚学霸，讲究立身以立学为先，立学以读书为本，而在女儿学校，运动健将才是校园里的明星。

小女儿上高中后参加了学校的曲棍球队，我更加深刻领略到美国人对体育的重视。她们球队每天下午两到三个小时训练，每周有一次到校外比赛。美国大多城市的高中，都有一个完整的联赛体系，各个运动项目都有机会和同一个城市的其他校队比赛，平时各个中学自己训练，每周有一到两次和外校轮流比赛，一个地区各个学校之间互相比，最后计算累计的比分。每次有外校来比赛时，校长都会亲自到赛场给她们助威。每天训练比赛完，回到家吃完饭往往都七八点了，这时才有时间坐下来写作业。

体育在申请美国的大学中也扮演着重要的角色。擅长某项体育运动绝对是申请大学的加分项。美国的许多顶尖运动员都是从大学里走出来的。

对我们来说，参加体育运动最大的收益是让孩子有一个健康的体魄和培养团队精神，高中第一个学期下来，女儿的胳膊腿都变得更加结实了，爸爸说，看到她健康结实的样子，比看到她考试拿 A 开心多了。

无论我们在还是不在，她们依然能够勇敢地面对未知，不顺利的时候不抱怨不害怕，活出自己的精彩，带给周边的人更多美好，这就是我对她们的最大期望。

大女儿1997年生于北京，一岁五个月进入北京金色摇篮幼儿园，2002年进入北京全程超越实验学校（全寄宿），2004年就近就读北京朝阳区慧忠里二小，2008年就读于北京朝阳外国语学校，2012年就读于北京四中，2013—2014年美国交换生，2015年考入北京大学，2020年毕业，主修信息工程，辅修阿拉伯语。二女儿2012年出生，幼儿园小学都在就近的金色摇篮系列幼儿园和小学。

必要的舍得

——九〇后到一〇后的养娃复盘

/ 崔　静

在北大同年级的同学中，在北京这样的大都市，毕业三年就结婚，不到二十八岁第一个孩子呱呱坠地，在年级中绝对属于前 1%～2% 的生育积极分子。十五年后，非计划怀孕，经历过若干高龄产妇的精神煎熬，生下二宝，在年级中绝对属于后 1%～2% 的生育落后分子。

二宝降生，大宝一直住校，两人在一起相处的时间少，也没法玩到一起，对于我们而言，仿佛养育了两个独生子女。好在年龄大了，人也没有那么浮躁了，没有那么多养育大姐的焦虑，反而更懂得珍惜、享受与孩子相处的乐趣。

如果把北大毕业生分成出国党和国内党、创业党和就业党、职场党和在家党，我属于那个一直在国内打拼的创业和职场妈妈。人的时间、精力和关注点都是有限的，在家庭和事业之间如何平衡，或者更直白一点，对于一个妈妈来说在孩子和工作之间如何分配时间是个非常困难的事情。我很敬佩那些为了孩子牺牲自己大好职业生涯的妈妈，在她们爱的滋养下，孩子成长得非常好，我打心眼里羡慕。有的时候真想跟老天爷说，如果时光可以重来，我也许不会选择创业这条路，而会花更多的时间陪伴孩子。

下面我就老大的成长复一下盘，总结教训，分享经验，希望能够帮到鱼和熊掌兼得的职场妈妈。然后呢，我带大家认识一下我家二妞，妥妥的一枚小开心果，用班主任的话，"我可喜欢你家二妞了"。

创业妈妈的育儿经

单纯论结果，我家大姐如愿考入了北大，成为北二代，在别人看来，孩子已经培养得不错了。但从一个企业经营复盘的角度来看，确实有很多可以改进的地方，当然也有可圈可点的地方。

先说一下做得不好的地方，第一，相处时间少。老大出生的时候，我在北大光华管理学院读EMBA，因为生孩子耽误了半年课程，我又期望跟同级的同学一起毕业，所以孩子出生后都是老人在帮着带，婆婆、妈妈轮流照顾，后来又送去全托，直到二年级才回到我们身边就近入学。我每天早出晚归，确实相处时间少，以至于孩子小时候经常说，妈妈，你要是日本妈妈就好了，你就不用上班，可以每天陪着我了。

第二，陪伴效率不高。周末或者下班已经到家了，正准备多陪陪她，结果总是电话不停，或者一边回着短信，一边敷衍她，孩子也觉得很扫兴、生气。

第三，跟老师交流少。从幼儿园到小学，大姐家长会总是得表扬的，无论是学习、运动还是军训，都很强，所以基本就是家长会见一面。除了班主任，我经常连其他课的老师姓什么都不知道，同学的家长也都不认识。到了初中，成绩没有那么拔尖了，但还是按照惯性，基本不管。高中家长会后，会跟任课老师交流几分钟，但其实回家后我们还是该干嘛干嘛。

第四，跟孩子沟通少。小的时候在一起相处少，孩子没养成跟我交流的习惯，青春期一晃就过去了，反而是大学后期我们开始交流比较多，她长大了，我们有了更多的话题可以谈了。

再说一下做得好的地方，这些做得不错的地方应该可以解释，为什么前面那些都没有做到，孩子目前的结果好像也不错。

第一，家里有读书的氛围，**孩子超级爱阅读**。我爱买书，家里除了客厅有个顶天立地占一面墙的大书柜外，其他各个房间（厨房、卫生间外）都有书架或小书柜，在她小学的时候为她订的杂志就包括《我们爱科学》《儿童文学》《科幻世界》，那时我自己订的杂志有《读者》《财经》《三联生活周刊》等，科学类书籍《可怕的科学》，文学类从各类童话、名著到流行书籍，《哈利·波特》系列是她的最爱，书都翻烂了，还有漫画《玛法达》《父与子》等，广泛的阅读让孩子开阔了视野，对世界、对人生的看法更全面，不容易走极端。这从她15岁时，得知我怀孕时的反馈可以感受到。以前听说过有的独生子女在得知家里会有老二后，很排斥的事儿，包括我一个大学同学跟我讲过她的例子。在得知父母计划要老二后，她家女儿表现得非常强硬，要求他们夫妇写保证书不许要老二，不然她就如何如何。而我家大妞当时是这么说的：妈妈，我不久就要上大学了，离开家后，你们多孤单啊，再有个孩子你们就不寂寞了。还有，你们平时也太关注我了，再有一个，你们就不会老围着我转了。

第二，不娇惯孩子，不创造生活中的便利条件。小的时候，没怎么给她买过衣服，每年亲朋好友都会送很多好看的衣服给她，上了小学、中学又一直校服居多。北京是个大气的城市，上的初中"朝阳外国语学校"、高中"北京四中"又都属于校风严谨，重视给孩子树立正确价值观的学校，所以学校端没有问题。家里她是独生子女，家里

有私家车，但是上学我们能不接送就不接送。小学、初中离家近，她都是走路回家。上四中第一年走读，后期高中住校、北大住校周末回家，她都是坐公交车或者骑车回家。她日常最喜欢穿的就是 T 恤衫、运动鞋，对奢侈品无感。她也知道，不能靠我们，能做的事都要自己做。

第三，给孩子充分的自由和选择的权利。从前面的记述可以看到，我家属于放养型，没上过奥数班，没给她检查过作业。她参加了什么体育比赛、社团，选什么课，报考哪所大学、哪个专业，都是她自己确定的。我给她建议，她愿意采纳就采纳，不愿意我也没有强求。比如说，她的高考成绩出来后，踩着北大的边儿。如果不报北清，往下任何学校的任何专业基本都可以选择，可是她非要上北大，不管什么专业。我建议了半天，她都不听，就随她去了。再比如，2018 年我们那一级入学北大三十年，我们搞了一个盛大的纪念活动在北大百年讲堂，那一天还正好是她的生日，其间本来计划有个环节，北二代代表上台讲话。在我看来，这是一个多么好的机会，求之不得呢。可是人家不，最后活动的策划人都建议我用母难日这样的词来刺激她，结果她还是决定不去。我发给她的信息："你的生日就是母难日，对我也有特别的意义，以后这样的生日很难再有，要不要勇敢地冲出舒适区突破自己一下？你上次肯拍视频我很高兴，也为你骄傲，但是不管怎么样，如果你最后决定不来，我也尊重你的选择。"大妞回复："你这样说的话，如果我不去，就会有一种愧对你的感觉。我也希望你知道，无论我选择去还是不去都爱你，并且尊重你母亲的身份。另祝 30 年同学聚会顺利。我觉得还是不去。"我深感遗憾的同时，也觉得孩子能有自己的主见，不因外界的压力而改变自己的决定，未必是坏事。

第四，关键点把好关。如果说，前面三点我都是不经意而为之的话，关键点把好关可能是我在她的成长过程中，在有限的时间投入中，性价比最高的行为。上金色摇篮是在她年幼、无人看护、早期智力开发的选择，初中的就近入学是希望青春期能多跟家人在一起，避免情感上走弯路。高中去四中，是希望在一个好的氛围中，打下人生观、世界观的好基础，让未来的人生道路走得更稳健。中间去美国交换学习一年，是发现她英语的短板，短期内希望提高她的英语水平，中期是为了让她对美国高中教育有个切身的感受，以便让她能够自行决定是否要在美国读大学，长期是为了让她尽早了解不同文化、种族之间的差异，有一个健康的世界观。今年大学毕业后，大妞正赶上新冠疫情和中美关系之间的不确定性，我们商量后决定先找大公司实习，视情况决定下一步是就业还是继续出国读书，结果实习过程中被那家公司录用了。

希望我和大妞的故事能够给不甘心回家的职场妈妈一些帮助。其实，在我看来，没有平衡，只有必要的舍得，这里的得到必然以某处的放弃为代价，指望每个地方都得高分，是不现实的。努力工作，积极学习，成为孩子的榜样，也是一种有效的教育模式。

人的一生充满了选择，也充满了遗憾。作为父母的我们不知道未来她们会面临一个怎样的世界，但无论我们在还是不在，她们依然能够勇敢地面对未知，不顺利的时候不抱怨不害怕，活出自己的精彩，带给周边的人更多美好，这就是我对她们的最大期望。

当大龄妈妈有了二姐

俗话说，老大傻，老二精。我小时候就是老大，不明白这句话是什么意思，觉得自己一点也不傻啊，直到有了老二。二姐出生，大姐自己也是青春期，对小跟屁虫一点也不感冒。虽然之前她一点不反对二姐的到来，但真的来了，她偶尔还会对二姐翻她的东西感到不悦。想当年，自己也是对小孩无感啊，感觉自己还没玩够呢。

老大话不多，老二是话痨。老大不爱打扮，T恤衫、旅游鞋，一年四季都是它，怎么舒服怎么来。老二大冬天也要穿夏天的裙子，要留披肩发，出门戴发饰、项链、手环，要穿好看的皮鞋。老大说话表情很少，老二会故意对你眨眼睛，假装对你放光。当大姐也回家的时候，你能明显地感觉到，二妞更乖巧了，嘴更甜了，她似乎感觉到了竞争对手。大妞呢，貌似后知后觉，总是被动应对。有时候，听她俩的对话，你不会觉得这是一个相差十五年的姐妹对话。

二妞用她的甜言蜜语、花言巧语给我们带来了不少快乐。感谢微信，我记录了不少二妞的话（见文后《童言无忌》），能够看到她的成长和喜怒哀乐。

如果说生老大的时候我还年轻的话，老二出生，我绝对是一个大龄妈妈了。年龄大了，心软了，对人间也看得更通透了。**自然生长，享受生活，我不着急。**

从传统教育的角度看，大妞是优等生，学习不用家长操心，体育从高中到大学一直都是为校争光的，北京市大学生运动会也能拿冠军，找工作也是一帆风顺，省心。本来以为有大妞在前，二妞我们还是大撒把就行了，像大妞一样啥也不用管，一转眼人家自己就长大了，挺好。哪里知道，无论在学习上还是在运动上二妞跟大妞天壤之别啊。老天爷也许觉得我们对于大妞付出的太少，让二妞降生为一个需要特别关注的孩子。

在老师眼里，二妞的优点是善良纯真，好奇心强；好学善思有想象力；乐读善听有探索欲。缺点是做事拖拉，经常被各科老师吐槽。周末回家，观察她写作业，一个小时过去了，生字才写了两行，桌子上一堆小玩具，注意力一点也不集中，你坐她旁边，就会看到她十分钟能出来喝三次水。你说她，她还振振有词，怎么啦，我渴了，还不能喝水吗？气得你恨不能对她拍桌子，大吼大叫的结果往往是她两眼噙满泪水。有的时候，给她辅导功课，她记不住或听不懂，我也会感觉很烦，语气里带出来的语气词我自己都没注意，却经常被二妞揪住，"妈妈，你特什么特！"

平时出门，看到什么漂亮的叶子啊、花瓣啊、小石头啊，都要捡回家，手里拿不下还要放在大人的兜里，我叫她"垃圾搬运工"。下雨天，还要拉着我去奥林匹克森林公园找蘑菇。每当我忍耐不住的时候，我就想起以前读过的一首小诗——《牵着一只蜗牛去散步》：

上帝给我一个任务，叫我牵一只蜗牛去散步。

我不能走得太快，蜗牛已经尽力爬，每次总是挪那么一点点。

我催它，我唬它，我责备它，蜗牛用抱歉的眼光看着我，仿佛说："人家已经尽了全力！"

我拉它，我扯，我甚至想踢它，蜗牛受了伤，它流着汗，喘着气，往前爬……

真奇怪，

为什么上帝要我牵一只蜗牛去散步？

"上帝啊！为什么？"天上一片安静。

"唉！也许上帝去抓蜗牛了！"好吧！松手吧！

反正上帝不管了，我还管什么？

任蜗牛往前爬，我在后面生闷气。

咦？我闻到花香，原来这边有个花园。

我感到微风吹来，原来夜里的风这么温柔。

慢着！我听到鸟声，我听到虫鸣，

我看到满天的星斗多亮丽。咦？

以前怎么没有这些体会？我忽然想起来，

莫非是我弄错了！原来上帝是叫蜗牛牵我去散步。

孩子的成长是日积月累的过程，我的童年很多事都忘记了，但有一个印象一直深深刻在我脑海里：小学的一个晚上父母在给我讲鸡兔同笼问题，最后我已经瞌睡得不得了了，也没听懂，父母当时失望的眼神、不耐烦的语气。真是轮回。那又怎么样呢，某些题不会做，某门功课不擅长并不能决定未来是否成功、幸福。所以二妞慢一点，哪怕是最慢的蜗牛，但只要她一直在往前爬，一切都会好起来的。

虽然我知道成绩依然很重要，但我更看重的是二妞心理和人格的健全，以及获得幸福的能力。成功的道路千千万，没有必要为了成绩让孩子散失与广袤世界联结和感受美好生活的能力，如果说大妞是工业化时代的产物，理性、逻辑、高效，我希望二妞是来自未来的，充满情感，有温度，有灵性的新人类，独立、自信、勇敢、美好！

价值观选择——从大妞选修课说起

四中的选修课很多，大妞选修课报名，每人可报三个志愿。最终选课系统会根据每个志愿报名人数的多少和愿意押的分值给每个人分配一门选修课。浏览着报名的情况，她惊呼道："快速掌握 8000 英语单词"快报满了，98 个名额已经报了 90 人了。我说要是我也报这个，多好啊，既方便你高中英语的学习，还能为将来托福考试打下基础。女儿说，没意思，不选。她选的是天文学、昆虫标本的制作和先秦文学。她说对这三项都有兴趣，哪个被选中都行。最终，她被"标本制作"选中了。

想想很有意思。成人后，觉得自己最失败的就是没有什么兴趣、爱好，做事都是因为必须做而去做，而不是因为喜欢做才去做。所以，做成了不会太高兴，做不成更觉得沉重。嘴上说希望自己的孩子能够不走自己的老路，能够从事自己喜欢的职业，做自己喜欢的事，但是一堂选修课就让我明白了我的价值观还是"穷人的价值观"，原本没给兴趣留什么位置。因为，兴趣在我们那个年代看来是很奢侈又无用的东西。但是想想，我们奋斗的目标之一，不就是希望下一代的生活能够有更大的自由度，能听从自己内心的召唤，做自己喜欢的事吗？

前阵儿，看了柴静对药家鑫父母的访谈，很有点难过。药家父母只是最传统的父母，不像传闻中的那样是有背景的、没有好好管教孩子的官员。用她母亲的话，她们不知道自己的教育错在哪儿了，大家不都这么教育孩子吗？看到的药家父亲是一个对孩子管教非常严格甚至严厉的人，对孩子很少表露爱，咱们很多人的父亲不都是这样吗？药家鑫如果不因为杀人，还真有可能成为大学生中勤工俭学的楷模的，大二就已经给十几个孩子代课，还在酒吧弹琴，能够轻松养活自己。在表面上，他父亲确实把他塑造成了自己想要的样子，让邻居朋友羡慕。但从药家鑫能够下得去手杀人这点，可见他的内心世界是非常扭曲的。

父母真是天下最难的职业，尤其是独生子女的父母。既想望子成龙，又希望孩子能幸福。因为我们潜意识的公式是（孩子的）成功＝（父母的）幸福。望子成龙，成了龙我们才感到有面子，才会在人前觉得幸福。

多希望我们的下一代，能够真正听从内心的召唤，做自己喜欢的事，让人生既有意义又有趣味！而孩子要能做到这一点，我们父母准备好了吗？

童言无忌

二妞和姐姐的相爱相杀

二妞生于 2012 年 5 月下旬。下面是二妞的部分话语集锦。

1. 今天跟大姐视频，二妞也要抢手机。最后居然说了句，姐姐你好。让我觉得惊讶又好玩。小宝宝一天一天长大啦。（2014 年 3 月 17 日）

2. 围坐一起吃饭。姥姥：姐姐是美丽型的，妹妹是可爱型的。二妞：我是漂亮型的，姐姐是可爱型的。妈妈：漂亮好还是可爱好啊？漂亮好。姐姐：我回屋了我。妈妈：你把姐姐气跑了。二妞：哈哈，她再也不敢出来了。（2015 年 9 月 4 日）

3. 清晨 6 点，准备离家的我，跟二妞道再见。最近我一走家里只剩下姥姥姥爷和俩闺女了。二妞：妈妈你要去哪儿呀？我说：出差呀，你要听姥姥姥爷的话啊。二妞：嗯，还要听姐姐的。（2016 年 1 月 8 日）

4. 二妞和姥姥姥爷在海南。我和二妞视频，她提出要和姐姐说话。手机交给姐姐。姐姐：你说吧，聊什么？（听着不太热情）。二妞：你在干什么呢，姐姐。姐姐：我在跟你聊天。妹妹：噢，你后面那张照片是你小时候吗？姐姐：是呀。妹妹：小时候的你好可爱呀。我捅了捅大妞：怎么感觉这是你姐在跟你聊天啊。（2016 年 3 月 6 日）

5. 妈妈：姐姐的男朋友帅吗？二妞：还行吧。妈妈：你喜欢他吗？二妞：不喜欢！他又不是我的男朋友。（2017年8月5日）

6. 二妞一早愤愤不平：我生姐姐气了，为什么我周末就忙忙碌碌，姐姐就懒洋洋躺在床上？妈妈：那怎么办啊？二妞：我要去推她！逗得我们哈哈大笑。结果二妞更生气了：你们把爱都给了她，把悲伤留给了我，呜呜，我不要当家里最小的。（2018年1月21日）

7. 早上，二妞：妈妈，我的衣服穿好了，脸洗好了，自己梳的头发。妈妈：你好棒。二妞：可是我不如姐姐懂的语言多。妈妈：等你长到姐姐那么大，你知道的比她多好多呢。二妞：不会的，因为她也会长大。（2018年2月8日）

8. 晚上，大妞：哇，那三个韩国运动员撞一起了。二妞：哇，那三个韩国运动员撞一起了。大妞：你怎么老学我？二妞：因为我是你的跟屁虫啊。大妞：我的泳衣没带回来，放宿舍了。二妞：姐姐，我用我的零花钱给你买一个吧。大妞：你的钱哪儿够？二妞：如果不够，妈妈你再出一部分啊。（2018年2月10日）

9. 春节，一家走在福州的福道上。二妞穿着裙子和靴子，要求把裤腿卷得高高的：妈妈，看到我的大长腿了吗？像个啦啦队员。啦啦队员是给运动员加油的，腿很长，而且还要光着。姐姐穿着球鞋，中性的衣服，撇着嘴：怎么感觉跟我完全不是一个风格？妈妈：是两个不同物种吗？姐姐：是物种的不同进化方向。（2018年2月16日）

10. 二妞：我是掌上明珠，姐姐是胳膊上的明珠。妈妈：有啥区别啊？二妞：掌上明珠是捧在手心里的，胳膊上的明珠，你胳膊一动，她就掉下去了。（2019年2月19日）

人生会有很多不顺利的时候，可能要做身不由己的事情，可能要被环境压得难受，但是找到让自己快乐的理由才会不那么脆弱易受摧残，才会有顽强的生命力。让自己快乐的能力，是对孩子一生来说，极其重要的法宝。

　　墨麟，男，18 岁。entp 型人格，热衷于史政社科，平时爱好包括读读书、作作文章、做做视频等。志向相当高远，不论是修身齐家治国平天下还是教书育人；信奉"读万卷书行万里路"，努力用自己的脚步丈量这个世界。

少年壮志当拿云

/ 喻天鸿

　　周日，二哥结束了他的语文辅导课。他向教了他两年的老师深深鞠了个躬，说：谢谢老师。后来老师告诉我，当时心里暖暖的，特别感动……而我听到后感到无比欣慰：这孩子，不负我的教导。

　　周三，二哥从学校回来气鼓鼓地说：老师说我没有道德，老和周围同学说话，自己成绩好了却把别人都带坏了，我真想怼回她：是，他们学习不好，都是我的错，我作为他们的"家长"，太失职了……我听了哭也不是，笑也不是：这熊孩子，我不认识。

　　怎么能不认识呢，这就是我的儿子，一个忽而绅士、忽而愤青的中二病少年，我管他叫：二哥。

　　养育孩子有多难？每个做父母的都深有体会。我那十七岁的二哥，虽然不算是人见人爱、花见花开的帅哥学霸，但也是很让我们骄傲的大小伙子。养育他的经历，值得写一车。

　　信马由缰，想到什么写什么吧。

一、早教：三岁看老，父母是孩子的第一任老师

这个话题无论在教育专业还是坊间都争论了很久。"不要让孩子输

在起跑线上"的那根线，已然从小学入学，到学前教育，到胎教，进化到选结婚对象了。就我个人而言，我一直相信无论是为了自己的生活过得精彩，还是为了下一代的成长，找一个志同道合的伴侣确实非常重要。回顾养育孩子这十余年，我很庆幸我和先生（我家大哥）决定在两个人都相对成熟的年龄生儿育女，更庆幸我们对于孩子的教育意见基本一致。

首先，我们都同意教育要因材施教，和寓教于乐；其次，我们都相信言传身教。

二哥的启蒙教育算很早的，好在无论他自己还是我们都觉得很轻松。

比如识字，因为他说话比较早，所以我给他念诗的时候就让他跟着念，他一岁时会背的第一首诗是这样的：

鹅鹅鹅

天歌

毛水

清波

然后就开始教他识字，也特别简单，在他游戏垫旁边的柜子上他触摸得到的地方贴好多字，每天做游戏一样让他指认，然后再让他指出字代表的实物，比如床，比如书，比如我……隔一段时间就换一批。

字认到百十来个，就开始带他读书……婴儿画报一类的小故事书，我每次指着字读给他，到他认识的字就停下，他补充……再顺势教一些新字……两岁左右他就能独立看一本书了，还能照着书上的画自己往下编故事。

我们做了很多字卡（就是把各种废包装纸盒剪成巴掌大小方纸板，

用粗油笔在上面写字），其实市面上也有一些印刷成品字卡，但是一来字数比较少，二来和孩子一起手作字卡的快乐时光，更适宜亲子活动。每天像打扑克牌一样互相考认字，我们叫它字卡扑克……到他五岁上学的时候，已经认了五百多字了，三字经弟子规百家姓千字文全部背得烂熟。背书这个功夫也是见仁见智，我觉得要依孩子的天性，不能强求。我家这个记得快忘得快，所以上学前这几本书是每周饭后散步的时候轮流要复习一遍的，倒也不是难事。可惜的是上学以后孩子学习的东西更多，也就顾不上复习这些，很快就忘了不少，到现在只能记得只言片语了。不过也没关系，背书不是完全为了记住这些文字，更多的是对孩子大脑的开发和训练。

早识字到底好不好？各种早教观点都是各有各理。就我家的实践来看，在快乐学习的前提下，早识字是有百利而无一害的，一则能培养孩子的阅读兴趣，二则可以增强他的表达能力，三则识字多见识广能增加他的自信心。如果孩子享受识字的乐趣，家长何乐而不为？

当然**早教并不只是读书识字，更多的是打开孩子的心灵。**

从孩子很小的时候，我们就希望他的一生可以读万卷书，行万里路。原因呢，就是我们自己从读书和行走中受益匪浅。每年带着书，带着娃出去旅行至少两次，是从二哥出生的那年我们就定下的目标。

从二哥会走路开始，除非他困倦需要睡觉，我们出门基本上不抱他，能走就自己走，走不动就坐下休息一下接着走。也很少替他拎包，要么自己背个小书包，要么自己拉个拉杆箱，一路走着，从来不知道累……二哥锻炼得小腿粗壮，身体棒棒的，吃嘛嘛香，而且生物钟特别准，晚上到点就睡，一觉天明。

就这样甩着两条小粗腿，带着一颗探索世界的心，二哥跟着我们到处行走。

很多身边人觉得我们带那么小的孩子出行是浪费时间浪费钱，因为"他们根本记不住去过哪儿了"。确实，现在问起孩子当年去过哪里，很多他都不记得了，但是有很多教育是在旅行之中潜移默化地进行的。看着那个小人儿，对着新奇的事物睁大眼睛，仔细观察每一点细微变化，然后用自己尚不清晰的发音问各种问题，并且依此编出自己的故事，一路上还和形色不同的人沟通交流……这样的教育，绝对不是浪费金钱和好时光。

二、快乐教育：除了学习能力，更要培养孩子让自己快乐的能力

我们是一直信奉快乐教育的。我理解的快乐教育绝不是只要孩子不快乐就放弃教育，而是采取生动有趣的方式，让孩子对学习充满兴趣；同时，更要培养孩子快乐的能力。

快乐教育需要家长时间和耐心的投入。孩子在成长的过程中一定有不爱学习的时候,教育也不可能一帆风顺。如何培养孩子对学习的兴趣和自主学习,是我们经常思考的问题,也是我们在孩子的成长过程中不断面对的问题。

就拿孩子学认字和背书这件事来说,中间也不是没有斗争和反复的……临近学龄前玩字卡扑克越来越难,因为都是他认识的字,玩一会就腻了。妈妈就开始和他换个玩法:让他找同偏旁的字,比如提手旁,等他在一百多字卡里找到十几个提手旁,已然念了几十个字,然后妈妈会告诉他:这个叫提手旁,基本上所有带这个的字,都是用手做的动作。你都能用手做什么呢?这个新玩法让他有了兴趣,开始积极地想手能做什么事……这样的过程就是让教育保持新鲜感,让学习继续,让快乐继续。我想,**做父母的就是要及时发现孩子在学习过程中出现的这样的节点,然后及时调整教育内容和教育方式。**

家庭教育不同于学校教育,父母的责任除了授娃以鱼和渔,更要培养孩子的生活能力。让自己快乐的能力,就是其中一项最强的技能。因为看到太多智商高的孩子最后败在了自身性格缺陷上的例子,从孩子特别小的时候,我们就不停地给他强化让自己快乐的能力的重要性,遇到困境不要悲观,**要从内心找到支撑的力量。**同时,我们也是相信幽默感的力量的。

我曾在一篇文章里说过,父母是孩子的第一任老师,而父母对孩子的教育,就在于日常生活的言传身教。受益于我父母积极乐观的生活态度和开朗的家庭氛围,我的原生家庭的兄弟姐妹都具有一定的幽默感。我一直认为懂得幽默的人才会屈伸,才能对生活驾轻就熟。很庆幸的是我的儿子继承了这种幽默感。自身的幽默感可以感染他打动他影响他,让他明白,人生可以有高低曲折,但是要有坚强的意志和幽默的性格来走出低谷，化解困境。

二哥上小学一二年级的时候，有一次在他的家校联系本上我看到他写了二十个"科学道理"，二哥说是因为他上课插话被老师罚的，因为老师说："因为所以"，他接嘴说"科学道理"……我说你感觉如何？他特别开心地说我还不是最惨的，最惨的一个人接着我说"蟑螂蚂蚁"，我问他为什么，他说："蟑螂蚂蚁几画？科学道理才几画？"本来是被老师教育修理的过程，却让他找到了乐子，轻松化解。

记得有一次，二哥十岁左右吧，因为饭后洗碗的事他和我闹别扭，于是他在厨房一边洗碗，一边和在餐厅收拾餐桌的我高声理论……而我听到他在大声和我对话的间隙还在自己小声嘀咕什么，我就跑到厨房，质问他在嘀咕什么，我本以为他是在暗暗抱怨不讲理的妈妈，谁知他说："我在跟自己说，反正很快就洗完了……"我一边觉得好笑，一边很佩服这孩子，感觉他还真是掌握了让自己快乐的真谛，那就是即使在不快乐的时候，也给自己找到快乐的理由。人生会有很多不顺利的时候，可能要做身不由己的事情，可能要被环境压抑得难受，但是找到让自己快乐的理由才会不那么脆弱易受摧残，才会有顽强的生命力。**让自己快乐的能力，是对孩子一生来说，极其重要的法宝。**

三、高效时间

和大多数中国家庭一样，我们的工作都很忙，不能时时陪伴在孩子身边。但以我自身的经验来看，陪伴孩子度过成长最重要的时刻非常重要，而在一起，就珍惜在一起的时间，让每一分钟都过得值得，这比时时刻刻看着孩子效率更高。

回想二哥的成长过程，我有几个阶段是刻意放下事业半年左右，专心陪伴孩子度过：孩子入幼儿园，进小学，小升初和中考期。选择学校时要多带着孩子看不同的地方做正确的选择，孩子入学之后，更要关注他的变化，多和相关的老师沟通，帮助孩子解决问题。也许在很多家庭看来这样做没有必要，对家庭收入也有一定的伤害，但我个人觉得非常值得，因为对小孩子来说，每次换一个新环境，对他们来说都是一次大的人生挑战，有妈妈在身边支持、鼓励和陪伴，他会更加顺利并且自信地过渡。

二哥要上小学二年级的时候，因为班里有一半孩子都住校，他也闹着要住校。当时爸爸不在国内，我也开始了新工作，每天接送他确实比较难，也想借机锻炼他的自主性，就同意了。我们达成的协议是我们在一起就要享受"高效时间"，我争取每周中去看他一次，周末在一起的两天，一天我陪他，一天他陪我。我陪他的日子，无非就是带着他一起看电影演出，一起去博物馆图书馆，一起午睡，一起和他的朋友玩，更重要的是一起聊天，把分开几天发生的新鲜事分享给彼此；而他陪我的那天，就是我们一起去和我的朋友玩，一起去看两边的老人，或者一起逛街买东西，当然也有他陪我加班的时候……无论是他陪我还是我陪他，我们都尽量让彼此过得开心充实。尤其是当我和我的朋友以及他和他的朋友的约会重合时，那会是非常开心的一天。

我的几个闺蜜的孩子和二哥差不多大，我们经常结伴一起去玩。有一次我们相约带孩子去室内冰场滑冰，另外两个闺蜜选择请教练带孩子训练一小时，这样她们俩就可以在旁边好好聊天了；而我和二哥选择了我来教他滑，我们一起有说有笑地玩了一小时。本来我并没有觉得有什么不一样，反倒是二哥记住了这次滑冰经历，他说：妈妈，我觉得你教我滑比请教练更好玩更有意思，这就是你说的"高效时间"吗？

四、爸爸的加入

现在，越来越多的中国家庭意识到，爸爸的重度参与对孩子教育的重要性。爸爸和妈妈的性格特点及知识背景不同，可以给孩子不一样的教育；同时和妈妈的温柔保护不同，爸爸更能放手，培养孩子坚强勇敢的一面。当然，前提是父母双方在根本教育理念上达成一致，而不是所谓的一个唱红脸，一个唱白脸，让孩子无所适从。

我一直希望培养出二哥勇敢顽强的性格，但身为妈妈，又总是容易过度担心而不能真正放手。二哥七八岁的时候，有一次他想爬上一棵大树又有点害怕，我就一直鼓励他往高处、远处去；而当他真的到了我够不到的地方，我又紧张极了，一边大声告诉他要当心，一边让爸爸上去保护他。而爸爸呢，却非常镇定地站在树下，一边教给二哥爬树技巧，指挥二哥如何手脚并用继续向前，一边若无其事地安慰我这个添乱的妈。当然，到了他觉得有危险的地方，他又很严肃地告诉二哥该下来了，而且一直紧盯着二哥，身体也一直在二哥的下方，随时准备接应他……等二哥满头大汗地安全地从树上跳下来的时候，我如释重负地冲上去抱住他，而他却很快挣脱了我的怀抱，兴奋地去跟爸爸分享刚才爬树的见闻了……我一面心里酸酸的，一面又充满了幸福感。好吧，我必须承认，他们男人之间的对话，不需要我这个敏感脆弱的女人的加入。

我是文科生，对孩子的人文学科的教育比较在行，而我家爸爸是典型的理工男，动手能力很强，所以孩子的科学素养以及动手能力的培养就由他来做。日常生活中，他们两人经常一起探讨科学问题，爸爸也会带二哥去各种科学博物馆，尤其是汽车机械相关场所参观，同时教会二哥很多基本技能；2014年，在上海市教育台中学生"十万个为什么"科学家庭电视赛中，爸爸充分发挥理工男的特长，带领二哥一路过关斩将，杀入半决赛。

二哥在上海开始读初中。上海的初中从六年级预初开始，二哥所在的上外附中是个学霸集中的地方，老师水平都很高，但进度很快，身在国际部的二哥的数学和那些学霸相比差得很多。之前一直只在课外上体育艺术类兴趣班的二哥这时也开始了数学补习，但是几次下来，发现还是不起作用。这时，爸爸撸起袖子登场了，他先花时间把孩子的课本、试卷都看了一遍，分析一遍，又花了几个晚上，给孩子讲了一遍重要概念和分析错题……这样下来，二哥的数学成绩有了很大改观，连参加美国AMC8考试都考进全球top1%，数学从他的弱项变成了优势。补习老师虽然水平高，但毕竟不如爸爸对孩子了解，并且花更大的心思啊。

男孩子越大，就越需要爸爸的陪伴和支持。我们家的下一个旅行计划，就他们父子俩的川藏自驾游……没有妈妈的介入，看看这爷俩能不能在这个把月的独处中，一起成长。

五、健康快乐成长

我一直说我希望我的孩子健康快乐成长，很多人听了都不以为然，觉得这是再简单不过的事，但是在我看来却没那么简单。

健康，是希望孩子有健全的身心，既是身体发育正常，更是心理健康阳光；快乐，是希望孩子有从容乐观积极的生活态度和让自己快乐的能力；而成长，是希望孩子每一天都过得有所收获，一步步朝着自己的目标前进。从小到大，我的二哥一直在健康快乐的路上奔跑着，而过去的一两年，青春期扑面而来，成长的速度让孩子自己和做父母的都猝不及防。

不光是生理上的变化，个子长高了很多，脸上稚气渐脱，鼻子越来越高挺，嘴唇上浮起淡淡的绒毛……也不是他开始学会自我管理，成绩越来越稳定提高，并以优异成绩考入理想高中，更不是他在传统体制教育内学校的挣扎中的小小叛逆……有一个非常明显的不同，那就是他，开始了人生中第一次的"恋爱"。

00后的孩子，对恋爱的态度与之前的世代，至少与我们那代完全不同。我们当年的青春期，有暗恋的，有表白的，有牵手的……甚至有真的结婚生子白头到老的，但是基本上，会避开大人，会避开老师，会偷偷摸摸、遮遮掩掩……而到了他们这一代，谈恋爱变得大不同于以往了。

二哥同学中有几对小朋友，其中一对同班同学从初一到初三一直是公开的"情侣"，每天一起上学，一起放学……二哥提起他们的时候，总是自嘲是"单身狗"。我听得出他是有羡慕和惆怅的意味的。之前我们都是泛泛地聊这个话题，突然有一天，他告诉我有个女生向他表白了，于是我们开始认真地讨论了。作为家长，我们并没有把孩子的爱慕当成洪水猛兽。说实话，我甚至有点期待那一天的到来，因为我希望孩子能够体验生命中所有的美好。青春期朦胧的爱，是无可避免的自然，也是美好的一部分啊。

后来又有一天，他告诉我他有了个"女朋友"。除了替他开心，替他担心，我甚至有了些许小嫉妒（曾经属于我的小男人，现在心里也有了其他喜欢的女孩子……这大概是每个妈妈都要经历的一课吧）。

通过和二哥的沟通，我们把孩子的恋爱教育概括成以下三点：

1. 青春期的情感是最纯洁最美好的，人的一生只有这段时间才可以如此纯洁，所以，要尽量保持它的"纯洁"才更美好；

2. 作为学生，主要的经历还是要放在学习上，两个人不但不能因为彼此喜欢而影响成绩，更应该携手前进，变成更好的自己才不辜负对方的喜欢；

3. 作为男生，必须学会保护女生，爱护女生，不能让女生受到伤害，金钱上要承担多些，情绪上要多照顾女生，等等。总之，要学习爱与被爱，这是人生的必修课。

后来，他们的交往被班主任老师发现，当老师说要告家长的时候，二哥很直接地跟老师说：我妈知道啊，她没反对……我猜老师听完我的态度一定是崩溃的，一次很好的家校联合教育的机会就这么泡了汤……虽然这段"恋情"已经无疾而终，我相信这是孩子人生路上的一次美好的经历，他从中学习到的东西可以陪伴他的成长之路。

六、失误一箩筐

说了这么多关于育儿的经验，好像一切都是成功，一切都顺顺利利，其实，回头去看，作为母亲，我还是有不少教训需要汲取。

（一）

我记得我们还没有孩子的时候，有一次晚饭后在小区散步，听到楼上传来孩子的哭声、求饶声，还有一个女人疯狂的嘶吼……听上去就是一个孩子做了错事被打，然后这个孩子一遍遍哭喊"别打了妈妈，我再也不敢了……"但是那个母亲似乎完全疯狂，仍旧狂吼，仍旧在打……如果不是我家老公拦着，我恨不得冲上楼去干预……后来，我们俩为此谈了很久，我们得出的结论是，那个妈妈刚开始打孩子也许是因为孩子犯错而惩罚，目的是为了孩子不再犯错，但到后来，已经完全是在用打孩子发泄自己的愤怒，这太可怕了，我们绝对不要做这样的、把自己的负面情绪发泄到孩子身上的父母。

可是，有时候，我们自己被负面情绪主导时，真的也有忍不住的情形……最典型的一次，就是二哥六岁生日的时候，为了弥补爸爸当时没在身边的遗憾，我为他准备了一场泳池生日派对，请了他的同学、好朋友和他们的父母（大部分也是我的朋友）一起庆生。本来是一件非常开心的事，但是早上我们有点手忙脚乱，我还因为他慢慢悠悠不着急而和他起了小争执。等我们到现场的时候，大家都到了，为了让庆生仪式正式开始，我就想让二哥发表一下他的生日感言。毫无准备的小朋友刚见到他的小伙伴正玩得高兴，很不愿意做这件事。可是我当时觉得这么多人来为你庆生，你必须讲礼貌地来说几句话啊，况且你平时不是小嘴叭叭叭挺能说的嘛……于是我就生生把他拉到屋子的正中，还让他站在椅子上来向大家讲话……他站在椅子上，看着大家，说不出话来，而我觉得这有什么难的，你不肯做就是因为早上我一直催促你你不开心就故意和我作对吗？所以我还是一直在催促他，于是，这个六岁的小人儿，站在椅子上，当着大家的面，委屈地哭了……大家都觉得我过分了，而我，则尴尬到不知如何应对。

无可奈何的我只能先让他下来，然后让大家开始自娱自乐。过了一会，二哥已经把刚才的不愉快抛到九霄云外，和其他孩子一起开心玩乐。而我的尴尬感还是一直没有消除，因为我觉得好丢脸……

后来到了切蛋糕的环节，大家都聚集到了一起，尤其是小朋友都围着蛋糕，给二哥唱了生日歌，吹了蜡烛，这时执着的妈妈又问他：你有什么要对大家说的吗？二哥很自然地说：谢谢大家来参加我的生日派对……于是大家鼓掌，皆大欢喜。

这件事让我印象如此深刻，是因为我后来很多次地回忆当时的情景，努力复盘，想想我本来是一心为了他开心，尽全力为他的生日留下美好回忆，可是究竟是什么导致我们有了这难堪的一幕？从我的方面看，独自一人操办几十个人的生日会我还是很有压力的，所以才会对二哥的态度有些严厉，同时内心又对二哥当众"演讲"的能力过于自信，所以才给了他一个超出他的能力的任务……而当二哥不愿完成任务时，我觉得我的面子受到了伤害，就一再不耐烦地催促他……虽然我没有动手打他，但是我一样也把我的负面情绪加到他身上，给他压力，才让他在朋友们的面前大哭起来。其实，我的行为带给他心灵的伤害，也许不亚于那个疯狂打孩子的妈妈……究其原因，还是不够尊重孩子作为个体的独立意识，总把自己想要的强加给孩子。

后来等孩子大了些，我们聊起这件事，二哥说他记得被我弄哭了，但还是过了很开心的一个生日。于是我更加内疚，孩子对父母的爱，才是无条件啊。于是我很认真地为这件事向二哥道歉，希望他原谅在学习做好父母的过程中，我们幼稚的错误。

（二）

二哥从小就常常被夸聪明，我们听了也没觉得有什么问题，因为我们俩一直自认高智商，所以感觉孩子的种种表现得到这样的评价也算正常。直到有一天，在孩子八九岁左右的时候，我看了一篇美国心理学家、斯坦福大学著名发展心理学家卡罗尔·德韦克，针对表扬和鼓励如何影响孩子的思维和行为的问题所做的实验结果的文章，我才意识到夸孩子聪明的危害："**我们夸孩子聪明时，等于是在告诉他们，**

为了保持聪明，不要冒可能犯错的险。""要多鼓励孩子，即夸奖孩子努力用功，会给孩子一个可以自己掌控的感觉。孩子会认为，成功与否掌握在他们自己手中。反之，表扬，即夸奖孩子聪明，就等于告诉他们成功不在自己的掌握之中。这样，当他们面对失败时，往往束手无策。"

回想我自己的学习之路，因为一直被夸聪明，所以总以不用功就能得好成绩而沾沾自喜。时间长了，我就成了"五行缺毅力"，想用功也找不到方法的人了，吃了不少苦头。再回看二哥的成长之路，他总是趋于做那些对他来说非常容易就能出好结果的事，躲避那些他必须付出努力才能成功的事。从那时起，我就告诉自己和身边的人，不要夸二哥聪明，而要告诉他，经过努力得来的结果才是他努力的方向。对孩子付出的努力进行夸奖，不仅可以让孩子感受到他的努力得到了尊重和承认，也让孩子相信，他拥有让自己变得更好的力量。

不知道是我们发现这个问题太晚了，还是二哥听到夸他聪明的话太多已经根深蒂固，二哥到现在还是有畏难这个问题，尤其是对于别人早已开始学习，而他没有接触过的东西，他都采取表面上不屑一顾，其实内心空虚的逃避态度。我们俩，一直都走在克服这个缺点的路上，希望我们都能改正。

我举以上两个例子，仅是在育儿路上碰上的各种问题的一个缩影。我想表达的是，**对于子女的教育，父母要经常复盘，回看，不断学习，找自己的问题，找合适的方法**；即使遇到难题，也不要着慌，慢慢来，孩子不是一天长大的，教育的过程也不会是一蹴而就。

七、不同的教育方式各有千秋

因为在新千禧之前的一次旅行，让我和先生爱上了南半球的美丽国家澳大利亚。后来，我们就开启了一段北雁南飞的候鸟生活。

人呢，经常觉得生活在别处是最好的。我们也是在两边生活中一直取舍不下，孩子也就有了两边教育的经历。今天为了写这段文字，特地采访了一下他，请他回忆一下，哪里的学习更开心。

其实，这是一个没有标准答案的问题。

二哥说小时候觉得两边都很快乐，但是快乐的方式是不一样的。澳洲是完全没有压力的快乐，不用学啥，学校教学设施很小，但活动空间很大，每天就是大家一起玩，除了踢球，都是男女生一起玩。而国内呢，是痛并快乐着，要学习的东西比较多，老师也管得多，男生女生基本各玩各的，但几个要好同学你追我赶地比赛学习，也挺开心的……

二哥是在北京开始的小学，那时候他才五岁，因为在一个私立学校的校区上他的七色光表演课，他特别喜欢这个学校的环境，多次表示不想上幼儿园，想到这里上小学。国内一般小学只能收满六岁的孩子，私立学校，尤其是国际部相对宽松一些，我们就让他在这里开始了他的小学生生涯。

刚开始一个月我基本上每天去学校，和老师校长各种沟通，协助他顺利插班。因为早教比较成功，他的学习成绩从开始就名列前茅，所以我基本上没管过他功课，他也没上什么课外辅导班。但在情商方面，一岁多的年龄差距还是很明显的，他离小学生的标准还是有很大的距离。比如他不太能遵守40分钟一节课的纪律，很难老老实实坐好，总是挤到旁边同学，总是不停地接老师的话；再比如他完全没有私有物的概念，觉得教室里的都是你的我的，你的也是我的，别人的橡皮拿起来就用，别人的书也经常看起来没完，搞得老师同学意见很大。这方面我花了很大的精力，和各位老师一起教育，劝导，甚至动用了学校的心理医生，每周给他上一次课来帮助他成长。还算顺利，孩子很快适应了学校生活，也和老师同学打成了一片。

当时我家爸爸在墨尔本工作，他发现每年七月中到九月中是那边小学的第三学期，于是我们就开始探讨让二哥利用暑假过去澳洲上学。也还算顺利，在他北京学校一年级结束的暑假，孩子又插班进了那边的一个小学 CEPS，小小年纪，也跟着爹妈开始了候鸟生活，后来还在那边正正经经地上了一年学。

刚去澳洲的时候，我们虽然知道他的英语水平与同龄孩子差很远，但一点都不担心。小孩子学语言的能力极强，我们更关注的是他能不能很好地融入当地的文化，同时也能保留我们自己的文化特征。在学校，很快他就能听懂老师的课，在各种学业水平测试中小中男的优势突显，他的阅读能力在英文学习中也突飞猛进，短短一周就从年级最差的级别进入年级最高水平，后来他还代表学校参加了好几个不同的比赛。

三年级的时候二哥在澳洲上了一整年的学，这一年他的英文已经完全是当地孩子的水平，但我们还是坚持在家里说中文，并不想让他变成"香蕉人"。而且我们也说服他坚持每周练书法，也是希望能够延续他的中华文化功底。

澳洲的上学时间基本上从早上 8:30 到下午 3:00，中间有三次课间休息时间：水果时间、小吃时间和午餐。我们每天都给他带个三层的食盒，水果要么切片，要么就是葡萄＋樱桃那种小个的，总之都是满满一盒；小吃呢，也尽量给他带几种不同营养的，比如酸奶、奶酪棒、饼干、坚果…也是满满一盒。午餐一般是三明治（一年级给他带过一次炒饭，请班主任老师帮热，老师说这次我帮他热一次，以后请不要带热食了），里面也是蔬菜肉类酱料很全的。二哥说他同学们带的饭都特别简单，一个苹果，两片面包抹咸酱。有时会在学校商店买个派，或者一袋薯片。所以那些孩子看上去都细胳膊细腿的，估计长大后完全靠锻炼才那么硕大吧。

澳洲小学上课是非常随意的，孩子们经常是围着老师坐在地上，只有写字啊、手工啊才分组坐在桌前。老师也不分科，基本上就是班主任带一个班的所有教室内课，体育课、音乐课有专门老师。到了三年级，数学课开始分级，二哥到了最高一级还是比其他孩子强太多，有一次他早早做完题没事干，就对旁边的小伙伴说：你们澳洲人怎么这么笨呢，结果被一位老师，也是学校的副校长听到，把他教育了一番，还把我家爸爸也叫到学校教育了一番。

因为学的东西都太简单，二哥对澳洲小学生活的记忆就是玩，他曾经有一次特别感慨：我说澳洲怎么没有儿童节呢，原来这里每天都是儿童节啊。

早上8点前，3点下学后，如果没有家长照顾的孩子可以加入"托"管班，就是在学校里一个小房子，有专门的工作人员管理孩子。二哥觉得托管班里的都是小孩，所以他并不喜欢待在那里。可是回家也是他一个人玩，他也有些无聊。他甚至跟老师抱怨过：为什么没有作业啊？我回家都没事干！他回家一般先给我们打个电话报一下平安（学校离家5分钟路程），然后就自己玩。在那段时间他翻遍了我们家的书，其中最爱看的就是全套金庸小说了，看完了还自己开始编了一篇武侠小说《动物派》，虽然内容很简单很无厘头，但也连写带画地写了好几十回，很有意思。

作为家长，对两边的教育体制我们也不能说哪儿更好，只能说各有利弊。作为快乐教育的践行者，我觉得两边都能让孩子健康快乐成长，关键要看孩子更适应哪边。

总体说来，中国基础教育比较扎实，孩子们学习有难度，孩子之间也有竞争的压力。澳洲呢，可能是因为我们没有选那种特别严格的私校而只是上的传统公校，CEPS 的教育还是很宽松的，这一点也让很多家长提出意见，希望他们能多分级授课，让孩子能多学基础知识。

在所谓的素质教育上，两边也各有千秋。国内学校每周一孩子们要站在操场上升国旗敬队礼，进行爱国主义教育，学校经常搞一些文体活动，让优秀的孩子展示自己。澳洲呢，每周一在礼堂集合，家长孩子一起参加，先是全体起立，一起唱国歌，然后校长上一节品德教育课，之后会有一个班的孩子进行文艺表演，每学期每个孩子都能至少轮上一次。孩子们的表演有好有坏，但机会均等，而且下面的家长和学生都会热烈鼓掌支持。

家长对学校的建设，澳洲肯定要比中国多。在中国一般都是闭门管理，家长除了预约，是不能进学校的。澳洲的小学，连大门都没有，家长随便进去，找老师和校长聊天（当然最好预约）。学校的很多活动，都是家长委员会来组织，比如各种义卖，复活节活动（后文有专门介绍）、新年舞会，等等，基本上都是家长带着孩子们组织，校长和老师很高兴地支持和参与。

为了帮助二哥融入学校，我们做家长的也经常参加学校的志愿者工作。有一次我报名了去班里给孩子们讲故事。我讲了一个二哥小时候我给他编的 Q 皮熊找朋友的故事，为此我不得不认真准备，把故事翻译成英文，还得改成适合西方孩子的三观，故事基本主旨就是雪中送炭的朋友才是真朋友。故事讲完了，孩子们很认真地给我提问，我也认真回答，这时我看到二哥脸上洋洋得意的样子，我知道我还算没有给他丢脸。

澳洲的学校是不太看重学习成绩的，所以尽管学习成绩好，给学校带来不少荣誉，学校也没太对二哥另眼相加，反倒是学校的游泳队、足球队，都是学校老师的宝贝，每次周会都拿出来说，这次又得了区里冠军，下次要参加全州比赛，等等。反观在国内小学，小学霸常常是被老师宠着的，也许这也是二哥喜欢国内学校的原因。

我们一直比较看重孩子的文体素质的培养，我跟二哥说，一生有一样艺术和运动的爱好，会让你的人生更加生动精彩。因为他从小爱看书，不爱运动，我们更多的是鼓励他参加体育项目的学习。在国内二哥在学校学钢琴轮滑，还被选入拉丁舞队，可惜他都三分钟热度，没有好好坚持。周末课外班都是艺术和体育类的，算下来也不少：表演、书法、钢琴、象棋、武术、网球、乒乓球、游泳，等等，一般是看他的兴趣，能坚持就坚持，不能就换一样，反正周末也是忙忙碌碌的，在室外的时间不多。在澳洲呢，孩子的课外活动主要以运动为主，各种体育俱乐部盛行。学校里有不少项目组，他参加了学校的合唱队，这个和国内选拔制的合唱队不同，不需要考察水平的，想报就能参加，每周两次早上 7:30 开始学习到 8:30 排练，然后参加学校和社区的演出。周末我们也带他先后学了澳式足球和曲棍球，我们还买了皮划艇，周末天气好就一起去湖边烧烤划船。总之，各种活动基本上都在户外，所以澳洲孩子近视眼的少。在澳洲的

蓝天白云下，小朋友晒得越来越黑，身体也是越来越茁壮。

八、复活节的回忆

一年一度复活节季，这两天突然有了很多复活节的记忆。

复活节，在西方国家应该是仅次于圣诞的重大节日，抛开其宗教意义不谈，它其实是一个家庭聚会的好日子。

在澳洲过复活节，对我们这些外来人来说，分没有孩子和有孩子两种：没有二哥之前，复活节假期就是我们短途旅游的时间。那些年的二人世界我们几乎走遍除北领地之外的澳洲大陆，挣的钱几乎都用在了旅行，真真享受！十七年前有了娃，我们的旅行没有停止，但有了全新的内容，就是要以娃为中心来筹划：驾车时间是否过长，酒店是否有儿童陪护，等等。当然旅行也有更多美好，这些可以在我和二哥其他文字里找寻，今天想写的是 2012 年那个独特的没有出行的复活节，让我印象深刻的发生在二哥澳洲学校 CEPS 的故事。

这个假期的主题是围绕着二哥的学校展开的。当时二哥来澳洲正式上学半年了，语言没有什么障碍，但文化绝对有盲区，我们很希望他能通过参加学校活动更快地融入当地的文化。在澳洲，复活节的商业价值在于它绝对是巧克力销售的旺季，各种巧克力蛋、巧克力兔子都卖疯了。澳洲没有专门的儿童节，复活节正好在学校秋假期间，理所当然就成了孩子们的节日。

在节日到来之前的一个月的一个周五，二哥从学校带回 20 张奖券：学校印制的，两块钱一张，要孩子们卖掉为复活节活动筹款。奖券在复活节星期天抽奖。听其他华人妈妈说过一般学校都常有这样的奖券，他们都是家长自己买单，就算为学校做贡献了。不过我们倒希望二哥可以尝试去卖掉些奖券，就当给他一些锻炼。二哥自己也跃跃欲试，并且强调要自己去，不用我们跟着。

于是那个周六上午我来准备午餐，爸爸收拾花园，二哥准备好"台词"，带着10张奖券出门了。过了二十分钟他还没回来，我就有点担心了：虽然周边社区很安全，毕竟九岁的孩子自己出门兜售，会不会有啥问题？当娘的永远这么矛盾，又想让孩子多多历练，又总怕他出意外就总想第一时间蹿上去帮他。爸爸倒是永远比妈妈冷静，不过又过了二十分钟他还是忍不住出门去看看……

五分钟不到，俩人回来了。二哥脸上是一贯的淡定（小样！），看不出到底卖奖券成不成功。后来自己说：转了半个街区，除了一家没开门，一家没有零钱，基本上每家都买了一张，还有一家买了三张。10张都卖光了。耽误了时间是因为跟人家聊得很开心……旗开得胜啊！

吃过中饭又出去卖了几张，剩下的五张爸爸包了……这次的锻炼让二哥对他自己的社交能力又有了更大的信心，也让爸爸妈妈很是骄傲！

接下来爸爸妈妈的任务也来了：二哥拿回的学校通知希望家长加入复活节当天的志愿者活动。因为是假期，我们就都报名了。活动是从上午9点到下午4点，每个家庭可以报名一小时的志愿者活动。二哥希望上午去玩，我们就报了10—11点的名。

当天来到学校，真的比平时热闹了很多。澳洲的小学校园不像国内校园那么封闭，他们的大操场就是一个橄榄球场，当地社区的居民都可以到那里运动散步遛狗——当然每个人都自觉把狗屎收拾起来扔掉，所以操场上很干净。那天的操场被各种游艺设备覆盖，有电动转椅，充气城堡，迷你动物园……俨然一个儿童游乐场，估计都是用卖奖券得的钱安排的。还有一个小市场，都是学校家长和老师在卖各种东西，挣到的钱也应该归学校做发展规划。

我和爸爸的工作是看管一个游艺项目：在围成一圈的铺满纸屑的"草场"里藏好巧克力彩蛋，让孩子们光脚进来进行寻宝活动，一分钟之内找到的彩蛋孩子都可以带走。这个游戏大孩子玩着很容易，但看小小婴儿玩才可爱：估计都是学生的弟弟妹妹们，光着胖胖的小脚丫，叼着奶嘴，流着口水，爬在草场里怎么也找不到彩蛋，害得我们直接把彩蛋扔到他们眼前来欣赏他们眼里放光地捡起来的过程……这个时候真希望自己家也有一个小婴儿呀——现在这个长得太大了。

可惜忙着工作，没有及时拍下当时的照片。

而二哥呢，自从来到学校就把他爹他妈忘了：老师给他们每人5张游戏券，参加每个项目都需要1—2个券，用完了就要花2元买一个了。

二哥很快就找到他的好朋友们，他们一起去玩各种游艺，很快用完了他的5张券。我们又给了他10元钱，这次用自己的钱买的游戏券他用着就慎重多了。

一直玩到中午，饿了，买了些小吃就回家了。

没想到下午4点抽奖，我们家买的5张奖券居然中了一个二等奖，一个三等奖：二等奖是一个大的巧克力礼篮，三等奖是一个大巧克力兔子！

接到学校的电话就去领了奖。但那么多的巧克力放家里也是个问题：太多了！我们想到一个好主意：二哥把巧克力分给他发奖券的那些人家，告诉人家是他中奖得的，一则安慰那些没得到奖的人家，二则也是个教他和邻里友善相处的好机会。

二哥高高兴兴地出去了，有了上次的经验，这次妈妈没那么担心了。没想到他回来的时候还带回不少巧克力：原来他卖出的一家也中了大奖，还反过来送了他好多……

这么多复活节巧克力，真是甜蜜的烦恼！

九、"读万卷书，行万里路，做深入思考，即付诸行动"—— 做对社会有贡献的人

从孩子出生开始，我们就一直希望他的人生与书为伴，以行走丈量天下，也就是我们常说的"读万卷书，行万里路"。从他的青春期开始，我们又在后面加入了"做深入思考"，就是希望他能够在读书行走的时候，开始独立思考，而不是人云亦云。过去的这段时间，我慢慢感受到，他越来越有自己的独立思维，虽然有些观点我并不认同，但至少，这代表着他开始了自己对世界的探索、他对未来的期许和把握。妈妈在小遗憾和小恐惧的同时，更多的是欣慰和为他骄傲。

我们也经常和他分享我们自己的成长之路，希望其中的经验教训可以成为他成长的借鉴。去年，我的二哥十六岁了，我告诉他，我们希望在"读万卷书，行万里路，做深入思考"后，再加一条"即付诸行动"。因为我身上有一个缺点，就是我妈妈常说我的"夜晚千条计，早上卖豆腐"，很多好点子灵光一闪来到脑海中，但我没有抓住机会把它们一一落实，造成很多很多的遗憾。所以我告诉他，要汲取这样的教训。一旦自己有了想法，就立即动手实施，这样即使最终没有成功，但是付出了，努力过，就没有遗憾。而且，我也鼓励他，他应该继承了爸爸的超强动手能力，实施起来，一定会事半功倍的。

在付诸行动方面，二哥确实比我强太多，他六年级在美国收到一个作者送他的一本关于黄石狼的小说，特别感动，当即表示要把

它翻译成中文推荐给中国小朋友。回国后的第一个假期，他花了整整五天，以每天一章的速度翻译完了这本书，对于一个十一二岁的孩子来说，真的是不容易。而我这个当妈的呢，惭愧，这么多年都说帮他联系一家好的出版社出版发行推广，到现在也没有落实……

二哥的行动力，还表现在坚持他的公众号写作上。他从 2015 年 2 月开创微信公众号，到现在已累计发表 100 多篇作品。内容也从小儿科的游戏，到现在非常有深度，经常能引起网友争议的社会问题探讨文章。

"读万卷书，行万里路，做深入思考，即付诸行动"……希望这些让他受益终身的好习惯，驱动他成为一个对社会有贡献的人。

二哥现在越来越有思想，越来越关注社会问题，政治经济文化等各方面的。我们也慢慢往体察民生的方向引导他，希望他不要做那种精致的利己主义者。

2014 年的时候，我们为了践行断舍离的理念，也为了帮助二哥学会关注他人，帮助贫困山区的孩子，带着他做了一次寄赠旧衣物的活动。二哥还在日记里记录下了全过程，为此他花了 300 多块的邮资，都是他的压岁钱，当时他还是挺心疼的，但还是很开心，为自己的行为有小小的骄傲。

最近的新冠病毒疫情出现，网络上各种声音不断，很庆幸二哥有自己独立的见解，同时也为疫区人做了实事：他的公众号文章《疫情当前，深则厉，浅则揭》引起很多大小朋友的关注，他把文章的打赏钱，加上他自己攒的钱（当助教、翻译的工资和压岁钱），一共 2000 元，捐给了湖北疫区一线的医院，还写了篇声情并茂的信，一并寄了过去，让那边医院从院长到医护人员都十分感动，回信说：古有鹅毛千里表情谊，今有纸笺传意赠爱心。在这场没有硝烟的战"疫"中，你们就是我们坚守阵地，半步不退的理由。现在，他还在和他们学校学生会的其他同学一起，为疫区学生募捐，带领学校同学组成1：1学习互助小组等各种公益志愿者活动，每天忙得不亦乐乎。看着孩子的成长，做父母的再辛苦，也会觉得充满希望：我相信他一定能够健康快乐地成长下去，同时做一个对社会有贡献的人。

最后，让我以我给他写过的一首小诗结束。祝所有的孩子，都能实现自己的梦想。所有的父母，都能作为孩子成长的支点，永远地给孩子无条件的爱。

少年
你放飞一盏孔明灯
心里许下个小小愿望
你专注的神情
让我莫名感动

少年
你放飞你的小小梦想
和那盏孔明灯一起
飞上九天　冲向云端
穿越到未来的时光

少年
你做所有一切的时候
我的目光都追随你

就算你不知道
就算你怕了我的碎碎念念
我也会一直为你合掌祈福

少年
等你起飞的那天
即使我已不在身边
你　也要记得
我的目光一如既往
坚定地追随和陪伴
在你身边　在你心里
在最温暖的地方
等你　爱你　守护你
毫不迟疑

少年
记得你今日的梦想
记得今日的孔明灯
这是我的许愿
在你放飞那盏灯的地方

——寄儿子 15 岁生日

回首向来萧瑟处，归去，也无风雨也无晴
——谈成长

/墨 麟

从小到大，我听到的同龄人父母口中提到我的，不论是家长复述还是我亲耳所闻，大都是对我的称赞。"哇，你们家二哥真棒！""你看看人家二哥……"这些家长的情商真高，知道说什么能让我家老佛爷太上皇开心，但这对培养我的谦逊着实没什么帮助。难道我的成长教育真有这么成功吗？不好说，父母的苦心栽培是显而易见的，而我的成长之路……也算苦辣酸甜五味杂陈。

读书行走思考

笛卡尔曾经说过："我思故我在"。思考，是一个人成长的重要表现。而深入思考与独立思考，更是思想成熟的标志。父母为了培养我，从小给我的成长立了一个挺老生常谈的目标："读万卷书，行万里路"。十岁时加上一条"做深入思考"，十六岁时又加上了"即付诸行动"……从以上目标的变化可以看出父母的殷殷期盼和谆谆教导，我自己的成长之路，以及可能需要提升的某些方面。

先来说说"读万卷书"。从我会说话开始，父母就会拿纸片剪成"识字卡"，带我在玩游戏的过程中提前识字，导致我在幼儿园就有了

"高人一等"的自信。也正是因为识字早，家里书也不少，我便自然有了阅读的想法，慢慢也养成了爱阅读的习惯。从三岁开始，父母就给我设了个"四大本"的任务，背诵四本文言启蒙读物——《三字经》《百家姓》《弟子规》与《千字文》。都会背了就每礼拜过一遍，记得那叫一个滚瓜烂熟。那时一点没觉得难，就是有效利用碎片时间而已，走路背，坐车背……公共场合背的时候，还总得到周围人的点赞，让我更觉有趣。七岁时去成都杜甫草堂，父母以一本书、一个小书签为诱饵，让我20分钟背下来了《茅屋为秋风所破歌》；去西安，又以那场歌舞秀《长恨歌》为筹码，让我背《长恨歌》。当然那时我已经长大了（八岁），不会轻易上当（真实原因应该是那诗忒长，又不像老杜的诗那么通俗易懂，对我而言太困难）……其实这种寓教于乐的记忆，于孩子当时并不是负担，于未来却都是很宝贵的财富。可惜，五岁上学，尤其是住校后没有温习，"四大本"都还给爹妈了，除了在作文中还能偶露雪泥鸿爪……

再来说说"行万里路"，从小，我就跟着父母四处游历，也算是走遍了大江南北吧。也会听人说，那么小出去干吗，反正将来也不记得，但我自觉受益匪浅。比如我认识朱熹，是从三岁爬上武夷山拜三贤祠开始；我的英文交流，是五岁去"地中海俱乐部"度假村每天和各国孩子一起看电影做游戏开始；我对日全食的记忆是妈妈带着我泛舟在武汉东湖，体验那昏天黑地的十分钟；而我对天文学的喜欢，来自在大峡谷用各种天文望远镜看木星、火星和银河……

旅行，也有不同的面貌，可以换一个地方体验生活。我曾经在小学和高中的暑假去澳大利亚读书，在当地的公立学校上了几个小学期，感受了西方国家的教育，也体验了一下澳大利亚的民风，与国内很有些不一样。比如一个最大的差异，就是两国的学校日程。我第一次去澳大利亚上学的时候，童言无忌地下过这样一个结论："澳洲为什么没有儿童节？因为每天都是儿童节！"在北京我的小学是一所私立小学，每天充实的课程和量不小的作业都是常态。而到了澳洲，九点上学三点半放学，完全没有作业，可不就是儿童节嘛！回想起来我觉得也可以看出，两个国家对于"奋斗改变命运"一事的看法：中国几乎人人都想通过高考这座独木桥浴火涅槃，改变命运，跨越阶层；而澳洲呢，则更多是生于斯长于斯，最终归于斯，不求改变。——这两者孰优孰劣不好评判，何况，这概括也未必准确，不过是我的一点思考罢了。

说到底，"万卷书"与"万里路"是人生经历，而自我培养，更要靠那第三条，"做深入思考"。而这两种行为对"深入思考"的帮助，就是它们可以开拓眼界，让人不做井底之蛙。重复别人的言论顶多算有些谈资，但并不代表可以深入思考。我的理解，深入思考，有独立思想，意味着不人云亦云。而这一习惯，在如今这个信息传播与获取非常容易的时代，显然十分宝贵。二哥不敢说自己的思想多么正确，至少，能做到不双标，不会随大流地作出一些判断。

对于这两年新添的"即付诸行动"……请容我再消化理解一下吧。

关于学习——不谈成绩那种

我想，应该是得益于读书和行走吧，我对艺术，尤其是视觉艺术，尤为钟爱，不论是建筑、雕塑还是绘画。艺术带给人的快乐，真的要说与懂的人听。比如言及建筑，科隆大教堂的哥特式巍峨，凡尔赛镜厅的巴洛克式奢华，家门口明明红墙黄瓦却叫紫禁城的雍容华贵；说到雕塑，米开朗琪罗的大卫，罗丹的思考者，始皇陵的兵马俑；绘画就更不用说了，《蒙娜丽莎》《向日葵》《千里江山图》……所有这些在书上都被溢美之词描述无数遍的伟大作品，在眼见为实之下，仍然能带给你前所未有的震撼。美，真的是人生非常重要的一课。在这方面，有一个愿意带我四处去走去看，并不时跟我交流学习感受的母亲，真的很有帮助。我至今仍然记得我们俩在看圣母感恩堂里达·芬奇《最后的晚餐》时，我妈握着我的手上传来的那种电流一样的微微的战栗，我觉得我也被带动得战栗起来，而那种电流也传给了她，我们俩情不自禁地对视一下，异口同声地说：太美了！！后来我们在看同时期法海寺壁画时，也有了类似的共鸣。

而喜欢艺术的一个并发症，就是爱上了历史（又因此产生了喜欢艺术的并发症）。从小我有个外号叫"博物馆控"，因为走了大大小小不少博物馆，出去旅游每到一地也是先去了解当地的人文项目，因而也就让我有幸看到了那么多的艺术品。所以可想而知，前往巴黎、罗马（包括梵蒂冈）等地以及在皇城根下生活，对我而言是多幸福的一件事儿。因为爱好历史，我也在学校中建立了历史社团，而且很幸运地因此结交了一群和我志同道合的同学。父母对我也挺支持的，允许并帮助我和社员搞一些肯定对提高历史成绩没什么帮助的活动，却因此让我的精神世界丰富了许多。

我还热爱另一种形式的艺术学习，那就是戏剧。必须说，这也是得益于父母对我的培养。他们从我很小就带我看各种各样的舞台剧（话剧、音乐剧、芭蕾舞、歌剧），电影就更不必说了，从小我家周末的一个保留项目就是"电影之夜"，无论是一起去电影院，还是在家投屏看电影，跟着剧中人的喜怒哀乐一起哭笑感动，让戏剧表演艺术成了我的一个爱好。回北京以后我就特别喜欢去人艺看话剧。由此我也由衷感受到父母的"高效时间"育儿方式对培养一个孩子有多重要：这样的家庭活动，既增进了我和父母的感情，也逐渐培养了我的兴趣爱好。去年，我通过层层筛选、认真排练，参加了北京市中学生通讯社"入戏"项目组话剧《油漆未干》，并在剧中饰演了罗森一角。在这个过程中，我的父母一直给我许多鼓励和建议，既有中肯的意见，也有无私的赞赏。一共四场公演，我父母不仅场场到现场给我打气，还邀请了众多他们的朋友一起来给我助阵。幸好我也没有给他们丢脸，四场表演我越来越松弛，对人物的刻画也越来越精准，更让我明白入戏的美妙。

人文关怀

我觉得除了兴趣的培养，父母对我的教育还在另一个方面有所成功，那就是人文关怀。

人文关怀，我的理解就是很接近传统文化中的"仁德"。记得我的某位校长曾经说过一句话：没成绩没德行，是失败品；有德行没成绩，是合格品；有德行有成绩，是优秀品；没德行有成绩，是危险品。我如果做不到优秀品，至少也能做个合格品吧。

人文关怀，其实就意味着关心一些其实本来可能和你没什么关系的事情。说难听点就是"多管闲事"。可是正因为有这种"多管闲事"，社会才能进步嘛。小到爱护环境，保护自然，大到关心家事国事，其实都可以算是人文关怀。

这种培养其实没有多轰轰烈烈的事件，都是平常身边的一些小事，潜移默化，有润物细无声的效果。有这么几件事让我印象深刻，所谓水滴石穿，集腋成裘。其一是我小学四年级的时候，我们住在上海人民广场旁边。有一天放学跟母亲回家，在地铁口看到了一个穿着类似高中校服的女生蹲在台阶上，面前摆了一块纸牌，上头写了"需要8块钱回家"。其实写到这儿，我自己回想起来，我想大家都能猜测到，这是一个传统的街头骗术。可对于一个四年级的小学生来说，这个小姐姐看着是那么真实，那么可怜。第一眼走过的时候，我也跟母亲说了两句："这是个骗子吧？"可能是出于这种"人文关怀"的熏陶，导致我走过以后仍旧一步三回头的张望，心中满是怜悯和不舍。母亲看到我的表现，也就直接问我："你是不是想帮助她？"我点了点头。于是母亲就给了我十块钱，让我去交给那个女生。于是我开心地拿着钱，开心地走到那名女生跟前，递给她，开心地对她说："姐姐，快回家吧。"可是那个女生呢？她接过钱，揣在怀里，看都没看我，直接把头低下了，啥也没说。我想我大概愣了一下，虽然没有听到她说"谢谢"，但觉得自己帮助到了需要帮助的人，也还满意。不过走了两步之后，我再一回头，却发现那个女生依然蹲在那里，等着下一个善良的人入彀。

坦白说，这个事件让我印象非常深刻，因为这是我第一次真实地感受到这个世界上，有人在利用他人的善良和同情心以牟利。我后来跟母亲聊过这件事，她说其实早就知道这个女生大概率是骗子，但觉得我应该上这一课，虽然会有短期的心理阴影，但也是人生必须经历的一课。正所谓真正的勇士，敢于直面惨淡的鲜血嘛。知道社会的阴暗以后依旧关怀社会，我觉得这是一个人为人很重要的一部分，而我也在努力做到这一点。

这次新冠疫情，相信对很多人的影响都是非常大的。去年初大爆发时，全中国几乎停摆了。我们在北京，学校有网课等等资源，但湖北省疫区的许多地方显然没有帝都的资源丰富。于是我几经辗转，在妈妈北大湖北籍同学的鼓励和帮助下，和湖北省广水市一中搭上了线，组织了我们学校的学生与该校学生对接，帮助他们进行线上答疑，收到了那边同学不少好评，而我们这些帝都长大，对人间疾苦无甚了解的同学，也被广水一中的同龄孩子，在相对艰苦的环境下刻苦学习的精神而感染。除此之外，我还带头组织了我们学校一场帮助湖北省红安市购买防疫物资的募捐，我个人也把我的微信公众号打赏，和我的压岁钱一起总计2000元，捐给了广水第一人民医院。我和我的同学们做的这些，我想要好于网络上散布谣言，和天天骂骂咧咧的键盘侠，也算是为这个社会尽了一份绵薄之力，无愧于心罢了。

除了关注人，其实对环境的关怀，一样是人文关怀。父母也是在这方面有所培养，从小就告诉我垃圾不能乱扔，节约用水用电，等等，我自己也去看了不少保护环境相关的书，其中也看到了一个很著名的故事，那就是"黄石狼"，因为狼被猎绝，黄石的食草动物失去了天敌，植被遭到毁灭性破坏。后来，人们不得不引进了狼，让黄石的生态系统得以平衡。六年级时我也去了美国黄石公园，正好赶上了当时公园里组织的一场环保推广活动，说实话跟庙会差不多，有各种游戏、吃的、各种各样的摊位，其中有两个老太太，她们办了一个摊位，推销自己写的一本童书，名叫《奔向家乡》(Running For Home)，讲的正好也是黄石狼的故事，采用的是一匹小麋鹿和一只小狼的双视角并行推进法，读起来很有意思，立刻吸引了当时的我。我觉得这本书非常好，也希望中国的朋友能看到这本书，可毕竟这是英文的，于是当时的我萌生了自己翻译这本书的想法，并直接完成了一稿！虽然最终出版事务由于各种原因被搁置了，但至少代表了我对这个世界的另一份关怀。

写在最后

今年，作为一个马上十八岁的准成年人，我将踏上人生的下一段旅程——大学生涯。我所走过的成长历程并不全是康庄大道，有过不少挫折，现在都已成为我与好友畅谈时搔首笑顽皮的往事。不论轻松与辛酸，我已经沿着这条路走了下来，也还要继续走下去，走向我的人生目标。感谢生我养我的父母，未来的路上，请继续伴我前行。

回首向来萧瑟处，归去，也无风雨也无晴。

下编

所谓行胜于言，作为家长，我主动扮演起各种角色。

黄曼舒，生于 2003 年，北京人。在海淀区完成了小学和初中的学习。2018 年中考后直升入高中理科实验班，于次年转入国际高中准备赴美学习。在她的成长历程中，经历了以比拼竞赛而闻名的小升初、中学阶段以自招为目的的超前班以及出国留学的各种考试，从未远离海淀黄庄疯狂劲猛的核心补课圈。ENTP 人格（反应快、睿智，有创造力，能预见到美好的未来，时刻具有挑战性，并且容易感染他人）。个人订阅号拖更写手，新晋 B 站喜剧频道 up 主，Keep 运动平台常驻健身小白。

乔木峥嵘月明中

/ 黄森磊

废柴老爸

我和我女儿话不投机，每次接她放学时，都有番唇枪舌剑。我刻意引出的一些话题，她会毫不留情地毙掉。我最爱说道的，当然是三十年前北大的光辉岁月，我知道那时校园里潜藏的每一个寓言，也知道每一棵乔木在风暴中的立场。当青春投屏成浪迹半生的戏剧，诗眼倦天涯——繁花春水就作为故事的主题。我女儿对我的惆怅和满腹牢骚，总是嗤之以鼻。老年人才喜欢抱怨呢，年轻，看到的是未来和希望，她用欢快的语气说。我不甘心被怼，寒武纪以来不变的倔强，霎时蒸腾成蘑菇云般的豪情——你知道吗？这世界只有一种真正的英雄主义，就是认清生活本质，却依然热爱生活。当然知道，她飞快地抢答，罗曼·罗兰语录，我小学就学过，您现在还用啊？我顿时一脸尴尬，只好快进到其他话题。你SAT模考怎么样，阅读又错了吧？一言不合，气氛霎时转阴。浮躁人遇尴尬人，全程黑脸，无话。

我平时挺会聊天的，辗转各种圈子，文聊武聊都行。说文就以理服人，演武就意气用事。而文武之道，张弛之间并不干涉尊严、面子，纯粹是知交好友间的乐趣。而和女儿沟通就得加倍留神，生怕哪句话逆了她心意，遭到无名火怒怼。我说燕园往事，她兴趣寥寥。那好，我就念叨一下——大佬传奇。他们同学口耳相传，考上清北的那叫厉害，而考上哈耶普斯的，是加倍的厉害，他们把这两类人统称为大佬。如果说学霸之类，还有点你争我夺的意思，那大佬的含义就是争无可争，只有仰望的份儿，所谓——事了拂衣去，身藏功与名。认识某位大佬，那是人前显圣、傲里多尊的事，能跟同学显摆一下。恰好我昔日北大兄弟，专门培养各类大佬，这成为我和女儿少有的话题之一。去年我常说的是老高家闺女，她以文科探花名次，考进北大元培学院，令老高扬眉吐气。

最近我常说的是老蔡，老蔡从事金融投资，既投早期项目，也投二级市场，属于生态链顶端的食肉动物。他看的项目里有干细胞、芯片什么的，本来是无敌组合，但不知了什么凡心邪念，一头扎进了小蓝杯咖啡。那可是好贵的一杯咖啡，他几乎在美股被打到爆仓。天可怜见，和他并肩战斗的大卫，本是业界的清白大佬，无端输掉钱财，还赔上清名令誉。这事要搁我身上，早寻个地缝疗伤去也，而老蔡偏偏不，他像打了鸡血似的趴趴走，一副神气活现的样子。事出非常，其中必定有诈。我忍不住问他："兄弟你没事吧？"老蔡显然等着我有此一问，他用极放松的口吻说："嗨，也没啥大事，就是我家蔡小小，一不留神拿了麻省理工数学系的OFFER。""你说啥？你敢再说一遍。"我简直不能相信，蔡家虽然书香门第，但那也是前朝沉香，早不知碎成了多少不屑，咋突然生猛成这个样子。蔡小小是他的宝贝闺女，我一直看着她被虎妈管教，累得可怜兮兮的。没想到竟成为超级大佬——麻省理工数学女生，那得出色到什么程度，才能和本星球的最强大脑一起，聚集在剑桥河畔，那一翼穹顶之下。

我熟悉的北大兄弟们，也不知怎么整的，几乎清一色生了女孩。

这下子可好，白衣飘飘年代的火爆浪子，全俯首帖耳成了女儿奴。局也散了，酒也冷了，骨头都轻了三分。见天想着法子讨好女儿，就一个无可救药的"宠"字，并坚决以此为荣。不仅沉溺父爱，而且自我吹嘘说，这就是未名湖显灵，隔壁的可没这福分。对此我却不以为然，如果说未名钟神秀，这我完全同意。但凡你看一眼——燕飞天外斜阳尽，人过桥心塔影来——那一番意象，自然会生出千般美好，这原本无须多说。然，美好归美好，干卿底事？你们辜负过多少痴情红颜，什么浪子、才子，玩尽这套花样，也逃不脱老天法眼。叫你们给女儿当牛做马，真是现世的报应。可是这报应，竟变得那么甜蜜，难道一切都是最好的安排？直教个甘之如饴。我和老高、老蔡都是女儿党的要角，区别在于他们已成就犖犖大才。上耶，如此不公！我几乎使尽浑身解数，却被我女儿判定，废柴老爸！

我哪里肯服气？以我的才学风骨，只是不能见容于士林，在江湖上还是有一号的。江湖事江湖了，跟孩子不能说波诡云谲的事，只能谈谈大佬。谈只是立个榜样，关键看行动。我可没闲着，既然不爱听我的唠叨，那我就来个行胜于言，主动扮演起各种角色。第一个角色是家长会的嘉宾，只要我不出差，凡家长会必到。这里边有两重意思，一个呢是观摩名师风采，另一个是主动刷脸。北

京名校的老师，儒雅高洁符合我的期待，确实不是浪得虚名。久而久之，也会出现点意外。比如有一次，我被随机抽中，临时客串全年级学生大会的助讲嘉宾。我女儿十分紧张，会前非逼着我写个稿给她审，并说这叫"预演"。我这样的选手，讲话张嘴就来，哪里需要彩排？果然，我的脱稿发挥，赢得他们同学一片掌声。有老师私下嘀咕，这从哪儿找来的托，挺能白话啊！我在闺女面前大大加分，她哪里知道，我北大文科的底子，天生就是吃开口饭的。从那以后，无论校内校外的家长会，我都主动参与，每到也必做惊人之论，我倒不是想去砸场子，而是只要不讲话，我就会昏昏欲睡。废吗？非也！

青红皂白

另一个角色，我也是游刃有余，那就是充当买手。以前是全方位买手，从衣服、鞋子、辅导书到零食、料理和饮品，我都充当过买手加骑士。后来小女生会网购了，那些名目也就删除了。随后幡然一变，从标化产品改成花钱买服务，主要是筛选辅导班。这就要复杂很多，先得背调一下，看看创始人背景和公司简况。好在我非常熟悉这个行业，多数成名的创业者是北大系出身，即使不认识创始人本人，也认识他们某个投资人。其次要通过试听，来甄选老师。任何一个老师都有擅长的几招，要拿下一个孩子的信任，那是非对称的博弈。跟我就少来这套，我要的是完整计划和风控点。我会问清楚各个环节怎么衔接，有没有教管学一体的评测系统。另外还得看教师本人的特质，是名师路线还是才子路线，等等。除此之外，我的专业性还体现在审合同上，我本身经历过太多的诉讼，基本就算个兼职律师。看着五花八门的合同，有时被气得七窍生烟，这种水平的行文和显失公平的设计，也敢从容执教，真是勇气可嘉。所以我用专业的表现，赢得了我女儿的信赖。偶然儿次失误，还都是因为人情关系，被诉诸感情的玩法给套路了。我的这些表现，是废柴吗？什么栋梁也不过如此。

我充当的最重要的角色，当然还是赞助商。现在的孩子，基本没有金钱概念。普高的好处在于不攀比，普高里的名校学生更是懒得攀比。谁敢攀比呀，没准人家亮出血统就吓死你。我说她没有正确的金钱观，一是说她没有预算能力，经常花到微信只剩几十块，才急忙向我呼救。另一个是没有性价比的概念，紧急又重要的可以不惜代价，其他的就要节俭。我见过太多才俊，把人生赢家过成熵增，主要就是任性。我女儿找我赞助，也是很委婉的。比如有一次，她对着微信发呆，然后问我一个问题——我怎么能把钱包里的 500 变成 600，买理财还是买股票？我立刻就被气乐了，买啥都没有秒化 20% 的回报，除了我给你发红包。那多没劲啊，我要自己挣出来。你先省省吧，给我拿几个 OFFER 回来，再说其他吧，只当我是你第一个 VC。她显然觉得这没有成就感，但也无可奈何。我打算等她考完美本，系统地给她讲讲投资课，还有人际关系学。就她这样的小白，离家出门还真有风险，且风险巨大。

其他一些角色，比如司机、运动教练、搬运工什么的，那都是劳力不劳心的干活，我估计她也习惯成自然。当我以行胜于言的姿态，在她眼前频繁晃过，我突然发现一个可悲的局面——我依然和她话不投机。甚至有一次，她意味深长地跟我说："你听说过没有，家长教育是否成功，主要是看孩子长大以后，两代人有没有共同话题，特别是要看孩子是不是还理你。"我一听就笑："哎哟，我需要你理吗？你想多了吧，我既不想跟你有共同话题，也不想搭理你，能让我省心才叫成功。"她被我说得一时语塞，缩头躲回她的房间。而我虽然表面上嘴硬、不肯饶人，可内心里知道是犯了路线错误。我的所有行动，都是从自己的好恶出发，做我认为正确的事，而她的想法我却根本不了解。

这样一来，我变成个打卡的人头，清扫了一些皮毛的事，而真正的问题，还远远没有触及，甚至根本就不知道。

有了这种觉悟，我除了继续行胜于言，演好各类串场龙套，同时开始数据挖掘工作。这是我准备夺回家长光环的第一步。她有个微信公众号，我打算从这里开始寻找蛛丝马迹。栗子树是她的网名，作为一个网络写手，少不得贮藏一些符号，所以，她是摇曳的小栗子树，也是露西亚，还是露西亚酱。"酱"这个说法，真的形象而贴切。她所有的功课和补习班，按不合理的方式粘结在一起，搅拌成酱的混沌状态。我在她的订阅号里，发现了这样一篇文章，题目是《地中海碎片》，写了她去年暑假的生活片段，有的简洁我读得明白，有的婉约我就要费力去猜，她写下这样的段落，让我看得很不顺眼，摘录出来备查——

蓝旗营

教授："越复杂的事情，越要学会简单处理。"

教授夫人："分别本来就是迟早的啊。"

某知名大厦

从落地窗望过去，有三座桥，三条路，三个地标。

向前是小学，左转是中学，向后是出生地。

"我觉得人来到这个世界，总得知道这个世界究竟是怎么样的吧。光困在城市里，整天琢磨城市，我不忍心对自己说，我是住笼子的，我专业写笼子。"

一个作家给自己文章的结尾

"我设想自己最浪漫主义的结局仅仅是：

生前尝过几棵辣椒，死后成为鲜艳的红土地。"

　　她的文字是清新隽永的路线，但形象略微有点悲。她们这年纪，凡走文青范的，写几句沉郁顿挫的词，那也是应有之意。我是热爱写字的，我的观念里认为——文字之道，在苦旅人生意味着冒险，同时也是龟息吐纳之法。整一架子书，端详那些直立挺拔的书脊，就算不开卷，也会有书香弥漫。一番文字，就是一道灵媒。它引你上山下海，未知的、未觉的，都在笔墨间展开。活在书外是一世的荣华，活在书里是十世百世的辗转。这时的文字，就是历险的索引。而静观自己，看空皮相的知觉，文字变作调养修行的丹符。思想是脉冲，电光石火的顿悟，也许是性灵间的量子纠缠。白垩纪被子植物的一次花开，镌刻在物种进化的一个刹那，所以我们才会读懂——丁香空结雨中愁……

　　小栗子树书写的文字，清新糅合了青涩，不留神有了点咏絮的能耐，这是我赞赏的。我看不顺眼的，是她私自去找教授。

　　她所说的教授，是她小学同学的爸爸。从哈佛回来的经济学博士，现在清华经管任教，是声名鹊起的经济学家。恰巧十多年前，我读研也选过他的课，那时他还属于青年教师。现在女儿厚彼薄此，不过是因为教授有国士之称，而我只是一个跑龙套的。要说名人的晕轮效应，我当然望尘莫及。可是说到孩子教育，我自诩有真知灼见，且不遑多让，教授也呵呵。但我也从此明白，我讲别人家的孩子，那是别人的主题。我承担一些鸡毛蒜皮的角色，那跟主题无关。而真正的教育主题，是三段论式的递进关系——学科素养、职业素养、生存素养，核心就是早已被世俗化的一个词——价值观。小栗子树信不信我这套，我确实不知道。什么事都架不住真信，恒信则有，恒不信则无。管她粉红不粉红，我就要争个青红皂白。

如琢如磨

借着给她找家教的机会，我开始夹带私货。"闺女啊，给你换个语文的辅导老师，行不？"我这样问她。"为什么要换？人家张老师挺好啊。"她头也不抬地答我。"因为我刚发现一个神级老师，推荐给你呗！""谁呀？"她显然没明白我的意思。我只好弯腰凑到她眼前，用力地晃了晃脑袋，又眨了眨眼，完成了人脸识别的全套动作。她额头立刻划出了三道杠："你？你行吗？"那语气里是鄙夷和不屑。"我当然行了，我自己做高考真题，绝对130的量，教你是绰绰有余。"她开始往回找补："你哪有这时间啊，你还是事业为重吧。""时间你甭管，跟我工作不冲突。""况且，你也没教师资格证，政府不让你教吧。"她总算找到一个过硬的理由，或者是完美的借口。想想也真郁闷，某人有直接孔孟之志，却得先考个教师证，才能取信于世人包括我闺女。道统失之久矣，为往圣继绝学，需要证吗？我只好妥协，咱采取双师教学，张老师继续保留，我，助攻！

其实他们高中语文，我真的拿得下来。现在学校的基本思路是——通过阅读和鉴赏，解决输入的问题，先做到"腹有诗书气自华"。然后是表达和交流，提高语言文字输出的能力。这是教的过程，考试评价又不完全一样。考主要是六大能力——识记、理解、分析、鉴赏、表达和探究。这六大能力都有具体要求，落实到高考题里，就是具体的题型。对于学生来说，如果你从初中发力，那还比较简单，多读多写就行。读个五六百万字的文本，写个十万字左右，那语文水平没问题。但假如已经到了高中，所有功课都在抢着占用时间，那语文的地位就比较尴尬了。从高考分值来说，150分跟数学外语同等重要，但是真花时间去学，效果也很难体现。我认为目前最突出的一点，就是教考分离的现象。平时学的课本，除了背诵的那些，考试时都不会直接出现在卷面上。所以这里面有一个转化和代换的问题，我有个万能公式，其实是解题思路和答题模版。我跟做教辅出版的一些朋友交流过，他们也挺认可的。所以我有备而来，教自家闺女没问题。

稍有麻烦的是，她已经确定了出国路线图。那中文的权重就要降低，现在她的时间表里，塞满了 SAT 和 AP 这类玩意儿，那个领域我真的不熟。我能贡献的还是思路，其实每个家长都有自己的专业领域，学文学理、学工学农，家长的职业经验，是最值得跟孩子分享的。所谓家学渊源，不是说你累世三公，才能传什么心法。自古没有不变的王朝，可见富贵是个轮盘赌。我自己比较擅长的领域，还是在线教育，也略有投资的经验，最主要我了解这地面的企业环境。因此，当我闺女研究性学习选题时，我就推荐她研究在线教育。从投资到运营的基本逻辑，还有一些内部数据，我都可以指点一下。这样一个案子下来，既完成了背景提升的作业，又有了对企业的直观感受。二十年来行业的鏖战，我几乎无役不与，败多胜少是个事实。这些让闺女知道也不丢人，至少你老爸是个战士。讲这些完全是我主场，她两眼闪烁地盯着我，让我感觉舒畅无比。看来果然有效，学校老师哪教得了这些。职业素养这门课，得亲自操刀才行，需要家传秘方。

这样操作下来，学科讲了、职场也讲了，父女的话题渐渐多了，我女儿终于发现她老爸，不仅靠血缘，还靠硬核的实力，才能坐稳家长的位子，还时不时跟她说教一番。只是有一点，我们实在没有达成共识，那就是价值观。这东西挺虚的，而且连带着关于人性的基本假设。在现实中，我见过基于人性善成功的，也见过靠暗黑起家的，这些跟孩子都没法讲。有一次她跑过来问我，你知道马基雅维利的观点吗？这我太知道了，我本科学的政治学、研究生读的经管。马老师是政治学的大神，他最著名的观点就是——只要目的正确，可以不择手段。你问我怎么看，想听真话还是假话？假话我也不说，咱就说真话，真话有三个层次——其一，不择手段达成的，很难说是目的正确，因为缺乏程序正义。其二，即使不择手段，也不一定能达到目的。其三，现实中人家往往会说，我的手段和目的都是正确的，不仅正确而且光荣。所以咱讨论的是个伪命题，不值得浪费时间。她被我说得云山雾罩，只好继续去写她的论文。我忘了告诉她，我最欣赏马老师的是另一句话——宁可做了后悔，也不能后悔不做。翻译成文言文，就是先下手为强。不过告诉她也没用，老黄家的基因就不是那样，我们家的 Y 染色体，延绵亿万年传到我这一代，不是靠奸诈取巧，而是靠挺字诀、忍字诀，苟且偷生才能瓦全。这些儿童不宜，我也不便多说。能说什么呢？写在广告牌上那十二个词，每一个都是绝妙好词，但哪里可以当真。

　　本来诸事顺遂，一切都在向好发展，不料天降奇祸，来了场瘟疫。原本准备好的计划，被彻底打乱。她不停地订考位、取消考位，什么蒙古、柬埔寨、迪拜，基本上在亚洲抢了一圈，然后又无奈取消。我也滞留在家，跟她待了整整三个月。从她降生以来，我还从没有这么久守在家里。我知道她终将振翅高飞，而这是难得的陪伴时光。于是哪管毒焰滔天，我乐此不疲地，帮她选课、挑顾问、安排专家，忙得一溜够。渐渐有了点父女档的意思，话题更有针对性，默契也渐强。唯一受制约的是时间，特别是 AP 考试主要针对北美，北京时间就得半夜开考，因此要提前倒时差来适应。所幸全是机考，在家里就能解决问题，不用顶盔挂甲去出门试错。机考要科学上网，网络时卡时断，气得我怒骂局域网。我女儿表面上没什么异样，见招拆招往前走。九门 AP 要一次通过，我不知难度系数如何。只能陪她熬夜，顺便练习手冲咖啡的技能。随着咖啡浓度越来越大，她房间的灯光也越亮越久，那些被称为碎片的记忆，留下永不融化的星星点点。

　　临近考试的某一天，大概晚上八点多，我在家忙完一个段落，满心欢喜去看她。推开虚掩的房门，发现她趴在书桌上睡着了，我顿时有点紧张，敲着桌子大声说："嘿，这位同学，醒醒啊，要考试了！"我其实是半开玩笑地叫醒服务，她不知哪来的邪火，腾地一下站起来，爆了一句英文粗口。这明显是造反！我立刻毫不客气地赏了一巴掌，很轻地打在肩上。从小到大，这不是唯一就是唯二，我用到震撼教育的手段。她哪里受得了这个，立刻来个放声大哭。同时呜咽着谴责我："你……你，整天的，就是，居高临下的脸，就是不懂平等……尊重，我，有睡觉的自由！"嘿，我倒是被她气着了，真是本事见长，把我平时念的经，全用在我身上了。"什么平等自由？你考砸了，没人跟你讲平等。自由，那是建立在自律基础上的。你懂吗？"我的话又硬又狠，她趁我不备，猛然甩上房门、落了锁，再怎么敲打也不开。我将怒火向下按了按，听着号啕渐渐变成呜咽，知道没什么大事，就恨恨地躲到庭院里，去闷头抽烟。庭院四周的高大乔木，被夜风卷出婆娑的声浪，我十分沮丧地想了想天下大事，也没什么需要我操心的，就是这闺女，嗨！

从那以后，连续三天父女无言，互相不搭理。我想找个机会缓和一下，以免影响她考试的情绪。但看到她没事人一样，精神抖擞地准备功课，我就暂时放弃了。有点压力也不是坏事，老子再宠也会翻脸的，得让她见识到这一点。其间，我专门给我的偶像——老蔡打了个电话："兄弟，你是怎么教育闺女的？""我没管什么呀，都是她自己折腾的。"我还是不甘心，继续问他："怎么可能呢，我女儿这压力巨大，直掉眼泪呢。""哭啦？那就对了，我们家蔡小小掉的眼泪，能接满整整一缸。"老蔡笑着说。太夸张了吧？我问不出所以然，心里充满懊悔和不安，还得自己想辙。我溜到她的订阅号去探风向，发现她已很久没有更新。

就在她考试那一天，我临时有个闭门会议，被集中拉到郊区封闭。因为是急茬，时间又长，本想开一半溜走，没承想鏖战到深夜，还没有结束的意思。我心里一直忐忑，很想打个电话给小女生，可分寸极难拿捏，生怕适得其反，影响了她考试状态。手机被攥得发烫，心想也不是什么了不得的考试，应该没有大碍。但又一转念，万一考得不好，责任肯定栽在我头上，不知道又要被数落多久。她读小学时，有一次我带她出去玩，结果跑错了电梯，她跟我走散了。等我跑楼梯下来找到她，她正守着个保安哇哇大哭。那可是一等大罪，被她控诉了很多年。其实她哪里知道，那些年我经常噩梦惊魂，主题就是跑丢了女儿……正在我七上八下、心里打鼓的时候，静音状态的手机忽然无声地亮了，是她！我女儿小栗子树打来的。"你在哪儿？"她问得很生硬。"我在开会呢，要晚点回去。"我捂着手机小声回答。"你没什么事吧，我要考试了，再见。"说完她就挂断了。我却长长出了一口气，刹那间神思如涌、所向披靡，几个困扰多时的问题，都被我找出破解之法，负责出报告的中介机构也点头认可。好嘞，撤吧。我趁机收工，贪夜开车回家。

那时，路静人稀，车辆也很少。我斜刺里杀进一条小路，路的两边乔木排成甬道,我驾着一束车灯,在甬道里匀速颠簸。困意渐渐爬上来,我咬牙跺脚也赶不走这兄弟。无奈之下,只好熄火停到路边,想运动一下找回元神。我顺着一个坡道往下走,坡道下面就是温榆河的堤岸。堤岸蜿蜒成一个优美的河湾,两岸的树木绣出起伏的天际线,被圆月的光华涂出魔幻的轮廓。原本混浊的温榆河,无声流淌在红尘浊世里,有了一种意外的清高。白天的喧嚣是强颜欢笑,蚀骨孤傲才是青葱本色。我站在堤岸上,重新设定了导航的坐标。这时无数的野花在次第绽放,我知道它们有说不尽的八卦话题,但那与我无关。我回到车里,打开雪亮的远光,它刀剑般的凌厉,霎时把黑暗逼退,只可惜了月光。想起小栗子树正在考试,我要在她交卷之前现身,仿佛是特意设计好的桥段,那个披星戴月的救兵,应该出现在剧终之前。我轰起油门夺路而去,留下一缕尘烟、半河寂静。那一夜,乔木峥嵘月明中。

我希望他们在生活里能给周围的人留下负责任、有爱心、积极乐观而且风趣亲和的印象，做一个不给别人制造麻烦或带来伤害，但一定为他人带来益处、对自己问心无愧的人。

我是三个男生的母亲，我却管三个娃叫"爷"，因为我要伺候他们，难免还有时候轻松调侃他们的缺点一下，或者也对他们的小成绩表示一下敬佩。孩子们各有所长，他们是上天送给我的礼物，使我一想起来就嘴角上扬。他们成长的影子里映着我昔日的时光，是我生命的延续，是我艰难时候的支撑。

万物生长，需要雨露的滋养；酸甜苦辣，只要我们彼此相伴。日子悄无声息地流逝，唯有爱留下痕迹，绚烂斑斓。

润物细无声

/ 孙秀慧

"小小的爱可以走得很远"

曾问过孩子们，一个对你特别好的邻居搬走了，你想怎么回报他们呢？

"给他们寄礼物？"

"请他们来咱们家做客？"

他们怎么也猜不出。

我说，其实对你现在的其他邻居好，是最让这位搬走的邻居欣慰的了。

记得二爷五年级过生日，一个来庆贺的小朋友妈妈告诉我，今年其实是他们来这个学校第一年，开学时二爷总是主动和她儿子打招呼，玩什么都带着他，他非常感激。没说几句话，那个妈妈的眼圈竟然红了。她长得非常漂亮，孩子也像她非常纯洁的眼神，一看就和二爷一样有一颗善良的心和甜美的性格。真心为二爷能成为别人的祝福感到欣慰，这是上天的恩赐。

我自己是个不够主动的人，几乎不会刻意伺机去向帮助过我的人言谢，更不用说物质上的回馈。但我内心每每想起过往都充满了感恩：

我深深记得我高中打球摔折手腕时在宿舍为我洗袜子的同学，在大学打球扭伤脚为我打饭的同屋，来美国接待我住宿给我炖红烧肉的多年闺蜜，我怀孕难受为我做饭让我连吃带拿的同事，买房子为我出谋划策的家长……等等。他们是天使，是我生命里的贵人。有时候很忙无暇联络，但我每每在有新困难的时候，就会对这些曾提供帮助的人念念不忘。平时自己唯一可以做到的就是言传身教让孩子爱心待人，不计得失，在周围的人需要帮助的时候，伸出爱的双臂。

传承爱，是对"怎样回报得到的爱"的答案吧！

二爷三年级时有个落后一点儿的同桌，老师因为怀孕脾气可能不太好，经常和那个孩子急。二爷给予了同桌很多的帮助，我没有亲眼看到，都是听他回家和我描述，看得出他非常享受这种给予的快乐。因为从四岁开始他就和妈妈一同给特殊儿童们干预上课（所谓干预就是帮助孩子们矫正不良行为，有效交流和互动，以便他们在日常的课堂里更好生存），二爷锻炼了耐心和换位思考的能力，习惯了关注弱势的人，总是力所能及地伸出援助之手。这是老师给他的学期评语：他超有幽默感，让教室成为了一个特别有趣的地方。他非常具有团队精神，与所有同学相处融洽，能轻松地结交朋友。他还是一位出色的演说家，能从一开始就抓住听众的心，总是以一种引人入胜的方式来分享精彩的信息。他为课堂讨论贡献力量，增添了许多深刻的见解。他态度积极、乐于助人，是同学们的榜样。他为人热情，并以这种热情影响他的同学们。他在体育方面表现出了非凡的技巧，孩子们真的很仰慕他。

值得注意的是老师说他学业好就一句带过，大量的赞美之辞都是情商软实力以及他的爱心，这是我看到的最好的评语，是对二爷的特点一个非常贴切的写照，也是孩子们多年从妈妈这里耳濡目染、亲自去实践爱的回报而得到的肯定。

我的母亲早年过世，没有见过这几个可爱的外孙。疼爱照片里的几个小宝贝儿，扮演好妈妈这个角色，便是我对母亲爱的传承，同样，这也是我对母爱最深的报答！看到我的孩子被爱感染了去爱他们周围的人，爱自己的下一代，那我会非常地知足，简直可以夸自己成功了。他们都懂得，感恩不是只有反哺这一个方式。

"小小的爱可以走得很远！"想回报、表达传扬你的爱吗？那么从小事做起，去珍惜身边的每个机会。

超级妈妈的一天

周末于我都是大起大落的体验。

相信每个乐此不疲、周末穿梭于孩子们各种活动比赛的老母亲们读了我的描述也会感同身受的。

某个冬日的早晨，比平日上学还早就把三爷拎起来了，从睡衣热被窝到冰冷的雨里穿短裤运动，去做准备打 8 点的篮球赛。教练是暖男，平时一个通知的邮件篇幅长且都是幽默段子，周末的清晨竟然拖着自家俩幼小的娃来还给家长们买了咖啡，我的内心和捧着咖啡的手温差超过了加州夜晚的冰霜和午后的日头的对比。

　　三爷打球越来越好看了，跑起来的步伐、对球的掌控能力、投篮的球感颇让亲妈欣慰。他跳起来伸展抢了一个篮板，算是我的唠叨看到了成效，每天进步一点点，年终回头一看自己都不敢相信了。

　　有一次对手高大，一个典型的电影里霸凌模样的小男生因为三爷断过他一个球，在三爷投球跳起的一刹那从后背报复地推了他一把，三爷在空中失衡，球进了但是小人儿狠狠地摔在地上，二加一罚球。别人都准备好了，他却是好半天才从地上爬起来，抹抹眼泪罚进了球。做妈妈的除了起早贪黑地劳累，司机加教练地陪伴嘱咐，心疼儿子却不能过分表现，这个强大的心脏也算是锻炼出来了。

　　接下来到了中午时分，我带着自制的第二杯咖啡跑去看大爷跑步比赛，那天的风算是北加州的天气里相当凛冽的了，尤其是在空旷的操场，我在风里站了一个多小时，少年们都是薄薄的短衣裤热身等候。

　　天上的馅饼从来没砸到过他，这时候还偏偏赶上硕大的雨点，可孩子们怎么也要坚持跑完，风雨无阻。对高中生的支持就是这样默默地，年轻人不错过任何嗨的场面，变声中的各种"加油"在冬日里冒着热气，而父母们都没有给小娃球场大喊的优越感，手机举起来都躲躲闪闪，生怕招来白眼。小腿细长、清瘦的大爷不擅长中长跑，而学校的比赛没有5000米以上的，他每次都在倒数的那几个身影里。为娘的最不喜欢跑步这个枯燥运动，所以对能坚持到最后的孩子充满了敬佩之心，这份心疼和骄傲在回放录像的时候，总能印在大爷疲惫但是坚定的脚步里。

　　下午赶着去看二爷的篮球赛，到场的时候离比赛结束还剩半小时，八年级是参加社区联赛的最后一季了，比分从18追到46，可二爷一个球还没进，不停地传人，我不停算计着砸的篮球钱多么不值，可想而知这火气多大了。回家要带着他的小伙伴，我还要强装笑脸再忍一路才能骂他。调节自己的时候，看到天上乌云遮日，顺带给和我一起来助威的三爷讲了"祸兮福所倚"，上帝怜悯我这老母亲，这时候一向善解人意的二爷主动提到："妈妈，你没来之前我进了好几个球，不好意思粘球不传人，他们都是我的朋友……"我这才从谷底的心情跳出来。

晚上吃了我这一天的第一顿饭，带大爷去看他屋里贴了好几年海报的"提琴双杰"现场音乐会，他的情绪也是大起大落，从兴奋期待到无聊觉得浪费了时间。唉，他欣赏不了刺眼的特效舞美和强劲的鼓点儿也不怪他，但我还是喜欢摇滚，是我从小太乖从善如流，骨子里却喜欢放荡不羁的缘由吧，更何况应景的《权力的游戏》大提琴主题曲，这是看他们千载难逢的现场表演啊！

开演的时候大爷说这俩人巡演就来硅谷这么一把，谢谢妈妈；出来时他说，"妈妈喜欢就好"。我们堵车，在雨里步行，在长龙里排队入场的焦虑都被长大了的儿子轻描淡写的几句安慰一扫而净。这场音乐会对我来说好值，因为我辛苦带娃顿时逆转成了暖男陪妈妈。

记得1992年在北京友谊宾馆，我站在前排音响旁边，耳朵心脏都好强大，跳了一身的汗还是舍不得曲终人散。悠然自得的刘元、咆哮的崔健、帅气的刘效松，那时候不懂《一块红布》歌词的深刻含义，但是觉得写的就是我们自己，最美的八十年代。崔健过来主动给我签名，印象中他T恤的领子有点儿低，脖子肤色很白，声音温柔亲切。我说朋友在后台已经拿到了他的签名，但他对我说："那就再签一个吧！"现在回忆这个片段，暖男老崔确实值得生女儿的。后来有个俄国的混血搞的"穴位"乐队，排练我也去看过，演出的时候王朔开着红跑车带着原配，还有崔健和外国媳妇，以及北京的边缘人物也都来了，我和外企的同事看着倒成了另类。

忙碌了一天，过山车般的心情随墙上的钟摆趋于平静。孩子们鲜活的样子和回忆里模糊的自己，在冬日夜晚的雨声里交织跳跃……

逗比小分队

幽默有三种，一种是与生俱来浑不自知的，别人笑了他也不笑；另一种是主动创造型，为娱乐他人而献身的，制造笑点让你开心把你逗乐就是他的目的；还有一种是善于发现生活中的美，看啥都觉得妙趣横生的——自娱自乐。

这三种标本被我家三位爷占全了。

小时候大爷学中文，我温故知新说到"长"字是多音字，大爷反应真快："妈妈，如果你生个双胞胎，一个叫 chang2chang2，一个叫 zhang3zhang3？"是，这比马三立的"大毛二毛"省字儿多了！非中文母语的还听不出这包袱呢！

大爷的生日是年底，二爷问哥哥的各个生日礼物都是谁送的，打算也请那些孩子以便他们也给他送礼物。问到大爷的警察鞋，大爷说是圣诞老人送的，然后他怪笑说："你邀请圣诞老人吧！"

二爷四岁多代表幼儿园去参加中文诗朗诵比赛的前一天，爸爸说"你要得第一想要什么爸爸都给"，二爷露出诡秘笑容——"我想吃唐僧肉！"

二爷是高级社交动物，极善察言观色，不仅随时给自己化解危难，也很能自嘲来建立自己的自信。小时候吃饭不听话，自己假装大人骂自己："一天到晚（淘气）！"大了去为朋友凑数跑接力，知道自己最后一名，下来就带着观众为自己鼓掌，很有领袖范儿，让人就记得他好帅啊还这么好玩，忘了他跑得好烂。

上了初中的二爷中文字逐渐忘光了，但是他的口语非常好，在语境中学习的能力超强。要是哪一天帮妈妈拉了垃圾箱到门外，他就会把下巴抬一下，眉毛一扬，替我表扬他自己："太阳从西边出来啦！"

有时候我忙起来一天之内发飙数次，二爷就会学着我的调调和口头禅"怎么回事呀"来假装数落小弟弟，间接提醒我一下。没他的夸张演绎，我都不知道自己沮丧捉急的时候还这么有喜感呢。

三爷两岁多一点开始认字，我有一堆卡片教三爷学中文："么——老墨的么"，呵呵，他变相地告诉我字的音；"偷——robber 的 Ro"，这个中英文对译，还把英文的两个音节拆成汉字的说法回答，我就知道他真认识这个中文字了。

有一次洗澡，爸爸说他后背还是有很多胎毛，他听见问："我发育了吗？"那时候老大八年级，当时我们会说到这些词来谈论青春期的孩子，三爷的小耳朵都立着，都使劲消化了，同时内心肯定盼着自己长大别落下。

三爷是我们家的好奇宝宝，因为好奇心强，对事物的观察思考就多，从小就是十万个为什么，得到答案还不够，他特别会联想，最擅长也是让亲妈自愧弗如的是他能够在不同的场景即兴引用两句歌来和我交流，把学到的歌词用到了极致，没有他我自己都意识不到这些歌词这么有趣。比如有一次路过喜互惠（Safeway）超市，看到摆放的南瓜，我问他要不要照个照片？他就唱起来了："Nah，nah，honey，I'm good.（我挺好的，不需要了，宝贝）"然后扭头上车了。

近两年我给孩子们开始听相声，他们于是知道了于谦、小岳岳。三爷很瘦小，有一天晚饭突然吃了很多，我说："妈妈最喜欢的就是你吃得多，睡得早……"他不假思索地接茬说："还有烫头（于谦的三大优点之一）！"这小东西的脑子真是随时在转，难怪不长个儿呢。

没有孩子的时候，我是万万想不到我会给他们幽默的基因，或许是因为在孩子们面前更加放松，我被他们一致认为是个好玩的妈妈。听一个家长说她女儿回家和妹妹不停地讲秀慧老师怎么有趣，边重复边又表演一遍，闹到很晚才睡觉。艺术团的孩子要是被我接回家，他们也是在车里嘻嘻哈哈，并感叹在别的妈妈车里他们都很安静，而在我的车里可以随意说笑特别欢乐。感谢孩子们让我变成了一个有幽默感的人，让我学会寓教于乐，同时提醒自己在平凡琐碎里放松心态，不把任何一个挑战当成一个了不得的大事。一种幽默地、泰然地面对生活的态度，对孩子会有潜移默化的影响，对他们漫长的人生会有正面的引导和示范。对小孩子来讲，尤其是不太灵活机动甚至有刻板行为的，理解诙谐甚至自嘲，自如泛用，是一个很好的开始。要不要加入我们的逗比小分队？让我们一起把幽默加入到平时修行的各种美德里，把它变成一种境界和本能。

马戏之王

"哪儿有亲亲的片段啊？"小学的小朋友们也爱八卦哈。这周学校就在疯传，二爷会在舞台剧里亲一个女孩儿，演完了还都围过来问咋没看到，不过瘾！

这是小学的第二年戏剧课，老师为了让二爷演音乐剧《阿拉丁》，特意把排练结束时间提前以便二爷不耽误后边的一个校外的合唱团排练。

周五的票提前卖光。好多孩子就坐在地上看。二爷如鱼得水，谢幕疯狂时除了前一晚即兴的"哈林摇"，还加了"月球步"，以及各种大耍，下来好几个妈妈告诉我说那段是她们的最爱；二爷的唱功一流，声音洪亮有底气，大方镇定。小学的男生一般都懵懂，能镇住场子的难找，二爷后边的彼得潘等男主角都是女生扮演的了。

家长教师联合会的几个人结束后还过来说这孩子是小学这些年来最耐人儿的一个；导演也喜欢他，见面和我透露说漂亮姑娘们都喜欢坐二爷旁边，周末她还特地给我写了邮件夸赞二爷出彩儿。总体来讲他给人的印象是个自信负责努力的小男生。一周的密集排练真不容易，二爷周三晚上竟然梦里高唱《崭新的世界》，看来还是有些小压力的。

三爷从小跟着看二哥表演排练，逐渐很多歌都可以背下来了。终于在一个夏天，他也有机会参加《爱乐之城》的主题曲排练。三爷其实从小就胆子小，去公园连个爷爷奶奶都不叫，但是因为跟着妈妈在小学四年的春节晚会中做主持人和表演合唱节目，逐渐锻炼了自信，跟着二哥的艺术团在一起，他更有底气和兴趣，而他的一贯认真作风让老师从一开始的摇头变成了竖大拇指，现在外边疯传"他家还有个老三，可厉害呢"，"你家三爷以后可以走专业路线！"有时候我和他下午放学了自己唱个卡拉OK，因为都是大人的流行歌曲，常被逗趣调侃说"三爷有颗骚动的灵魂"。艺术团在桑拿天的北京参加了一个戏剧节，没有空调，而他们的《马戏之王》服装还是驯兽服似的很厚的袍子，从排练演出到颁奖很多个小时，三爷说他的汗一直流，但是他一点儿也不抱怨，回美国这个剧告一段落后，三爷一直恋恋不舍在一起吃苦欢笑的哥哥姐姐们。

若说台上三分钟台下十年功，大爷是最好的印证。我不是一个推妈，自然也没给孩子报名过任何竞赛，但是大爷个性好强，钢琴老师问他高中考个十级如何，大爷欣然接受了。他是慢热型，从初中开始乐理开始吃力，当时老师讲得都快哭了。但是一旦开窍，老师说："我这么多学生，几乎找不到每次来做的乐理作业找不到错误的。"很多男孩子钢琴中途放弃，也有被逼着考级但是没过的，但是大爷在长跑和拉大提琴的同时把钢琴考进了州际荣誉奖，要知道他在家练习的时候，枯燥的声音把听的人都搞烦了。有一天猪队友甚至和我央求："你能告诉他，我在家的时候别弹了吗？"每周校外乐队的排练，都在一个周中的晚上，我经常是带着吃的，把大爷从田径场接了，他在车上换下运动装吃晚饭，某一天我太忙的话，带的饭可能不太可口，大爷也不抱怨，还一个劲儿地谢谢我，因为他看见路的相反方向，车堵得一塌糊涂，妈妈一个人开回家走不了共享车道（一车多人的快捷道），真的是很辛苦。

从三爷的《这就是我》气势磅礴的马戏之王，到二爷《Beat It》劲歌炫舞的亚裔版迈克尔·杰克逊，到大爷随乐队在纽约卡耐基礼堂的美妙柴科夫斯基；从大爷在的交响乐团开场硅谷华人最大型的国庆晚会"中国之夜"，到二爷《中国话 / 生僻字》的嘻哈说唱串烧，再到三爷为了武汉抗疫加油的公益录制《今夜你可曾感到爱》，每个角色都散发着光芒，都渗透着孩子们为社区服务、为残疾儿童献爱心的公益之心，也饱含着他们一丝不苟追求完美艺术的辛苦，看着孩子们收获的自信和友情，做母亲的再累都愿意接送，一遍一遍看他们的照片录像也是对他们每一个小小里程碑的温馨回味。养孩子也是看一个个像自己的小人儿在不同的场景道具里洋洋洒洒，恣意重放那回不去的童年时光。才华和故事、追求和激情成就了生活，而生活比戏剧更精彩，大舞台的每个细节让我自己仿佛又做了一遍孩子，重新有机会仔细地体味童年本身就是再精彩不过的了。

做好孩子不需要监督

没孩子的时候听一个家长说美国学校没有德育，都是家长自己管孩子，因为各种宗教派别什么的，学校不好让孩子必须具备什么美德，怕有冲突。现在看来这个说法太可笑了，美国家长们几乎对刚刚懂事的孩子就要求他们分享，要有礼貌，有好习惯，等等，轮流等待、分享、不插队等都是每天挂在嘴上重复多遍的，因为这些品德在三岁入学时都要具备，否则很难生存的。

最早我是观察大爷一年级的教室发现他们墙上贴着的要求，回家我们也制定了相应的规矩。那天爸爸嫌孩子们的东西杂乱要给扔垃圾箱，

后来二爷看见爸爸的东西也没放好，可又不敢威胁说给扔垃圾箱，就说"待人如待己"。我说怎么说得这么恰到好处呢，他说学校里学的。

三爷所上的学校经常奖励孩子们没有老师督促的时候，你做过什么好事。三爷总是得到很多小纸条，记录着他把地上的垃圾捡起来了，帮同学收拾课桌了等等很小的好行为。孩子们做好事不留名，对小事养成负责的习惯，发自内心而没有功利的目的。

另外小学还给孩子们每周强化一个美德，有的学校则是每个月评选出几个"好公民"，下边这些词是个概括，我没有记全，大爷二爷学的很多长音节的单词就是这里的：

confidence, determination, excellence, enthusiasm, forgiveness, perseverance, joyfulness, compassion, loyalty, cleanliness, courage, love, justice, reliability, honesty, appreciation, truthfulness, peacefulness，self-discipline，tolerance，leadership，cooperation，respectfulness.（信心，决心，卓越，热情，宽恕，恒心，快乐，同情，忠诚，整洁，勇敢，爱心，正义，可靠，诚实，感恩，真诚，和平，自律，包容，领袖才能，合作，尊重）。

比如最后一个词，他们先要明白什么意思，然后能够拿它造句，同时知道词根后缀，形容词名词，并且日常生活中能执行这个词义，我的任务就算完成了。他们有时候不仅告诉对方要表示你的尊敬，讥笑别人就是对人不尊重，还会给长者写信落款"respectfully（致敬）"。二爷二年级的最后一个作业就是写给老师的一封信，正好可以用到这个词。

二爷本身就是个很甜心不多事、有爱有同理心的孩子，他后来参加的一个演唱组合，一个男生唱得可能不够好，没有被分配到独唱，二爷很友善地把自己唱的部分给出去了两句，把关爱看得高过荣誉，我真心为他骄傲。二爷因为各方面很突出，口才又好又一堆朋友，总是能得到"领袖才能"的好公民称号。

说到美德，不得不提到大爷的屡败屡战，持之以恒，这不是每个孩子都做得到的，这方面，他是俩弟弟的好榜样！记得他高一参加了学校的越野跑校队以后，开始对跑步很投入，在放假的时候也没有放弃过。我已经无数次收到邻里的短信，说"又看见你家老大了……好帅啊……好励志啊……这么热的天还在跑啊……我刚才又追星了……这个照片是你家大爷吧"，等等。五月爸爸给报名参加圣何塞摇滚马拉松，那是大爷的第一个半马，他自己设定跑进1小时45分，然后就心想事成了。看着容易，但估计对我这样缺乏恒心韧劲的人永远也得不到呢。接下来的酷暑90多度的天气，大爷依旧是每天穿上跑鞋出门的，但是高二的第一个邀请赛，亲妈开车单程70迈送到东湾，烈日下我等了半天不见大爷过来，原来他鼻子竟然流血了，终于出现的时候他鼻子嘴巴背心上都是血，心疼得我啊！这种时候真不知道怎么安慰他：让孩子看长远一些，别在乎成绩，天总有不测风云……自己都觉得没啥说服力。他后来回忆说一暑假都希望自己能提高速度；即便那天太干燥了也不至于跑步的时候流血啊，他说他几乎晕倒了，非常地遗憾……大爷小的时候我是没想到他长大了跑步的，初中鼓励他报名校队也是因为别的要选拔，跑步只要你来了就可以参与。锻炼身体，修行品格，代表学校比赛也是个荣誉呗。现在他却一发不可收拾了，跑得不算快，但是坚持下来就是胜利！往回看，为娘的都觉得不可思议：俺家的这个小阿甘还会打个篮球拉个大提琴呢！所以但愿大爷自己长大了以后，能够把这些不断地失败不断地再进取视为宝贵的财富，带着这股执着和韧劲儿勇往直前。姑娘们看颜值的同时也要学会欣赏"精神的魅力"啊！

时间好快，一转眼大爷奔一米九，二爷也长到了一米八。前几天他们把小弟弟的袜子套自己脚上大耍，一下子让我觉得那些说看金庸有速度感的懂个啥，养孩子那才叫一个"哗哗"的呢。恍如隔世说的都和成长有关吧。

欢笑、遗憾、感恩、伤感，日子在点点滴滴中继续，展望未来，不敢夸口孩子们会成为一个多么了不起的社会栋梁，但我希望他们在生活里能给周围的人留下负责任、有爱心、积极乐观、风趣亲和的印象，做一个不给别人制造麻烦或带来伤害，但一定为他人带来益处对自己问心无愧的人。

原来很羡慕那些走在妈妈身边高出不少的英俊青少年，现在我开始对和妈妈牵手的小甜心们更多眇一眼。瞧瞧，貌似我在摩拳擦掌，为十年后当个好奶奶做好准备呢。

每个孩子都是独特的。要敢于放手让他们去追寻属于自己的梦想。成长过程中的每一段经历都是值得的，是所有这些经历给了他们飞向远方的翅膀。

瑞茜在美国出生长大，毕业于全球著名的商学院——纽约大学商学院，目前在纽约银行业做公司信用分析。

滑冰伴随了瑞茜的整个成长阶段。她六岁第一次进滑冰场，八岁开始系统的花样滑冰训练，九岁拿到第一个全美少年队级别的铜牌，十二岁获得了第一个全美新秀队级别的冠军，十三岁再次荣获全美新秀级别的冠军，并且和队友们一起创造了美国花样滑冰新秀级别的得分纪录（这个纪录一直保留至今），十五岁获得全美青年队冠军，并入选美国青年队，连续三年代表美国参加国际比赛，十六岁获得普莱西德湖（Lake Placid）国际冰舞比赛的铜牌，十七岁在莫扎特杯国际花样滑冰比赛中获得银牌。

让孩子去追寻属于他们的梦想

/ 赵洪娟

"半途而废"的课外活动

父母对孩子总是寄予了很多的期望。在瑞茜还很小的时候，我们就开始给她报各种才艺班了。瑞茜三岁时我们给她报了第一个跳舞班，三岁半开始了钢琴的学习。到五岁上学以后，更是给她增加了中文、画画、陶艺、体操、游泳和各种球类课。一开始瑞茜对所有的课程都感兴趣，每项活动都想参加。但是随着时间的推移，怎样把这些活动坚持下去成了我们的难题。

瑞茜三岁半的时候，几个比她大一两岁的小伙伴都开始学习钢琴了。她看别人弹琴也想学，我们就找了一位钢琴老师来教她。上课时，她学的兴趣很大，但回家练琴却成了大问题。不知道是年龄太小还是性格使然，她在琴凳上根本坐不住。刚开始老师要求每天练琴二十分钟，她就只能练五分钟，而且每次都要连哄带骗才能完成。时间长了，催的次数多了，孩子渐渐地失去了兴趣，我们也没有了耐心。终于有一天，当我们再次要求她练琴时，她开始了反抗，坐在那里，眼里噙满了泪水，无论我们怎样劝说，放在琴键上的小手就是不肯弹下去。我和先生都没想到这么小的孩子会有这么激烈的反应，害怕这样下去会影响她的身心成长，经过慎重考虑，决定"先不学了"。所以瑞茜五岁，在很多孩子还没有开始学钢琴的年龄，就放弃了钢琴的学习。

画画是瑞茜喜欢的。她小时候不是一个坐得住的孩子，但如果是画画，她就可以安安静静地作画直到完成。上小学时，她最喜欢的是需要画插图的作业。经常是画插图的时间远远大于完成主体作业的时间。每当这个时候我就会和她开玩笑说："你这是美术课作业吧？！"我们从瑞茜五岁开始送她去画画班，每周一次课，不紧不慢地坚持学了四年。有一天她突然间宣布："我不去画画班了！我喜欢的是在我想画的时候，画我想画的东西。画画班教的不是我想要的。"有了钢琴课的前车之鉴，我们知道强求没有意义，就遂了她的愿，停了画画课。

游泳是瑞茜尝试过的另一项课外活动。在我们眼里游泳是一项运动，更是一种生存技能。从一开始上游泳课我们就同瑞茜定好了要求：要完成红十字会游泳学习的所有级别。游泳伴随了瑞茜的整个小学阶段，她通过了所有红十字会的分级考试，拿到了救生员证书，还参加了一年的游泳队的比赛，但是在小学毕业的那一年，她认为自己在游泳上没有天赋，决定不再继续了。

看着这些课外活动被一个个放弃，我们越来越担心。她会不会变成一个遇到一点困难就选择放弃的孩子？是不是应该要求她再坚持一下？怎样才能把她培养成一个有始有终的人？后来瑞茜在她所热爱的滑冰运动上表现出的毅力和执着，让我们明白孩子放弃是因为她还不够喜爱。对真心喜欢的活动她会努力坚持，并且爆发出巨大的潜力。

追逐内心的滑冰梦

在瑞茜众多的课外活动中，滑冰是唯一一个完全由她自选开始的项目。在瑞茜上小学一年级的时候，有一次我们去操场上玩儿，看到滑冰场外面停了很多车。她说："妈妈，这么多人，一定很好玩儿。咱们也进去看看吧。"当时是海顿（Hayden）滑冰俱乐部一年一度庆祝圣诞节的滑冰表演。瑞茜被那天的表演深深吸引。近两个小时，她从头到尾一句话不说，看得非常入神。表演结束，大家都离席了，她还意犹未尽地坐在那儿。我提醒她该回家时，她扬起小脸请求道："妈妈，我要学滑冰，将来加入花样滑冰队！"我说："好呀！那咱们先去注册滑冰课。"我带她去冰场前台报名，却发现滑冰课都安排在工作日的下午，我们根本无法接送。我为难地对她说："爸爸妈妈要上班，不能送你上课，咱们明年再学吧。"她的眼泪刷的一下子掉了下来。前台的老师看到这个情景连忙安慰她："你可以上海顿的课后班，课后班的老师会送你来上滑冰课的。我就在海顿的课后班呢！"瑞茜立刻破涕为笑，就这样开始了她的滑冰生涯。

瑞茜在滑冰课上进步得很快。二年级结束的时候她已经完成了所有滑冰基础课的学习，参加了初级滑冰队的选拔，正式成为花样滑冰队的一员，开始正规的团队训练。

训练的第二年，刚刚九岁的瑞茜入选了少年队，站在十二三岁的队友身边，比别人矮了一个头。可是瑞茜从未因为年龄小放松对自己的要求。每个动作她都认真练习，还要做到更快更强才能和高大的队友站在同一条线上。瑞茜在少年队两年，和队友们一起荣获了两次全美冠军赛的铜牌。

后来因为妹妹的出生，我们不得不要瑞茜暂停一年的花样滑冰的训练。没有了团队，没有了正规的训练，瑞茜独自坚持着自己的滑冰练习来提高个人技巧。在第二年春季的选拔中，瑞茜考入了更高级别的新秀队。由于没有预料到她会入选新秀队，我们安排了暑期回国度假。度假的时间和团队夏季训练的时间完全冲突。滑冰队规定不参加夏季训练就只能作为替补队员，也意味着很可能没有任何比赛机会。我们考虑劝瑞茜再等一年，她却倔强地说："我要成为这支全美最优秀的新秀的一员。我享受和队友们一起训练一起提高的过程。就算做替补队员，就算一次比赛都不能参加，我也要加入这个团队。我相信只要我努力，我就可以成为最好的。"我们被瑞茜的这份决心感动了，决定支持她继续追求她的滑冰梦。

花样滑冰需要个人技巧，又要求团队的整齐和配合，训练是非常严格和艰苦的。而且由于是团队项目，训练的时间和场地没有任何的灵活性。瑞茜在新秀队的训练是一周三次，由于冰场比较远（单程近一个小时车程），每周花在滑冰上的时间近二十个小时。到了青年队，训练更是增加到了每周四次，训练和路上的时间加在一起每周会超过三十个小时。同时，作为美国国家队，每个赛季还有至少两次国际比赛和两次大型的国内比赛。高强度的训练加上比赛造成的缺课，开始影响瑞茜在学校的学习。

美国高中的课程是分级的，好学生会选高级别的甚至是大学的课程，课程的难度可想而知。高中成绩除了期中期末考试，还包括了平时的作业和小测验成绩。所以高中生们想要取得好成绩，只是考试成绩好还不够，平时的测验作业也要争取满分。因而瑞茜每次比赛请假所缺的课程、作业、考试是必须补上的。所以每次比赛回来，孩子的课业量都会加倍，晚上经常要学习到凌晨一两点。

高强度的比赛训练加上繁重的学业，对孩子们是严峻的考验。最紧张的时候瑞茜每天只能睡三四个小时。作为家长，我们看着十分心疼。既担心她的身体也忧心她的学业，几次和她商量是不是应该放弃滑冰，每一次她都非常坚定，说这是她最热爱的运动，从中收获了很多，她可以安排好滑冰和学习的。

十年级是瑞茜入选美国青年队的第一年，也是她第一次选修大学课程（AP）。随着训练比赛越来越紧张，她可以花在学习上的时间越来越少。第一学期，她的大学选修课，AP生物得了一个"B"。第二学期比赛更多，落的课也会更多。我不知道如何是好，怀着忐忑的心情去找她的任课老师。这是一位和蔼的老先生，见到我第一句话是："你一定很为你的女儿感到骄傲，她是我近三十年教学中最好的学生之一。"我有些懵了，疑心老先生是不是把我和另一位好学生的家长搞错了。我轻声说："我是瑞茜的妈妈，她上个学期的生物是B。"老先生笑着说："我知道，瑞茜参加比赛耽误了一些课，而且没有时间做考试前的准备。但是她在课堂上优秀的表现、清晰的解题思路和出色的概括能力，都让我印象深刻。"我还是有些不放心地问："要不要买一些参考书，或者请一个家教帮助她提高考试成绩？"老先生认真地说："AP生物是大学课程，概念很多，没有长时间的学习是拿不到A的。我不认为瑞茜现在有那么多的时间，更不认同为了得A去另外学习。瑞茜已经证明了她的学习能力，这远比得A更重要。"

老师对瑞茜的肯定和信任还是触动了我。我们开始试着把注意力从考试成绩上移开，更多地关注她的努力和成长。看她对每一次作业的一丝不苟；在赛场上的镇定自信；在媒体面前的落落大方；把计划安排到分钟的时间管理能力……

和瑞茜一起分享胜利的喜悦、失败的沮丧，感受她和队友间的相互支持鼓励，我们渐渐地理解了她对这项运动的热爱，也看到了这项运动带给她的快乐和成长。高中毕业，瑞茜被著名的纽约大学商学院提前录取。在大学期间，她依然继续着她所热爱的滑冰运动，积极参加大学的滑冰俱乐部，在大学联盟的比赛中屡获佳绩。今年瑞茜和队友们通力合作，为纽约大学滑冰队赢得了第一次参加全美大学生滑冰比赛的资格。

职场铺垫——大学期间的实习

滑冰中取得的成绩给了瑞茜更多的自信和心理承受能力；多年的训练也培养了她团队合作和勇于承担责任的精神。这些为她走向社会进入职场打下了坚实基础。在大学期间，瑞茜利用每个暑期打工或者做实习，为进入职场做准备。

瑞茜大一的暑假是在唐恩都乐打工。刚开始每天朝九晚五，简单又规律。有一天她突然告诉我说："妈妈，下个星期我要早上4点起床，5点上班。""为什么？"我问道。"我们店的经理有事情，不能上早班，我就主动替他了。"她漫不经心地回答。"你可不是一个习惯早起的人，能行吗？"她说："没问题，我会打三个闹钟的。"我又问："会不会太辛苦？"瑞茜爽快地答道："没什么，我很高兴能帮到大家。"第二天早上我听见她轻轻地起床，开车去上班。忽然觉得孩子真的长大了，开始承担责任和为他人着想了。

　　大二的暑假，瑞茜做了第一个和专业相关的实习。那是一家成立不久的生物科技公司。当时公司在做新一轮的融资。瑞茜作为商务拓展的实习生有机会和公司的高层一起参加许多项目的讨论和融资会议。虽然她的工作只是整理资料和做会议记录，她还是主动对投资方的投资方向、资金大小以及地域性特点等做了全面的背景调查，并且分析总结她的调查结果向管理层递交了一份详尽的报告。公司根据她的报告调整了策略，顺利完成了这一轮融资。管理层对她在实习期间表现出的工作能力和专业度给予了很高的评价。

　　大三，瑞茜拿到了辉瑞和道明银行两家大公司的实习机会。她最终选择了更接近她所学的金融专业的银行业实习。学习了更多的专业知识，又有前一年的经验，瑞茜这一次的实习做得轻松自如。到实习快结束的时候，有一天她给我打电话："妈妈，我拿到道明银行的正式工作聘书了！今天部门经理找我谈话，说我是第一个也是到目前为止唯一的一个在实习期间独立完成信用分析工作的实习生。他希望我明年毕业能够加入他们的团队。""祝贺你呀，我的宝贝！"我由衷地为她高兴。

　　真的不敢相信我们的女儿，当年那个倔强的小姑娘，已经长大成人，就要进入职场了。

女儿眼里的滑冰和课外活动

　　我们问过瑞茜为什么会选择花样滑冰这项运动，她说："这是一项很美的运动，把音乐、舞蹈和艺术表现完美地结合在一起；也是一项非常具有挑战性的运动，需要速度、力量、技巧和配合，我喜欢美美地迎接挑战。""在比赛和训练最艰苦的时候，你想过放弃吗？""人生是一场经历，我能够幸运地经历别人可能一辈子都无法经历的事情，付出更多是应该。**我很享受为自己热爱的事情去努力奋斗，然后取得成绩的过程。这项运动带给我的记忆、快乐和成就感是无法替代的。**"

怎么看那些被放弃的课外活动？瑞茜说："也许在大人眼里没有出成绩就是半途而废，但我学过的所有东西对我都是有意义的，它们和滑冰一起塑造了现在的我。我很高兴小时候学过那么多东西，也非常感谢你和爸爸能够支持我的选择，而不是要求我去完成你们的愿望。"

如果让我重来一次，我会放弃工作，自己在家带孩子。工作可以再找，可是孩子的成长经历不可以改写。

儿子出生于1997年，属牛，我们叫他牛牛。10个月到两岁间，迫于生计，我们把孩子送到了老家，由于无法言表的苦衷，让孩子内心缺失了安全感，每周上演着与妈妈分离的折磨，使孩子产生了焦虑感。两岁之后，经过各种努力，孩子逐渐发生改变，在成长中经历了苦辣酸甜。如今，1.96米的他，阳光，帅气，质朴，在加拿大学习，不但自己能照顾好自己的生活，还会包饺子。

痛
——婴幼儿时期母爱的缺失让我后悔一辈子

/ 周淑梅

两岁前对孩子心灵的关爱影响一辈子

别人谈育儿，都是经验，我能说的，恐怕是教训，既无奈又隐隐作痛，这是我一直愧对儿子的。

儿子一出生，就是个小美男子，50厘米长，8斤重，五官端正，头发黝黑。在我们那个时代，8斤重绝对是大孩子，当然也没少折腾妈妈。我头一天晚上11点就开始有要生的迹象，孩子爸爸到大道边等了一个多小时才打到车，扔下我一个人蹲在厕所里，那时我们连坐便器都没有啊。后来折腾到医院大概是凌晨两三点左右，我把苦胆水都吐出来了。中间的疼痛我无法形容，但我一直记着护士长的一句话，尽量自然生否则对孩子不好。为了孩子，我忍受着无法忍受的痛苦，直到第二天下午6点，我们终于迎来了健康可爱的宝贝。

没妈的孩子像根草，有妈的孩子像块宝，月子里的我深切体会到了这一点。月子结束第二天，我们夫妻俩就自己带儿子，直到儿子五个月，我不得不上班。这四个月虽然辛苦，可全是欢笑，看着我的小帅哥一天天茁壮成长，做妈妈的觉得一切的付出都是值得的。儿子越长越好看，我每天用在大学时学英语用的录放机给他放放音乐，晚上准时打开电视听听新闻联播；过了一段时间，新闻联播的音乐一想起，他马上把小脑袋转向电视。给他换尿布时，我给他抻抻腿，摸摸他稚嫩的小屁屁，他乐得咯咯笑。他不睡觉时，我托着他的两只小手，轻轻地舒展着，和他唠家常，他像听懂了似的，咿咿呀呀地回应我。儿子可能是心疼我，不想使我太累了，他每次想拉臭臭时，都会给我信号，我把他抱坐在我的腿上时，他小屁股会使劲让我感觉到；他躺着时，只要我在他身边，他会使劲让我感觉到。我提前做好准备，就不会把尿布都弄脏了。

可惜这样的好时光太短了，我得上班了。我没有妈妈，自己那时经济条件太紧张，也雇不起保姆照顾孩子。无奈之下，孩子的爷爷奶

奶比较勉强地过来给照顾孩子。五口人蜗居在 40 平的小房子里，生活的不便自不必说。

坚持到孩子断奶，爷爷奶奶执意要回自己家，把孩子带到他们身边照顾。我们非常不舍地把孩子送回去，当时虽然自己没有车，但每到周五下班，我们俩就急匆匆赶到火车站，回去看孩子，风雨不误。那时，只要我一踏进爷爷奶奶家门，孩子就死死地抓住我不放，让我抱着就不下怀，爷爷奶奶如果想去摸一下都不行，小手直往外推，哇哇大叫，见到阶级敌人也不至于这样。孩子的表现，并没有引起我们足够的重视，只觉得小孩子恋妈妈是再正常不过的事了。逐渐地，我发现，孩子在家的好多举动不被理解，甚至孩子好奇地翻翻抽屉都会被训斥，而且训斥的话很难听，连我也一起被骂到。最痛苦的是每个周一的早晨，因为周一一早，我俩要坐早晨 5 点的火车返回大连去上班，可是孩子逐渐摸清这个规律了，每到周一，他就会凌晨 3 点起来不睡觉，缠着我陪他玩。每次与他告别对我们都是苦痛折磨，孩子根本就不让走，趴在我的怀里就不下来，奶奶只好强行把孩子拽下来，我含着眼泪扣上门，身后是孩子声嘶力竭地哭喊。这样的日子持续了一年。

日子实在是太压抑了，我的心理已经到了承受极限，就把孩子弄了回来。由于他的年龄还不到去幼儿园，只好找了一位阿姨过来帮忙。头三天，孩子严重抗拒，白天在家不吃饭不喝水，只有晚上我们回去阿姨离开，他才肯吃饭喝水。但过了三天，孩子开开心心的，甚至叫阿姨为妈妈，这半年，孩子很快乐，我也没有忧虑和压抑。可是，我们逐渐发现孩子不断地有小毛病。

孩子两岁半的时候，我送他去幼儿园，又一次战役开始了。送幼儿园太困难了，他是整个幼儿园里哭闹到最后一个的，每天送孩子，都像噩梦一般，我只能让老师强行把他拉到幼儿园里，而我头也不回咬牙跑开。过了一个星期左右，送幼儿园时，孩子虽然不哭闹了，但他只跟一个老师，整天与这位老师形影不离，连老师上厕所，他都要跟着。和小朋友一起上课时，只要看到那个老师动了，他就立马站起来跟在老师身边，老师到外面办事都得领着他。孩子跟了老师有一个多月，伴随着有咬手、拆毛巾被的线等小毛病。

孩子的这些毛病引起了我们的担忧，我们只以为是缺乏微量元素，就带着孩子去各个医院检查，可是也没有查到有明显的问题。大夫说，可能长长就好了。

2003 年，我要被派到美国学习十个月，这时孩子马上幼儿园大班毕业了，由于他年龄还达不到上学要求，加上担心孩子爸爸一个人在家照顾太小的孩子上学会比较困难，我们也就没有找关系硬安排孩子上学，这一年就让他在幼儿园再待一年。本以为孩子已经非常熟悉幼儿园的生活，这一年不会有什么问题，但孩子爸爸去送时，孩子死活不去，就像他第一次去幼儿园一样。家里找了一位钟点工阿姨来帮着接孩子再做一顿晚饭，倔强的孩子拒绝吃阿姨做的饭，把自己关在屋子里不出来。远在美国的我，心急如焚却无可奈何，只能每天都和儿子通话鼓励他，安慰他。担心孩子的我，那段时间每天以泪洗面。

孩子身上的一些小毛病并没有随着孩子逐渐长大以及上学了而有所好转，我们带着孩子四处求医，到北京儿童医院找专家，做了各项检查，也没有说出什么原因。直到孩子上初中时，我们接触了一位心理健康专家，那次和我们全家一起吃饭时，专家问起孩子小时候的经历。在听完我们的讲述后，专家告诉我们，孩子小时候离开我们那一年，由于孩子所处的环境及所面对的人没有给孩子足够的安全感，使孩子产生了心理焦虑。当时只要我一回去，孩子就寸步不离地看着我，

我们就应该……
由于我们的无知，让孩子这一年在焦虑惶恐中度过，那幼小的心灵在每次妈妈离开后是多么的无助，以至于对孩子后来的成长都产生了严重的影响。

虽然我们在心理专家的指导下，给孩子进行了心理干预训练，如今儿子也是二十多岁的大小伙子了，他英俊阳光，淳朴善良，在国外自己一个人也能照顾自己，甚至还会给自己包饺子，但成长过程中的磕磕碰碰一直让我难以释怀，孩子身上本不该有的一些问题使我觉得对不起孩子。如果没有小时候那一年的焦虑不安，也许孩子的成长轨迹就完全不一样了，这恐怕是我这辈子最大的痛。

如果让我重来一次，我会放弃工作，自己在家带孩子。工作是可以再找的，可是孩子的成长经历却无法改写。

兴趣与爱好

儿子上学以后，我要求他每天记日记。我是大学期间才养成记日记的习惯，之前苦于各方面原因甚至因为没钱额外买本子才没记日记，我自认为自身的成长学习点滴没有记录下来是个遗憾，所以，希望儿子能把自己的成长经历记录下来，将来再回看时，也是一件美好的事情。可是儿子不愿意写，初期我连哄带骗，他好歹每天坚持写那么一两句，遇到不会的字就以拼音代替。日记的内容现在回过头看看虽然质朴得不能再质朴了，但也很有意思，我想儿子自己再翻看，肯定会笑出声的。随着他要表达的意思比较多了，他借口说都用拼音代替很没劲，他就不想写了。我觉得有一个好习惯要坚持下来，不能半途而废，就妥协了一步，和他商量由他口述我来记录，然后他自己签个名。从此，他的日记就变成一段了，而不仅仅是一两句话，不但有在学校学习的具体事情，还有自己的感受；外出游玩回来后，我们也及时把游玩的经历和他的体会都记录下来。可惜，没坚持下来，他死活不干了。这两天在家里翻他小时候的日记，越看越有意思，没有坚定地鼓励他继续写下去，真是可惜了。

我儿子说，我们对他是半散养半圈养。在大多数家长都希望自己的孩子能有一技之长而对课外特长班趋之若鹜时，我们倒没逼迫孩子非要上个什么班。但他自己提出要上电子琴课，于是我们给他买了电子琴，也在青少年宫给他报了电子琴的班。课程学起来倒也轻松，孩子每周去一次课，也乐得屁颠屁颠的。一段时间下来，学得还真可以，由于我和孩子爸爸对音乐是一窍不通，课后我们就根本谈不上对他辅导，也只能算是听众，欣赏一下孩子的演奏，有时我们还和着音乐唱上几句，一家三口其乐融融。可惜孩子正在兴头上，赶上了非典，被迫停课，这一停，他的兴趣没了，再复课时，怎么动员，孩子都不去上课了，电子琴班也就这样夭折了，给他买的大电子琴，现在还在家里放着。扔了可惜，送人也没人要，我告诉儿子，这台电子琴就保存着，等我退休了，我接着弹。

儿子还有一个阶段性的爱好，围棋，硬逼着我们给他报了围棋班，那段时间他还真是专心致志，每次课后，自己都捧着老师推荐的书，一步步演练，进步也很快。两年下来，他考了围棋3级。每一次去比赛，我们从外面看到他在里面屏气凝神。碰到弱的对手，他会气定神闲；棋逢对手时看他那举棋不定的样子，搞得我们也跟着紧张。哪一场很顺利地出来，就见他蹦蹦跳跳，那棋盘就写在他脸上。有一场溃不成军，孩子哭得好可怜。我们安慰他胜固欣然，败亦可喜。到他完成了3级比赛后，他告诉我们他没有这方面的天赋，也没有什么潜能了，他要"退役"了，任凭我们怎么动员，就是不学了。想想"战罢两奁分白黑，一枰何处有亏成"，我们也没再强迫他去。

奔驰吉普车的承诺

儿子上的是我们政府机关的幼儿园，幼儿园就在政府后面，孩子每天上下班就跟着我坐班车。

有一天，儿子突然大声地问我："妈妈！你会死吗？"

"将来有一天，妈妈会死的，每个人都会死去。但每个人身体状况不同，能活多大岁数也不一定的。"

听到这，儿子哇的一声大哭起来，泪水瞬间花花地流下来。班车上在睡觉的叔叔阿姨们被孩子的哭声闹得一脸懵懂，就在大人们还在好奇孩子为什么会问这句话时，儿子又来了一句："可是，妈妈，你不能死啊，我要找六个媳妇！"

孩子这一句话，引起班车上叔叔阿姨们哄堂大笑。

"小周，你努力奋斗吧，准备房子吧！"

"这小子，真牛，干脆娶一打吧！"大人们七嘴八舌。

没想到，儿子又来了一句："妈妈，你一定不能早死，我要生一窝孩子，你得给我看孩子！"这下子班车上的叔叔阿姨们笑得前仰后合。估计是孩子看动画片看的，才会有一窝孩子的说法。

看看儿子那一脸严肃认真还带有忧伤的样子，我也忍不住笑起来。

"儿子，妈妈是要照顾好自己的身体啊，看着你长大、上大学、结婚生子，那是妈妈的福分啊。"

我想逗逗他："可是，养这么多孩子，妈妈一个人怎么照顾啊？"

"妈妈，我将来给你买个奔驰大吉普，你就拉着他们去逛公园。"

"那你干什么呀？"

"我去美国挣钱给你们花啊！"

"好啊，咱们拉钩啊，妈妈将来就等着坐你给买的奔驰大吉普啊！"

班车上的大人们笑得不行了，这小家伙，脑袋里装了多少内容啊，真不知从哪学的这些想法。

孩子其他的话他自己以后没再提，但奔驰大吉普后来孩子又提过，到孩子懂事上学后，我们就把这作为他对我们的承诺。孩子去加拿大读大学后，在那边要买车，我们夫妻俩过去和他一起看车，儿子搂着我："妈妈，等我毕业了，我给你买辆奔驰大吉普啊。"

打个飞机去上海吃烤乳鸽

我们带儿子出去旅游，最早是在他四岁的时候。那次，我们带他去杭州和上海。到杭州西湖，孩子反应比较平淡，可能是看过了大海的孩子，对水没有什么特殊的感觉吧。在上海，我们带他去看了东方明珠，上海的同学请我们吃了地道的上海菜。三天的旅游，孩子没有我们想象的那样兴奋，本以为第一次坐飞机、第一次离开家到了一个大城市、到了江南，孩子起码应该会有所好奇。大概是天气比较热，孩子甚至有点赖赖唧唧的。

从上海回来的第二个星期，幼儿园老师要求孩子们画一幅画，就画一个他们自己最近见过的东西。晚上，孩子把画带回来，我们一看，惊呆了，孩子画了一幅东方明珠，而且是有模有样的。儿子告诉我们，

他画完后，老师还让他给小朋友们讲一讲上海电视塔呢。我们激动地为儿子竖起大拇指。

孩子很平淡地说："妈妈，我们再去吃烤乳鸽吧，我想念烤乳鸽。"

"好啊，等我们下次再去上海时，我们就去吃啊。"

"那明天就去吧！"

"明天可不行啊，太远了。"

"我们打飞机去吧。"

"那宝宝就努力吧，你造个大飞机，我们坐你的大飞机去上海！"

晚上孩子睡着了，我们偷偷地笑着，看来"读万卷书行万里路"是有道理的，虽然孩子看起来很不经意，但在他脑海里还是留下了印象。这之后，我又几次到上海出差，每次回来，在上海机场我都要给孩子买一袋烤乳鸽或鸭翅、鸭蹼。儿子再没有去过上海。前年他去加拿大读书，从上海转机，在机场，我特意叮嘱他，看看有没有烤乳鸽，那是他童年的回忆，可惜，他没有如愿。

小犟驴炝蹶子

孩子十岁时，爸爸单位组织员工带家属去桂林、云南旅游。儿子在他们团里是最小的一位，团员们都说他很帅。这一路上，孩子成了他们的开心果，也是他们的照相"小道具"，每个人都争着与儿子合影，尤其是那些"好色"的阿姨，和儿子又搂又抱的，儿子和每个人照相都笑嘻嘻地，配合他们照了一张又一张。儿子的开心配合，赢得了阿姨们的赞扬。儿子一会儿是大鹏展翅，一会儿是 V 八字的酷帅，一会儿是掬水月在手，好不惬意畅快。

在桂林时，孩子买了几个小磁铁球，说回来和小朋友们打球球玩，从桂林到昆明的飞机，儿子随身带着，机场安检没有禁止。从昆明回大连时，机场安检禁止了，儿子在机场生气炝蹶子了，泼皮一样指责人家安检员，质问人家凭什么别的机场允许，这个机场就不允许了，是不是你们自己要带回去给孩子玩。任凭爸爸怎么做思想工作，孩子就是不依不饶的，给爸爸急得满头大汗，再回到柜台办理托运恐怕时间上也来不及了。在爸爸一再哄劝下，孩子这才刹住了，这一路上眼泪含眼圈的。同团的单位领导对爸爸说："就你给惯的毛病，要是我的儿子，早就一巴掌扇过去了，哪能允许在机场这么闹！"爸爸笑笑没回答。

回来后，爸爸和我说了当时的情况，我和儿子说，必须尊重和敬畏规则，否则，对你自己的生命安全也是有影响的。但这件事，错不完全在孩子，大人们在根上没做好，在桂林买这个玩具的时候，就应该事先了解清楚飞机允不允许随身带，了解清楚了，开始就和孩子说，让孩子自己决定，要么不买，要么托运。桂林机场和昆明机场两个尺度，对孩子也是有影响的。大人的世界里，有很多事稀里糊涂的，但巴掌怎么能随意就扇在孩子脸上呢！孩子并不是一个善恶不分的孩子。

很多时候，孩子已经做得很好，我们要做的是，<u>不要让已经很优秀的孩子觉得自己不够好。</u>

稼祺和稼睦是兄弟，目前和爸爸妈妈一起生活在美国北弗吉尼亚州。哥哥12岁，上初中；弟弟5岁，上学前班。弟弟是哥哥坚持要来的，所以是哥哥的宝。两娃都偏外向，活泼开朗。哥哥比较敏感，富于创造力，不喜欢拘于形式，偏文科，爱读书，好历史，擅写作。弟弟爱笑，爱吃，爱睡，爱学习，做事专注，言出必行，像个小小理工男。家有两宝，我心足矣。

哥俩好

/ 蒋　晏

哥俩好——省钱省力

自打知道二二也是男娃，妈妈在医生诊所遗憾了一秒钟，果断开始憧憬：我就这么一站，身边三个帅哥，高高大大，那场景！全然忘记答应过爸爸，给他生个小情人的许诺。当然，要把吃着奶留着口水分分钟黏着妈的宝宝喂成帅哥，路还挺长。

都说一儿一女凑成一个好字，妈妈自己就是好字的一半，乐的是姥姥姥爷。但是，养两个同性别娃的好处其实多多。先不说衣服用品可以缝缝补补又三年，单就这满地的乐高、积木和车车，妈妈那时候挺个大肚子，得意地瞅着它们：都留着，再玩几年。关键是不用做功课，省太多事了！

哥哥小时候，妈妈曾经花了很多时间，对市场上流行的玩具如数家珍，觉得好的就往家里搬。爸爸每每看到一地下室的玩具，都会皱眉头。说的最多的就是，我小时候就一把手枪玩大的，这委屈的，全不顾妈妈的白眼。家里很少看电视，平板电脑也一直闲置着，哥哥就是这样在一堆玩具中快乐地长大了。哥哥玩玩具很仔细，看过的书也完好如初，只是一盒盒打开的乐高，装好以后转身就拆装成不一样的成品后，又变回找不到家的零件。妈妈留下了所有的乐高盒子，也曾努力过把零件分类物归原盒，后来放弃了。那时候谁又能知道，这些玩具原来是留给弟弟，让弟弟来拆坏的。读哥哥小时候的书，是多么令弟弟骄傲的事。而一箱一箱无家可归的乐高零件，也由弟弟重新变成了房子和车船，乐此不疲。

前两天，弟弟在其中一个大箱子里找到一张乐高小图纸，激动地跑来给妈妈看。妈妈多少有些心动：是时候让弟弟拆几盒自己的乐高了。话说有哥哥的娃，玩起玩具有点三级跳：这大号的美家宝没玩几下，觉得无趣，就直奔乐高，又觉得难，转回来玩了几天乐高得宝。终于快到五岁，开始正式玩起了哥哥的乐高。哥俩经常悄不出声地一起玩着。不用爸爸妈妈陪，这样的娃可以来一打。

说起哥俩的最大好处，莫过于可以住一间房睡上下床了。有了上

下床的诱惑，弟弟在五岁生日的当晚履行承诺成功地搬出了爸爸妈妈的卧室，而哥哥立即成为他睡在上铺的兄弟。自这一天起，弟弟似乎长大了独立了，哥俩的生活起了新的篇章，妈妈也终于可以缓口气。感恩有了哥哥，养育弟弟很省心。

哥俩好——边玩边学

学习，不可能总是快乐的。总有那么些个时候，学

自己不想学却不得不学，想学却学起来很艰难的东西。但是，孩童时代的快乐，大人不要去剥夺，要给予孩子足够的玩耍时间。特别对于小一点的孩子，玩就是学。

弟弟从音乐到体育，到其他各种活动，因为有哥哥铺路，一切都是水到渠成，跟着玩就好。哥哥得意地看到弟弟的进步，弟弟屁颠屁颠地踩着哥哥的脚印，爸爸妈妈则有懒偷懒，皆大欢喜。

弟弟的音乐是和哥哥玩出来的。和哥哥一样，弟弟有自己的木笛、口琴、尤克里里、小提琴。钢琴是哥哥的，但家里的电子琴随口就被妈妈划在了弟弟名下，以示公平。而所有这些，在我家，都是玩具，因为哥俩会主动去玩，和玩车车玩乐高一样自然。有时候哥俩一前一后吹着木笛，楼上楼下地正步走；有时候并排坐在钢琴前认认真真地合奏。小提琴哥哥已经不拉了，弟弟每次自己打开琴盒，拿出琴，装模作样地拉一会儿，又放回去，仔细合上。

哥哥五六岁的时候，和其他家长一样，妈妈也对学不学琴，学什么，什么年纪开始学最合适，试图找寻过答案。那时候，身边已经有朋友认为琴可以不学，坚持下来的太少，收益差，亚裔要重在推体育，要突破咱华裔宅娃书虫的形象，方可立足。在这种影响下，对于学不学琴，大家多少都有些犹豫。

球是要玩的，音乐也要玩。不为考级，不为爬藤，但是妈妈认为音乐教育是幼儿教育中不可或缺的一课，无论如何要坚持到高中，之后由自己决定是否继续。一来没事做做手指操练练脑子总没有坏处，二来学会欣赏音乐生活会多一些色彩。更重要的是，在妈妈内心里，那时候不知道哥哥会不会是独子，如果是，当有一天爸爸妈妈不在的时候，希望音乐对孩子而言可以是一种寄托，一个陪伴。

怎么开始呢？第一位启蒙老师太重要了。私教老师参差不齐，是不是和孩子投缘都需要尝试，找到合适的如中彩一般。而每个音乐学校都有自己一套成熟的教学方法和理念，老师按照教学大纲教，不会有太大的差别。学校提供一个循序渐进、潜移默化的教育环境，孩子能够很好地被启蒙。同时，在一个轻松的氛围里，孩子在唱唱跳跳中和同龄孩子一起接触音乐，培养兴趣。出于这些考虑，哥哥六岁开始去附近的钢琴学校上小班的课，一周一次，一次50分钟。

任课老师是一位很温婉的日本裔女老师，年纪轻轻，深得小朋友们的喜爱。班上有五到六个孩子，用的是自己的教材。一学期下来学的东西有限，但是贵在培养兴趣。哥哥高高兴兴地开始了，学了两年。毕业之后又去家门口的美国老太太那里学了一年，然后经朋友介绍师从现在的钢琴老师，一直坚持下来。

弟弟从娘胎里就听着哥哥追火车般的砸琴声，所以音乐天赋很好。经常有朋友劝妈妈给弟弟找个名师早早培养，可是妈妈仍然选择和哥哥同一位老师，从小班开始。妈妈相信养孩子不急，孩子的路还有很长可以走，孩子自己喜欢自己要的话，什么时候开始都为时不晚。

看过身边太多小朋友学琴非常隆重地早早开始，到三四年级匆匆结束的例子。也看到很多小朋友练个琴全家鸡飞狗跳的。这都不是妈妈希望的。但怎么做，这个度掌握起来也不是太容易。一点不管，孩子弹不好，渐渐就会失去兴趣；管多了，这事就变成家长的事了，孩子到了年纪会反抗会放弃。和其他项目一样，妈妈就在这管与不管之间徘徊了四五年，不忘初心，一切以不伤害兴趣为前提，任由哥哥打着酱油。走得偏了，妈妈提醒一下；停止不动了，爸爸拍拍肩膀拉一把。学多学少不那么重要，兴趣没有了就一切归零。

就这么磨着，一直等哥哥自己上路，而这一天到来的竟比预期的早。其实每次度假回来，不管几点到家，哪怕半夜，爸爸妈妈还在搬东西的时候，哥哥已经自己跑去弹钢琴了。典型的几日不弹手痒痒。那时候妈妈就看在眼里，**知道这弹琴已经渐渐成为了哥哥生活的一部分，好事**。弟弟更甚，会走的时候就会玩一会儿车车，然后努力地爬到琴凳上，弹摸一阵，再回去玩车车。如此往复。再大一点，装模作样地瞎弹瞎唱，要哥哥教。

　　每次去朋友家参加派对，爸爸妈妈正满眼放光含着口水找食的时候，多半会听到隔壁有熟悉的曲子传过来。了解的朋友都知道是哥哥，不熟的朋友会跑过去看看这是谁家的娃。是的，那个对派对食物不是很热心的娃，正充满热情全神贯注地砸着琴键的娃，不用说，肯定是我家哥哥。**哥哥弹的好坏另论，人们听到的是弹奏的激情**。第一次面对朋友们的夸赞和询问，妈妈居然脱口而出的是："嗯，他喜欢。"想想也是。这些赞扬，给了哥哥很大的信心。

　　平日哥哥在家，时不时会跑过去弹一会儿钢琴，拦也拦不住。弹的是自己从网上找来的喜欢的曲子，有流行音乐，也有乐队里学的演奏曲等等。妈妈就随他去了，左右都是个玩。熟悉的曲子也吸引着弟弟。每次哥哥弹奏，弟弟都一声不吭地站一旁看。哥哥一走，弟弟会爬上琴凳，开始摸索，渐渐地，有模有样。哥哥有时候会指点一下，然后两个人一起弹，这是家里最温馨的时刻之一。

　　哥哥现在的钢琴老师是个有理想的人。每年去一个地方，学习当地的音乐，出一张碟片，完美结合了爱好和事业。去年去了云南大理，今年是欧洲各地。每个月的第一个周一在华盛顿一个俱乐部举办音乐会，邀请各路音乐家，有非洲鼓手、日本小提琴家、外地的黑管演奏者，等等。音乐家们周日会从外地赶来，正好给学生们友情客串钢琴大课。平时上课 45 分钟，留一些时间和前后的学生组个小乐队。孩子

们轮流弹琴、打鼓或者演奏贝斯。

哥哥的钢琴课妈妈一直带着弟弟一起去。弟弟四岁多开始，已经跃跃欲试了。老师会让他充当一下小鼓手，配合大孩子的钢琴和贝斯，那是弟弟最兴奋的时候。这半年多以来，弟弟信心大增。有一次在哥哥的乐队演奏会上，妈妈指给弟弟看打鼓的学生们。弟弟脱口而出，我也是一个小鼓手，言语之中颇为自豪。

等弟弟再大一点，妈妈会置办两个大点的玩具——一套架子鼓和一个大贝斯。爸爸在学校时弹吉他唱歌，现在可以改学贝斯，这样爷仨可以组个小乐队一直玩下去。妈妈么，就做观众好了。

哥俩好——地上能跑水里能游

爸爸酷爱运动，玩啥像啥；妈妈只会走路会个蛙泳。两次怀的都是男娃，每次爸妈都暗自寻思着，这次娃随谁。

据爸爸说，在产房里就没看好哥哥，觉得他目光散乱，手无缚鸡之力。很担心孩子长大以后不能成为"文能提笔安天下，武能上马定乾坤"的小哥。真是第一次当爹,也就这点见识,被妈妈鄙视。哥哥是预产期前剖出来的,快8斤,倒不是因为胖,是长。如果等到自己出来,估计能长到9斤。护士打开包好的哥哥时,妈妈以为就这么大,结果护士又拽出两条本来弯曲着的小腿,捋直了,好长的一个宝宝,好神奇。

就这么一个健康、足月、体长的宝宝,被爸爸无来由地担心着。随着娃一天天地长大,爸爸认定哥哥也在一天天地证明自己的体育才能基本上是负的。哥哥试过滑冰、棒球、足球、篮球,的确都不灵,玩玩而已,只有网球能够坚持下来。不灵就不灵,体育上妈妈也很一般,读书时每次都是国家达标线。跳远永远都是1.5米,60分万岁。就一次跳了1.55米,可是当年的达标线提高了,还是60分。所以基因在,就图个锻炼身体好了,又轮不到咱娃去奥运会为国争光。

可是爸爸不这么看:这基因也有我的一半不是,怎么就不发力呢?!别的还好,每次看哥哥踢足球,据说爸爸在旁边随时要中风。在妈妈眼里,哥哥在球场上跑起来比谁都快,就是不爱抢球,那是性格问题。男孩子谨慎一点避免冲撞不是坏事。玩这个足球么,就当去晒晒太阳跑跑步就好了。可是当年作为新生在大学校园里瞎玩的爸爸,曾被校队教练一眼看上,进了校足球队,一踢四年,居然每月还有补助。有这样一个会踢球爱踢球的爸爸,父子俩都不容易过这个关了。

弟弟出来虽然比哥哥轻一点,但是虎头虎脑的,一看就是心诚则灵,爸爸的基因终于发挥作用了。爸爸乐在眉梢,喜上心头。一心等弟弟长大,成为足球小将,圆个梦。弟弟四岁就督促妈妈给报了幼儿足球班。

可惜,我家的事,有其父不一定有其子,但有其兄就有其弟。弟弟真的还不如哥哥呢！哥哥这么大的时候二话没说就参加了足球队，虽然一直在场上玩土；轮到弟弟了，从一开始就说不去，好说歹说到了足球场，看到这么多和自己一样大的小朋友群情激昂地踢着球，弟弟就冷眼旁观着，也不玩活儿。妈妈就这样晒着太阳，等他回心转意。偶尔弟弟也去踢一下，但是一个赛季下来没踢几脚。妈妈一直不明白为什么弟弟不要踢球，他的身体条件足够好，又喜欢运动。之后的赛季不顾爸爸的不甘，妈妈没给报名，暂缓一缓。半年后的一天，弟弟悠悠地说："妈妈，为什么我踢球的时候球不听我的话，不能每次进球门里呢?"原来如此！

　　快五岁的时候，妈妈给弟弟报了来幼儿园开班的足球课。弟弟非常喜欢，好像一直用足球做游戏，深得娃心。妈妈觉得这才是适龄的活动。孩子太小，没有准备好，会有这样那样的压力，说不出来，很难被大人了解。爸爸的梦还是有可能成真，但是要耐心等待两年。

　　转回来说哥哥。当年爸爸痛定思痛，含泪设定了的底线就是"陆地上能跑，水里能游"。经过多年的努力，哥哥游泳还是学会了，顺带着学了网球和滑雪。网球是哥哥的最爱。喜欢的一般就是自己擅长的。而且网球是个人运动，没有和别人的碰撞，没有肢体接触，比较适合哥哥。弟弟虽说五岁了，足球还没有开窍，可是四岁的时候，就拎着哥哥多余的拍子，在哥哥旁边的网球场上，学着哥哥，自己一遍一遍地发球玩。

　　暑假和朋友们去州立公园玩皮划艇。山南道河在雨季之后水位高涨，水流比平时急，哥哥一人划艇的时候被旁边的大树拦住，船翻了。哥哥抓着桨从船底潜了出来，努力游到我们的船上，笑嘻嘻的，有惊无险。这次意外验证了爸爸是对的，体育可以不好，游泳必须学会。弟弟也一样。

哥俩好——相亲相爱

兄弟间好像没有不打架的。弟弟五岁以来，语言力和行动力都飞速增长，不再是以前那个乖乖宝。随之而来的是哥俩的斗嘴斗殴，家里的平静时不时地被打破。这边，"妈妈，哥哥他又学我了！""妈妈，哥哥他亲我了，可是我没让他亲！"那边，"妈妈，弟弟把我的乐高玩坏了！""妈妈，弟弟动了我的电脑。"此起彼伏。但是，再激烈的争吵都会很快平息，孩子们在斗争中成长，妈妈多数时间选择不管。妈妈要管的是，无论发生了什么，哥俩都要学会为对方着想，相亲相爱。

哥哥当年求妈妈生个弟弟给他，爸爸妈妈答应了，是希望有个弟弟或者妹妹陪他，不孤单。哥哥也的确把弟弟当作一个宝，看不得弟弟受委屈。弟弟小的时候，爸爸妈妈担心哥哥因为妈妈的爱被分走而

失落，非常小心地处理哥俩的关系。首先，让哥哥学会承担责任，和爸爸妈妈一起照顾小弟弟，和弟弟有关的决定会征求哥哥的意见；其次，经常夸哥哥懂事，让弟弟向哥哥学习。最后，经常提醒哥俩要分享，无论是食物还是玩具。幸运的是，哥哥真的从来没有把弟弟当作竞争对手。所以每次批评弟弟的时候哥哥一定会挺身

而出，帮弟弟开脱。弟弟也时常想着哥哥。哥俩虽然差了快七岁，却能玩到一起。

因为有了弟弟，哥哥之前的一些毛病好像自愈了。譬如为了示范给弟弟，哥哥开始吃青菜。弟弟吃饭吃不完，爸爸会批评弟弟，这时候哥哥会帮弟弟吃掉。哥哥有一丁点儿肥肉都难以下咽，弟弟爱吃，一上饭桌就会把哥哥盘子里的肥肉主动挑走吃掉。全家外出远足的时候，弟弟走累了，求抱抱，爸爸妈妈通常不理，都是哥哥看不下去先抱起来。哥哥给孩子们开公益网课讲历史的时候，弟弟都会捧场，每节课认认真真地从头听到尾——虽然听的是天书。弟弟无聊的时候，哥哥都会想办法带弟弟玩逗弟弟笑。诸如此类，所以偶尔的争吵变成了点缀。**哥俩彼此需要，彼此依赖。**以后的路两个人仍然是要相互扶持一起走的。

糊里糊涂中孩子来了，充满期望，时时失望；分享
每一次孩子的进步，焦心每一次孩子的选择，陶醉留恋
和俩孩子在一起的时光。

　　转眼老大（航航）大学已毕业，老二（唐唐）大学也二年级了。

　　1998 年德州的夏天，老大力航报到。我们也和天下爸爸妈妈一样，对力航寄予很多厚望，但又没经验，常人说第一个孩子照书养，我们还真常常翻书，真的是和孩子一起成长。现在孩子也顺顺利利工作了，我们时时还得翻书，还有很多第一次。

　　2001 年加州的夏天，老二力唐出生了。小时候非常爱哭，一口气哭几个小时不带停的。从小鬼点子很多，小学老有小插曲，常常力唐放学到家，学校老师的电话也到了，家长会没少开。初中是最好的时期，学习好还特别听话。高中有点一言难尽，很忙，参加各种活动，但还是有很多美好回忆。现在大学二年级，专业还在摇摆中。

普通孩子也快乐

/ 张　晨

改主意了的唐唐

"妈妈，我长大了当厨师。"唐唐（老二小名）放学回来就发公告，一脸自豪。

我们这学校的传统，学前班孩子毕业前，每个孩子会在毕业汇演上扮演他心目中最喜欢的角色——长大后的职业。

"不错，为啥喜欢厨师？"我不动声色地问他，心里有点急，毛孩子这理想太容易实现了，这毕业还需要上小学吗？

"这样我可以吃各种好吃的。"唐唐为自己的选择而得意。

"是不错，我以后不用做饭了。"孩子爸爸是一直坚持让孩子做喜欢的事，我有点落寞但也口头鼓励。

"妈妈，我以后当商店收银员。"两天后，唐唐又改主意了，我心里暗暗高兴，这起码得读小学才能数好钱。

"这个不错，我喜欢钱。"我不知道怎么鼓励他了，人家也是经过考虑改的职业。

"是的，这样我就会有好多钱了。"我恍然大悟，这不正是哥哥当年的理由吗？只是哥哥很快就又改主意了，我没往心里去。好吧，去实现哥哥的理想。

"妈妈，我今天告诉老师我要改魔术师了。"唐唐放学一进门又宣布新决定。我心里想，改了好改了好，越来越有门槛了。

"这个酷，我爱看魔术表演。"我一贯支持。

"妈妈，老师说今天是最后一天可以改职业了，我最后定了当屠夫。"周五唐唐一进门又骄傲地宣布决定。一棍给我打回解放前啊，还不如收银员呢。

"哦，又改了，还能再改吗？"我希望明天改一用脑多点的，我们小时候都是选科学家的。

"不能改了，老师说要准备道具了。"唐唐好像终于松了口气，终于有了满意的职业，轻轻松松去冰箱找吃的了。

我心里蛮有想法的，那么多职业，有科学家，有医生，有律

师……为啥要卖肉呢？但表演当天孩子高高兴兴，老师家长观众给卖肉的掌声一点不比科学家的少。

十二年过去了，对未来的职业唐唐不知变了多少次，就是申请大学时也还在不确定中。希望他像当年骑马那样，信心足足地前行。

自信

航航四岁学游泳，五岁懵懵懂懂地参加了游泳队。他的好朋友 J 也在同一游泳队。入队不久的一个周末，J 就报名参加了比赛，航航因为有别的安排了，再说也觉得他刚参加泳队，水平有待提高，就没有给他报名参加。

J 拿到比赛第四名的奖牌，比赛后的周一训练后教练颁奖，J 在掌声中接过奖牌，骄傲自豪。

"祝贺你 J！"航航上去给朋友一个很真诚的祝贺，"我没去比赛，要是我参加了，你就第五名了。"

我们都愣了，反应过来都大笑。小子哪里来的逻辑？

"是的，薇琪说我再努力一下，就和迈克尔差不多了。"航航一本正经地对大笑的我们说。

恍然大悟，薇琪是航航的私人教练，崇尚典型的美国鼓励式教育。上周航航上课，可能不是那么积极，或者老开小差，教练鼓励他说游得很好，"有赶上迈克尔的可能"。

"当然，好好练，下次比赛你就是第四了。"J 妈妈可是一点不含糊，马上肯定。

J 一脸懵，没明白怎么第四就给了好朋友了。

"如果我第三，你就还是第四"，航航安慰好朋友，比航航小一点的 J 高高兴兴地接受了还是第四的安排，哥俩高高兴兴玩去了。

多年后回头想想，航航他们这一代大都非常自信，这应该来源于在他们成长中来自方方面面的鼓励和肯定。

有钱人

在美国很讲究从小培养孩子的理财习惯，金融出身的我肯定会身体力行的。

航航不花钱，他也没机会花钱，所以平常家里的钢镚都给他，他攒着。十岁那年，他宣布他有121块钱时，我决定带他去开一银行账号。

"妈妈，FDIC（联邦存款保险额）25万美元什么意思？"航航盯着存钱柜台的提示问我。

"就是说你的钱放在银行，如果银行出问题了，没钱了，你的25万存款是有保证的，不会不见了的。"我耐心地用航航能理解的方式去回答他。银行有121美金的航航有点紧张的样子。

"别担心，你离25万美元还有些日子。"安慰一下紧张的小富人是应该的。

"妈妈，美国有多少银行？"走出银行，航航有点忧虑地问我。

"很多啊，这家离家近方便，所以选这家。"我忘了刚刚FDIC的问题了。

"有多少？有十家我就可以存250万美元了。"原来小脑袋还在担心FDIC的事。

"好多好多，具体我现在也不知道，现在还不用担心这个问题。"我有点哭笑不得。

"妈妈，我将来要是钱多得银行都放不下了怎么办？"航航还在继续。

"哦，我太喜欢帮你解决这个问题了，我们钱可以买东西，买房子，买股票，不要都存银行。"我赶紧给小富人理财建议。

航航有点若有所思的样子。

一个月后的某一天下午，我在客厅整理邮件。

"航航，你的银行对账单。"邮件里一份银行信件赫然写着航航大名。

"我的，我的……"航航从二楼飞了下来，很急切地打开信封。

"妈妈，我有一分钱利息！"航航大喊大叫，幸福激动。

"钱放银行是有利息的，存得越多利息越高。"我趁机给他科普一下利息概念。

"妈妈，我要是有 25 万美元在银行，会有多少利息？"好家伙，还没忘记 25 万美元，并且好像也只会存 25 万的样子了。

"还得看利率。"这一分钱学问大了，航航一下午缠着我计算利息，有钱看来事情还不少。

美国有专门给小孩的银行账号，还给点利息，让这些年幼的孩子慢慢有了钱的概念。现在航航大学了，我还真没担心过他会乱花钱。

梦想
/ 吕力唐

　　从我记事起，就被告知只要全力以赴，我可以做成任何事情。很多年来我都是按照这个心理来做事情。但大概到了上高中的时候，突然有了一点顿悟：有些事情尽管我付出了最大的努力，却仍然得不到想要的结果，为什么？只是因为这些事情是我父母要求我做的事情，而不是我自己想做的事情。更糟的是，自己对这些事情常感到很空虚，很无聊。我反省了好久，与自我灵魂对话了好久才意识到这一点。

　　坦白地说，在我顿悟以后，我就不再按照父母的意思做，但我并不遗憾。正好相反，没有跟随父母的期望，并没有使我变成一个失败者。我仍然考上了一个还算理想的大学，**重要的是，我更喜欢现在的自我**。因此与很多家长害怕和担忧的相反，追求自己的梦想是有可能成功的，但必须要付出汗水与努力，才能使梦想变为现实。

　　"超人"曾经说过："梦想拯救我们，梦想点燃我们的激情，梦想让我们化茧为蝶。"他的话提醒我们：是我们的梦想告诉我们生活的目的，塑造我们的自我，回答"我是谁"的问题。

　　作为父母，请记住，虽然可以鼓励和指引孩子走一条安排好的路，但在这条路上他们难免会磕绊，会摔跤。他们必须找到他们自己的路，弄明白他们想要做什么。最终可能会偏离你们的安排，没有成为你们想要他们成为的那种人。

作为孩子，请记住你们的父母总是爱你们的，总是希望你们成为最好的自己，但这并不意味着你必须做所有他们所要求的事情。你要找到自己喜欢做的事情，但要珍惜父母给你们的那些教导，把它用到你的追梦之旅中。

家长的责任是把他们生活的经验教训、知识与智慧传递给孩子，孩子的责任用它们来使自己的梦想变为现实。

我真正需要教给孩子们的不是粒粒皆辛苦的道理，
而是在任何条件下都能生存的本领；不是唠叨生活的沉
重和危机感，而是分享努力工作赢得的自豪和满足。
　　我愿他们此生遇窘不慌，遇苦亦甜。

　　宝宝和贝贝，在美国出生长大的兄弟。

　　宝宝，17岁，从小喜欢独立思考，不随大流。练过滑冰、游泳、跆拳道、网球、击剑，现在只剩在家跑步。对不感兴趣的事很难上心，对热爱的东西锲而不舍。酷爱无线遥控飞机，是美国排名第一公立高中无人机俱乐部技术总监，立志要做航空航天工程师，向往为 Space X（美国太空探索技术公司）工作。

　　贝贝，13岁，喜欢烘焙，尤其甜点，擅长篡改配方。曾经立志做农场主、厨师，未来志向暂时待定。练过小提琴、笛子、黑管、萨克斯管，尤擅钢琴，曾获州际钢琴比赛第一名。

火星人的小点滴

/ 刘 凌

相爱相杀的火星人

上研究生时，读到约翰·格雷博士那本畅销书《男人来自火星，女人来自金星》。读完茅塞顿开，呵呵，难怪有时跟老公讲不通，都不是一个星球来的。多年后，等我给地球添了两个火星来客才发现，原来他们火星人自己跟自己也常常讲不通。

这两个火星人小时候还是很相亲相爱的，但是在弟弟五岁以后就慢慢变成相爱相杀了。

"我真希望宝宝和我是双胞胎。这样他就不会比我聪明了。"——贝贝听说我一个同事生了双胞胎，极其羡慕，晚上我去跟他亲吻晚安，他很诚恳地表白了一番。

"我不要宝宝做我的哥哥！能不能把他退回去？"——有次两个人争夺精灵宝可梦卡牌吵架后，贝贝愤怒地请求换个人做哥哥。我说真是太难了，哥哥已经长太大了，塞不回去了啊。

我是独生女，老公是他家最小的，跟他哥姐年龄差很多，所以手足之争这种事我们俩完全没经验。一开始都努力充当调解委员会主任，每天各种调停，教育完大的，又教育小的，为分片西瓜也要做仲裁，十分头大。有一天终于逼得老公急中生智，宣布谁来分瓜谁最后拿，从此分吃分喝很太平，我俩只需做吃瓜群众。

慢慢地，我们也看出几招应对相爱相杀的妙法，看官们可以试试照方抓药：

（一）小别胜新婚的道理，同样也很适用于相爱相杀的火星人。哥哥十一岁的夏天，第一次去离家很远的夏令营，一走八天。这下没人跟弟弟掐架了，他舒心了两天，却也发觉日子一下子变得很无聊。两天以后，他天天问哥哥今天在做什么，每晚问什么时候可以跟哥哥通电话，电话接通了，抓起来第一句就甜蜜蜜地叫了声"嗨哥们儿"。

（二）另一剂相爱相杀的良方是旅行。在结束连续三年冬天迪士尼乐园夏天海滩的度假程序后，我们向儿子们郑重宣布，以后要开启爸妈的度假模式了。两个小火星人，从此跟我们天南海北逛世界，他们一起走过三千迈美加全程自驾，一起在挂着血淋淋牦牛肉的滇西北路边饭铺吃过饭，在尼西猪圈旁的特色茅坑淡定如厕。依然是五分钟前可以吵得要求换个人做他兄弟，五分钟后又可以好得勾肩搭背抱成一团。在意大利、西班牙的大街小巷，哥哥牵着背着弟弟的快乐身影，印证着火星哥俩愈吵弥坚的情谊。

（三）第三剂相爱相杀的偏方就是让他们一起应对挑战。儿子们学了街舞后，要随队参加海外桃李杯舞蹈大赛。两个人一开始都不太放得开，抵触上台比赛，但是弟弟看哥哥在，有了点底气。哥哥看弟弟在，就不觉得太尴尬。可是练习的时候，又是吵翻天谁也不服谁，你笑我腿不直，我就说你节奏错了。在这彼此不服气又得互相依靠的吵吵闹闹分分合合中，两个人倒是越跳越有感觉，比赛居然拿了个金奖，还上了华府春晚。跟我同台演出，说一点也不紧张，特别享受舞台带来的兴奋感。看哥俩自信满满帅翻天的酷劲儿，一不留神成了星妈的我得意得快找不到北了。

原来，他们并不需要调解委员会主任的调解，是他们启发了主任，相爱相杀是另一种兄弟情深。

别样的忆苦思甜饭

你有没有发现，你年少时很反感的父母对你的一些教育方式，你现在也或多或少在做？我小时候把牛奶偷偷倒花盆里，把苦瓜偷偷吐手绢里被抓过现行，最烦我妈一副痛心疾首的样子把缺吃少穿的日子搬出来逼我忆苦思甜。可有一天，我忽然崩溃地注意到自己下意识地也在忆苦思甜这条道上求索。

"贝贝，你吃一顿饭需要五张餐巾纸吗？"

"宝宝，不爱吃就吃这么少？"

"想当年，你爸爸（妈妈）我……"说到这里必须花开两朵，各表一枝，老公的"想当年"是绘声绘色（不是声泪俱下哈）回忆起刚到美国读研究生时去捡别人不要的家具，为了捞把看着不错的椅子奋不顾身跳进垃圾箱……两个小子像听评书似的听得津津有味，还天真提问，椅子是什么样的，那垃圾箱有多深啊，里面还有什么好东西……爸爸一一认真作答后忽然发觉不妙，话题被偷梁换柱了，忆苦思甜的激励哥成了让儿子们仰慕的夜探百宝箱的大侠。妈妈的"想当年"是满含深情（不是满含热泪哈）回忆刚到美国靠微薄的奖学金，买菜都是买大减价最便宜那种，三餐都自己做，从来不去下馆子。本来儿子们听到此处呈严肃反思状，结果我多说了一句，"那时我一个人一月的伙食花销才40美元"，他俩马上转头问："爸爸那你花多少钱呢？"然后哥俩开始对得克萨斯州和马里兰州的物价进行热烈对比探讨，而我和老公展开谁当年更会省钱过日子的激烈辩论……在美国这片异域土地上，想走忆苦思甜这条路何其艰难。

直到宝宝上七年级的一天带回来一份历史课作业，"只给你3.25美元，给全家四口人做顿饭"。原来他们刚结束大萧条这一章，老师要大家感受一下物资匮乏经济拮据是什么滋味。我当年学历史，死记硬背一堆人名和时间，连标点符号都恨不能背下来，可是考试一完，书一扔，什么都记不清了。宝宝中学的历史课也考人物和事件，但是更注重学生对历史事件的理解，比如宝宝的历史老师很会别出心裁，讲到种族隔离时，有一天上课考试，给学生发了不同的考卷，拿到没学过部分问题的卷子的同学很不忿，问为什么有区别，老师笑着告诉他们，现在你们能体会被另类看待、被不平等对待是什么样的心情了吧。

言归正传，老师规定不许用任何罐头食品或者熟食肉类，想偷懒用几片沙拉菜叶和几片午餐火鸡肉打发我们的路就被堵死了。宝宝跟着我去了一趟超市，反复掂量那可怜的3.25美元，最后不得不听了我的逆耳忠言"没别的招，只能自己做才省钱"。他抠着硬币选食材，最后确定方案：两碗米，七个蛋，一杯半冻豌豆，一根胡萝卜，两棵葱。成本：米0.6，蛋2.1，胡萝卜0.1，豌豆0.2，葱0.1，水、油、天然气忽略（不省略就超支了）。

老师的力量是神奇的，宝宝这次居然学会了炒鸡蛋。虽然一家人等了快两个小时才吃上饭，但最后成品红白黄绿，色香味俱全，而且饿得前胸贴后背也更深切体会了饥荒年月的不易。弟弟还很应景地看着碗里奇怪又委屈地问："肉在哪里？"

饭吃完了宝宝还有一项采访任务要做：

问弟弟："你觉得有什么可以改进的地方吗？"弟弟毫不客气地回答："给加点鸡肉就好了。"

问爸爸最喜欢什么，爸爸说："是你做的。"

再问妈妈是不是吃饱了，我说差不多饱了，所有的妈妈在困难时期都会把食物省给孩子的。宝宝听了眼睛就红了，抱抱我说他不会同意我这么干的。

那一刻我特别感动，患难时刻见人心，平时他和他弟为几片烤海苔争来抢去，其实心里是懂得珍惜谦让、爱护家人的。我也忽然顿悟，真正需要教给孩子们的不是粒粒皆辛苦的道理，而是在任何条件下都能生存的本领；不是唠叨生活的沉重和危机感，而是分享努力工作赢得的自豪和满足。我愿他们此生遇窘不慌，遇苦亦甜。

一张明信片

昨晚收到一份乍看很不起眼的明信片：

"贝贝在乐队表现非常出色！他的演奏让我很惊艳，他也是一个很善于和队友相处的乐队成员！谢谢你们一直以来对他的鼓励和支持！"

原来是贝贝的中学乐队老师寄来的，想想学校上周五因为新冠病毒疫情才关门，这张明信片多半是老师赶在关门前寄出的。在美国，小学老师一学年叫你去开一次15分钟的家长会，平时最多是群发一下邮件。到了初中，没有固定班级了，连家长会都没有，几乎没有和老师的单独接触，所以这张明信片真是太珍贵了。贝贝到底做了什么事，让老师如此大张旗鼓地表扬他？

说来话长。美国的小学和初中都有学习一门乐器的要求，贝贝在小学从小提琴换到黑管，去年秋季升入初中时，又死活缠着我们同意他从黑管换成萨克斯管。我们答应了，但条件是他这次不许再中途放弃。刚开学时他兴奋得不得了，说中学乐队正规多了，每天抱着萨克斯管练。可是两个月以后，忽然发现他不再像开学时那么喜欢谈论乐队和萨克斯管。一问，他说除了一开始学了些新指法，后面越来越多简单重复，抱怨乐队里很多人不好好学，完全在混，而老师将就他们不怎么教新内容。等十二月初我去参加他们的冬季音乐会，贝贝毫不掩饰自己的失望："你听听我们这个乐队多差劲！再这样下去我以前会的都快生疏忘光了。"小家伙甚至扬言："如果我不能升到高一级的乐队，下学期我就不修这门课了。"

"那你跟老师讲过你的想法吗？她觉得你够升级的条件吗？"我问他。

"没有。她上课太忙，下课也根本没时间听我讲。听到有人问过她升乐队的事。很难的，因为需要重新调整你所有的科目安排。"

"你没有问过怎么知道呢？不能在学校谈，为什么不试试写邮件？老师不知道你的想法怎么帮你？"

抓住这个机会讲了半天跟老师沟通的必要性，鼓励贝贝给老师写邮件。他写完根据我的意见改了几遍，最后发给了老师。

可是没回音，贝贝有点伤心气馁。这时当妈的必须出面了，不是心疼那几百美金的萨克斯管，是心疼孩子稚嫩易夭折的梦想和热情。我发信诚恳地跟老师讲贝贝如何热爱萨克斯管，如何想得到更适合他的挑战，希望老师给建议。很快有了下文，老师说抱歉回信晚了，马上跟贝贝谈了，跟他制订了一套计划，给他另一份练习要求，过一段时间测试他的水平。公立学校的老师肯花时间这样因材施教，是我绝没有想到的。眼见着贝贝的小脸马上又每天神采奕奕，又开始勤奋地抱着萨克斯管吹啊吹，我也松了口气。

上个星期乐队老师发邮件给我，说贝贝最近进步非常大，要提前让他升到高一级乐队，贝贝听到这个消息高兴坏了，所以他看见那张明信片并不很吃惊。我好奇地问他为什么老师赞他的团队精神，贝贝告诉我，很可能是当大家都企图压过别人吹奏的声音时，他没有靠声音大挣表现。学校崇尚鼓励个人发展，但是也很注重团队。贝贝学会为自己的追求争取支持，也懂得协同合作的精神，难怪老师会这么敲锣打鼓地送表扬来。不经风雨不见彩虹，庆幸儿子碰到了个好老师，也欣慰他长大了。

礼物

母亲节绝对是家有小孩子的妈妈验收各种手工作品的幸福日子。孩子的小学老师很注重这个特殊节日的仪式感，专门在课上教孩子们动手给妈妈准备各种贴心小礼物：也许是一首诗，一幅画，也许是一枝小花，一个烧陶。诗可能写得歪歪扭扭，画可能画得幼稚青涩，烧陶可能分不清到底是什么动物，但是当你走到餐桌旁，或是从枕头底下发现那份为你精心准备，被神神秘秘透露过点滴的小秘密，读到孩

子对你无边无际的赞美恭
维（哪怕是抄袭的），心中
的甜蜜是独一无二、无与伦
比的，谁让咱金星人就吃这
套呢。

　　母亲节收到的最难忘的
礼物，是两个小火星人在大
火星人指导下为我创作的一
首歌。那个母亲节的晚上，
他们一个唱，一个钢琴伴奏，
用美国一首著名儿歌《在海
湾边》的旋律，淋漓尽致地
"控诉"了我的"恶行"：

　　厨房里，

　　妈妈正在忙，

　　当她做饭时，

　　我可千万别靠近。

　　因为一旦靠近，

　　妈妈就会说，

　　先去吃五百份水果，

　　喝五百份胡萝卜汁，

　　再过来帮我干活。

　　……

　　餐馆里，

我们正要点餐，

服务生问我要吃什么，

我可千万别开口，

因为一旦开口，

妈妈就会说，

不许点薯条，

不许点雪碧，

水里也不能放冰坨。

　　从来没想过被"批判"是这么让人感动开心的一件事，我笑出了眼泪。

　　生日，是另一个有仪式感的收礼物的日子。儿子们小时候最喜欢做的生日礼物是开"服务支票"——五张帮妈妈做饭，五张给爸爸揉肩按摩，五张烤饼干……呵呵，如果你忘了用，就是空头支票啰。所以可以想见爸爸在两年前的生日收到一个黏土捏的小猴，是怎样的受宠若惊。小猴戴着"贝（壳）雷帽"，一手拿根香蕉，一手抓个南瓜，得意扬扬地坐在木桩上，眼眯眯地合不拢嘴。不得不感叹贝贝这些年那堆东倒西歪的烧陶没白做，薄积厚发，一鸣惊人啊。令人感动的是贝贝还特意做了一对鸭情侣，给我的鸭太太有一顶漂亮的花蕾帽，给爸爸的鸭先生有一顶名副其实的"鸭舌帽"。

　　看到这三个小东东，仿佛看见温暖的金色阳光洒满房间，洒满心田，眼泪却涩涩地流下来。那段日子我特别忙，忙排练，忙加班，陪儿子们的时间太少，连每年必去的秋游摘苹果节目都被无奈删掉了。那年的春晚我和老公都有节目，告诉儿子们爸爸妈妈会一起表演，演出当天却只能把他们扔在家里。而有心的贝贝仍然做了这对鸳鸯鸭，

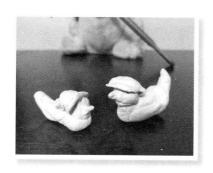 

祝贺我和他爹的搭档成功。一大桶黏土不过五美元，最平实无异的质材，最朴素稚气的手工，却让我像捧了宝玉在怀。灰白的胶泥里，有无价的爱。

第三份难忘的礼物是在没有任何仪式感的一天收到的一份"破烂"。老大十一岁时第一次离家去参加八天的夏令营回来，夜里我在他行李箱里发现一个坏了的塑料长夹子，正想当垃圾扔掉，被儿子拦住，说太晚了明天告诉我缘由。第二天到儿子卧室，他神神秘秘关上门，讲了这个故事。原来夏令营快结束时有个"夜市"活动，孩子们可以参加各种活动"挣钱"买东西。老大开始买了那个塑料夹子，后来看见另外一个男生的锅把套子，就跟他换了想带给我作礼物。不料很快那个男生玩坏了塑料夹子，又来找儿子说要换回去送他妈妈。老大开始不肯，还找辅导员裁决，没让那个男生拿走。但是过了一会儿儿子就心软了，不忍心看那男孩挺伤心的样子，就把锅把套子还给他了，还又送了他自己的零食安慰他。"妈妈，我想告诉你我很想送你那个套子，因为你会用得上它，可是我也不愿看见杰登伤心。"听完儿子的故事，我的心都要甜化了。老大平时没有弟弟的甜言蜜语多，但他善良宽容大度的品德，比送我什么都珍贵。

其实儿子们啊，你们就是上帝送给我的最好的礼物。

我没有经验做"父亲"这个职务，其他工作可以辞职不干，这份工作还辞不掉！而这个角色责任太重大，事关人家的生命成长。必须干得好！

陪伴是既陪伴孩子享受成功，更陪伴孩子面对失败。

董礼峰（聪聪），2001年出生于美国芝加哥，祖籍安徽天长，姥爷姥姥家在辽宁。在家里聪聪是大宝（弟弟是二宝）。在他的成长历程中，多次回国参加义工。聪聪是一个有爱心、阳光帅气的小伙子，2019年入读宾夕法尼亚大学，目前在读人工智能和神经科学。

陪伴孩子成长，完备父母生命

/ 董 平

2019 年 8 月 20 日，在去费城的路上，我在开车，我和太太送大儿子聪聪去宾夕法尼亚大学上学。太太坐在我旁边睡着了，年轻人坐在车后座上戴着耳机听着音乐。我边开车，边回想着孩子的成长，十八年前，聪聪的出生，儿时的时光，小学，初中，高中，日月如梭。

我看着反光镜里年轻帅气的聪聪说："聪聪，爸爸妈妈谢谢你。"聪聪："为什么谢我？""爸爸妈妈没有经验做父母，爸爸妈妈谢谢你让我们学做父母，被我们做了很多实验。"

确实，聪聪和弟弟亮亮在我们的生活中留下了点点滴滴，让我们做了父母，完备了我们的生命。下面我记录分享的是我作为一个父亲陪聪聪成长的一些片段。

孩子是父母宝贝的礼物

聪聪的预产期是 3 月 31 日，通常男孩多在预产期之前出生，女孩会在预产期之后，这小家伙和妈妈关系好，一直过了预产期。接生医生建议引产，她建议在 4 月 1 日。初做父母的我们自然反对——愚人节。医生乐了，如果小家伙 4 月 1 日出生，她也没办法。她同意我们预约 4 月 2 日。小家伙安然地在妈妈肚里度过了他出生之前的愚人节。

4月1日晚上，我们开开心心地跟度假似的来到预约的医院产房。妈妈经过二十四小时的生产奋战，小家伙顺利来到这个世界。我们给他起了小名，聪聪，希望他成为有智慧的人。

两天后，我们离开医院。医生笑着和我们告别："上天赐给你们一份礼物，带回去好好享受。"在回家的路上，我忽然明白我在生活中又被加了一个角色：父亲。

而这个角色责任太重大，我没有经验，这个职务至少要干十八年，其他工作可以辞职不干，而这份工作还辞——不——掉！还得干好，事关人家的生命成长。

三岁儿童中美文化冲击

因为妈妈要上学，聪聪一岁时回国和姥姥姥爷生活了一年的时间。妈妈研究生毕业后，2004年SARS还没有大爆发，妈妈回国接孩子回来，记得在回来的飞机上打电话说孩子发烧，让我预约医院。在机场接到母子俩，小家伙拎着一个小药箱，怯生生地跟在妈妈后面。小药箱装着各种止咳退烧的药，小家伙可以如数家珍地哪不舒服拿出哪种药。孩子住了几天医院就好了。

一天领孩子去图书馆。小家伙很高兴，一回头看见一个胖胖的图书管理员，哇地吓得大哭。孩子有文化不适应感，不知道上学会怎样。为了帮孩子去掉不适应，我们常带孩子去公共场所。小孩适应得快。一次在游乐场，聪聪指着一拨小孩说："这是我的好朋友。"指着另外一拨小孩说："他们是我的坏朋友。"聪聪回来后，他和妈妈在芝加哥，我在北卡来回飞。几个月后，为了多和聪聪在一起，我第一次降薪在芝加哥找了一份工作。

那时我心想以后无论多艰难，也不能让娃离开父母身边，孩子还是要自己带。

自推娃

我喜欢去书店，自然我也常常带聪聪去逛书店。

第一次带聪聪去，小家伙刚刚回美国，英文不太会，但是他进了书店很兴奋很高兴，在书店里可以翻各种书，有图片的书，会说话的书，还可以听故事会。我们离开书店，我让他选买一本书。他选了半天，一把抓了一本大大的圆圆火车头的书。我当年第一次看到火车就登上火车去北京上大学，火车和我的生活似乎没有交集，从来没有想过火车会成为孩子的玩具。

聪聪把自己"推"成了托马斯小火车的朋友，托马斯小火车和朋友们也了聪聪的好朋友。聪聪找到自己儿时的热情。之前我们给他买了各种别的玩具，小汽车，从来没有给他买过火车的玩具，好像也还没有带他坐过火车。

芝加哥西郊有一个"火车公园"，这个公园成了我们爷俩周末经常的去处。那里陈列着各个时代的火车，蒸汽的，电动的，让我这个对火车没啥了解的爸爸也学习了不少火车的历史和故事。每次过去，在高速公路的出口，买一份麦当劳儿童快乐套餐，然后在火车公园里拜访每一部火车，流连忘返。聪聪每次最过瘾的是坐上一二百岁的老火车来回半小时十公里，火车上的游客各个年纪的都有。

一次，妈妈去上英语口语私教课。附近有一个地铁站，我和聪聪打算坐地铁去城里。正值圣诞时节，我准备带他到城里街上去体验节日的热闹。而小家伙对火车异常痴迷，下了火车在火车站里不肯出站，我们爷俩在站里看着火车进进出出，小家伙很开心，脸上闪着兴奋。

看够了，我们又坐着火车回去了。

"突突突"……聪聪的童年在托马斯小火车和它的朋友们的陪伴中度过。玩小火车玩具，读托马斯和朋友们的故事，看托马斯和朋友们的电视。后来把弟弟也影响成为托马斯小火车的朋友。

玩体育中成长

聪聪五岁开始在社区参加各种体育活动，我也跟着学习了各种体育项目——棒球，足球，游泳，并见证了邻居们对孩子的体育的热衷、带领和参与。爸爸或妈妈做教练，通常社区里每个年龄段有几支队伍，小点年纪男女同队，大一点时男女分队。比赛时，爸爸妈妈爷爷奶奶全家观看，对家庭来说，每个孩子就像职业体育明星似的。

聪聪五岁学习棒球，打棒球打到八岁，我对棒球一点儿都不了解，不懂规则，觉得很无聊。在美国很多州通常有规定，3000户的社区必须有棒球场。每到了周末，可能这个社区的男女老幼就都到棒球场上去了，打球的打球，聊天的聊天。似乎家庭、邻里、社区的情感纽带就通过这样一个集体运动项目去维系了。在家里，基本上就是爷爷教爸爸打，爸爸教儿子打。

聪聪踢足球到十一岁。足球决赛时，父母看自己的孩子踢球跟看世界杯似的。七年级的时候，他想打高尔夫。我想孩子的兴趣最重要，就很支持他。刚开始打少年高尔夫比赛时，我特地休了假送他去比赛。经过两年努力，他参加高中校队选拔，被录取了。这对亚裔的孩子来说是一个不小的成绩。他在高中自己又参加了击剑队玩了四年击剑。

孩子参加体育活动，重点在孩子的成长，父母的陪伴，只有为数不多的孩子成了大学的职业运动员。聪聪不是一个有体育天分的孩子，但是他玩得很开心！游泳、棒球、足球、高尔夫、击剑。**体育是浓缩的人生，失败是成功之母，骄兵必败，所有这些东西，孩子们都能够在他们的训练比赛中体会到。**

是不是天才娃

每个父母都想象自己的孩子是天才，我们给孩子起名"聪聪"，自然也是望子成龙，尤其他还是家里的长子。

记得小学二年级结束，学校组织一次"天才"儿童选拔测试，选中的孩子会和学区其他小学的"天才"儿童一起参加"天才"班学习。那天拿到成绩，聪聪开开心心回到家里，我问他进没进"天才"班。孩子摇摇头，当时，我觉得天旋地转——完了，我的孩子太笨了，子不类父。

我想起当年我小学考初中那天，考完试回到家，筋疲力尽地坐在大门槛上。父亲坐在家里中堂前的长条大板凳上，问我考得怎样。我垂头丧气地答道："作文没写。"父亲脸色铁青地感叹，他当年因为家里成分不好，读书读到小学四年级，就不让读了，没办法。本想儿子可以有机会好好读书，能光宗耀祖，没想到自己的儿子初中都可能考不上。我记得父亲留下了无奈的泪水。那是我记忆中唯一的一次看到我的父亲流泪。后来成绩下来，语文 59 分（作文 0 分），数学 99 分

（两科满分皆为 100 分），也考上了初中。进了初中，记忆中我突然开了窍似的，成绩一直很好，第一居多。

那天我和聪聪坐下来谈了我当年的经历，七岁的小家伙似乎也在听，不知道听没听明白。聪聪后来四年级也考进了"天才"班。后来才明白很多家长很早就让孩子准备天才班选拔考试了。

我也开始关心聪聪的学习。看到别的孩子参加各种竞赛辅导班，自然我也陪着聪聪参加。一次送聪聪去参加一个数学竞赛，从门外看进去，一半是黑头发黄皮肤，其他是一些印度孩子。我心里一紧，干吗把孩子推上这条路？心想以后不让弟弟这样了。不知道各种竞赛班学习对聪聪的成长有多大的帮助。

爷爷的自豪

这样被父母试来试去，聪聪上了高中。我们渐渐地放手了，更多的时候我们在支持孩子。除了高尔夫队和击剑队，他还参加了数学队（看来小时候推数学管点儿用）和其他几个俱乐部和学科队，都是他自己选择的。

2001 年聪聪还没出生的时候，一个同事对我说，做父母的最大的责任是把孩子领上正路一辈子不偏离。当时并没当回事。

高中时孩子的成长很不容易。我们看见很多孩子有各种各样的问题，有的孩子很少和父母交流，曾经聪聪他们年级有二十多个学习很好的孩子作弊，是当年很大的一个新闻。孩子抑郁的偶尔也会有。八年级时，我们搬家，他换了学校，朋友很少，很孤单，当时我们在忙着弟弟的治疗，后来教会成立了青年团契，他很关心他的同学朋友，把他们当作他的小羊，邀请孤单的同学们一起参加团契活动。毕业班我们做父母的经常以为孩子怎样怎样，其实很多的时候并不了解孩子。

我曾经跟聪聪承诺任何时候需要爸爸支持，爸爸都会努力支持他和他的朋友们。

2019 年 3 月 28 日，大学录取通知下来了，聪聪被宾大录取了。4 月 2 日，他生日那天，我打电话给他爷爷报喜，介绍说聪聪进了美国有名的常春藤大学，比北大厉害。爷爷高兴地说："人家都说我是个有福气的老人，果真不假。"我想起当年我作为我们村第一个大学生考上北大，当时我爸爸高兴的情景，仿佛昨日重现。聪聪不负众望，成了家族的骄傲。

其实做父母本身也是做自己的一部分，不管父母对孩子怎么说，最后孩子真正得到的信息是父母对自己的认知和期许。如果真想让孩子成为某种样子，自己相信它然后做好自己就可以了。

　　女儿星星：十一年级，爱读书爱画画爱猫的小姑娘，不擅数学不擅体育。此刻正繁忙准备大学申请，有志于学习语言学和行为学。

　　儿子风风：八年级，跟所有这个年龄的男孩子一样爱玩游戏，爱篮球爱朋友，永远有用不完的精力，会做不错的鸡蛋羹和牛排。

我们的故事

——北清组合家庭的姐弟俩

/ 林 征

　　说起育儿经验，心中感觉一片茫然，搜索肚肠也想不出任何足以示人的东西，于是像往常一样去问百科全书女儿，你说，要我介绍经验该说啥啊，真的不觉得有什么经验，磕磕碰碰的教训还差不多。

　　女儿平心静气，为什么一定是经验，你可以就分享一下我们在一起的事情啊，一起聊的天啊。

　　好像很有道理。

　　一不做二不休，干脆再问个问题，如果让你对父母说一句话，你会想对父母说什么呢，要知道，很多父母会很想知道你们小孩子怎么看的。

　　这回女儿想了想，然后说，其实做父母本身也是做自己的一部分，不管父母对孩子怎么说，最后孩子真正得到的信息是父母对自己的认知和期许。如果真想让孩子成为某种样子，自己相信它然后做好自己就可以了。

　　也好像有些道理。

爱的故事

每次的家庭硝烟之后，小朋友时常会问，会不会后悔要小孩子啊，小孩子看起来很麻烦啊，又花钱，又让人生气……

妈妈总是很坚定地回答，绝对不后悔，你们是妈妈重要的快乐源泉。

小朋友表示不信不理解。

唉，等你们自己做了父母就知道了……

翻出几篇旧日笔记，以后给小朋友看看。

一

爸爸和风风上路了，剩下妈妈和星星两人吃饱，全家不饿。

有家新开的法国小馆远在城东，妈妈一直想光顾没有机会。这回趁机订了桌子，星星钢琴课一结束便匆匆奔去了。

星星知道妈妈的计划，牵着妈妈的手出门的时候问："今天我们庆祝么？"

妈妈有点摸不着头脑："庆祝什么呀？庆祝就剩我们两个？"

"可以庆祝爸爸和风风回国呀。"星星回答很顺畅。

也没什么错，为什么不可以庆祝呢。

自从去过巴黎，星星对法餐好感多多，坐进法国小馆，心情已经大好："这里很像我们在巴黎去的地方。"

确实很像，连侍者们都很像，妈妈也觉得亲切。

心情好了，星星看菜单也更有劲，还和服务员讨论半天各道菜，最后选了三文鱼，还切切叮嘱别做得太老了，最好刚刚熟即可。女服务员微笑地答应了她的要求。

一边吸着雪碧，小姑娘一边发表感想："在法国餐馆我觉得就不好要奶酪通心粉了。法国人总是喜欢把食物弄得很复杂。如果我要奶酪通心粉，他们肯定要问，什么样的奶酪，多加点要不要啊，通心粉硬点还是软点啊，要不要炸一下，还加点什么香料啊。不像美国人，粗得多。"

"星星你还挺喜欢法餐的。"

"是啊，"星星往法国面包上涂着胡椒奶油，又有了新想法，"中文真的是很好，奶油啊，奶酪啊，牛奶啊，酸奶啊，都有个奶字，让你一听就知道是奶制品……"

妈妈对星星说，和她出来吃饭很开心，她是个很好的伙伴。

是吗？星星很高兴，眨巴着大而亮的眼睛。

三文鱼来了，星星起劲地吃着，一边说里面的土豆做得也不错。服务员来了，星星告诉她，很喜欢这里的菜，尤其三文鱼，火候正好。

女服务员再次微笑，说会把她的话带给厨师。

吃完饭回家，星星自去做作业并准备明天的情人节卡片。

"妈妈，你觉得我今天表现好么？"

妈妈说真是挺不错的。

"我觉得是因为风风不在了，要不然我们总要吵啊，打啊，浪费很多时间。"说着小姑娘又有了主意，"也许应该把我们分开，这样我们每个人都会表现更好。"

"那你不想风风啊。"

"那倒是，"星星承认，"我会想他。"

"星星，你知道么，风风带给你挑战，和他一起长大，会让你更强壮。"

星星喜欢这种说法，补充说："其实我很喜欢小弟弟，我自己是个女汉子，小弟弟对我正合适。"和妈妈亲吻道晚安时，星星说，"妈妈，你是个很漂亮的妈妈。"

二

风风要和爸爸回国了。小人已经兴奋了好几天，晚上更是无比利索地给自己收拾好了箱子，玩具，书，作业，井井有条——平日做功课的时候从没见这么积极。

风风的大小老师们都知道他要回去，纷纷祝他旅途愉快之余，也顺便对他说，会想念他啊，问他会不会想他们呢？

风风一概以很酷姿态回应，只潦草点头完事。妈妈责备他不该如此冷淡，小男生居然说那样太难为情了。

箱子收拾完了。妈妈坐在电脑前，风风不知从哪里冒出来，贴在妈妈腿上坐着。

想想小人明天就要远隔千里，妈妈心中忽然有不舍。抱抱他："风风，妈妈会想你的，你会不会想妈妈呀？"

出乎妈妈意料的，小男生很肯定地点了点头，表情好像还有了点忧郁。

妈妈突发奇想："风风，妈妈也给你建个邮箱账号吧，这样你在国内的时候就可以天天给妈妈发信，妈妈也可以给你回信。"

风风很喜欢这个主意，兴致勃勃地催着妈妈快行动。账号建好，更是迫不及待地和妈妈书信来往起来：

风风：我好想你！！！

妈妈：我也想你，你回国好好玩，听爷爷奶奶话。

风风：我要听太奶奶和太爷爷的话。

第二天一早，风风很准时地从自己床上挪到妈妈床上，眼睛还没睁开，径自钻进妈妈被窝："妈妈，我会想你的"。

"我也是。"妈妈紧紧抱住小人。

起床的时候到了，妈妈去叫姐姐。风风一反往常，亦步亦趋跟了过来，抢在妈妈前面又爬上了星星的床，抱住星星："星星，拜拜。"

　　星星眼睛也还闭着，却是准确无误地揽过风风的毛毛头，一边爱抚着，一边说："风风，我会想你的。"

　　风风任星星摸着头，一边紧紧拥抱她，说："我也会想你的……"

　　上路的风风也没闲着，继续给妈妈发着邮件：

　　风风：我在飞机上。我想你。

　　妈妈：我也想你。回国开心！

　　风风：中国很冷。我会开心的。现在我在加拿大机场。

　　后来就没有回音了，想必在太平洋上空飘着呢，不知小人离家的怯怯是不是已经被旅行的兴奋代替？

三

　　风风的小朋友走了。风风于是去查自己的邮件，奈何信箱空空如也，小人有点低落。

　　妈妈见状让爸爸稳住风风，自己快快上楼，抱起计算机上网，在谷歌通话里和风风打了招呼。

　　"风风你干么呢？"

　　风风说他有点难过。

　　"为什么呀？"

　　风风说不知道，然后要求妈妈给他发个邮件。

　　发什么呢，妈妈一边打开笔记本电脑一边想。

　　妈妈给风风的邮件：

　　　　当风风难过了，

　　　　风儿也会停下脚步；

　　　　当风风难过了，

　　　　太阳也掩去了云后；

　　　　当风风难过了，

　　　　鸟儿停止了歌唱；

　　　　当风风难过了，

　　　　家里便没有了生机。

　　风风说他喜欢，给妈妈回了几颗闪亮的小星星，让妈妈再发一个。妈妈只有搜索肚肠又接了一个：

　　　　当风风快乐时，

　　　　微风轻拥绿树；

　　　　当风风快乐时，

　　　　月儿与星星嬉戏；

当风风快乐时，

花儿在草丛中起舞；

当风风快乐时，

妈妈心也在唱歌。

这回风风的回复是一个粉红的心。

妈妈问他，心情好了么？小男生回答"是的"。

之后的风风，显然情绪甚佳，一反往例，不用催促就去喝了奶，准备洗漱。还问妈妈要喝水么，颠颠地去楼下装了一壶水，提上来不说，又坚持给妈妈倒在杯里。然后看着妈妈喝水，坐在一边兴致勃勃地讲一天的事情。说最喜欢和外公去花园干活，自己很能干，以至于外公说"小风风干大活呀"。说着小脸露出羞涩的笑意。

爸爸催着风风去睡觉了，风风却还不急，又坚持给妈妈发了一封邮件才走。

风风给妈妈的邮件：

家，甜蜜的家，

我喜欢你。

我会去睡觉哒。

有一次旅行，机场转机中，不停画画的星星引起旁边一个老奶奶注意，原来老人家是退休的绘画老师，两人相谈甚欢，妈妈也不知不觉加入了聊天。老奶奶讲了很多自己家的故事，听起来每个孩子都健康、快乐向上，令人欣羡。对为父母之道还是战战兢兢的妈妈忍不住讨教，到底怎样才能把小孩子教这么好。

妈妈今天还能记得老奶奶的温和微笑，她说，你就好好爱他们就可以了。

老师的故事

一直想着替孩子们记下一些他们小学老师的故事。

初为人母，天天揣着抚养教育孩子的各种焦虑，美国的小学到底怎样，老师如何，在领着小娃踏进校门那天，无疑是一个大大的问号。

一切都很新奇，教室里看似没什么秩序，座位乱排，墙上桌上架上都是花花绿绿，五颜六色。但细看又会发现各个角落自成章法，眼花缭乱之下书归书，练习归练习，玩具归玩具，其实比自己家整齐多了。

学前班是小孩子踏入学校的第一道门，大概是所有家长最关注的地方。这里的老师经常派驻爱心耐心兼备又经验丰富的。须知很多孩子是否喜欢学校可能就在这里一锤定音呢。

女儿儿子运气都不错，学前班都分在 M 老师班上。M 老师年纪四十上下，一头短的金色鬈发，圆脸，总是一身整齐利索的衬衫长裙，美丽的大眼睛里永远是甜美的笑意。想来秀兰·邓波儿人到中年就应该是这个样子吧。

M 老师显然非常有名。第一天送孩子，就有学生家长激动地对 M 老师说："这次是我女儿来你这里上了！"显然是一位老学生，而 M 老师也居然很快想起了她，俩人迅速交流起旧日好时光，场面颇为温馨，让旁观妈妈的心不由自主放下一大半。

微笑是 M 老师的标志表情，一天六小时，面对二十多个会哭会闹的熊孩子，真是奇迹。所有的小孩子显然也都非常喜欢她。回到家的小朋友每天都是开开心心，还会语无伦次地分享一些教室时光，虽然听不太明白，情绪是不需要语言的。

很早以前，我就被前辈告知，学校的老师是不收礼的，不要想用这种方法给你的孩子谋来任何特殊关照。如果有什么特殊需求，不如直接去找老师好好交流，他们反而会给你的孩子非常个性化的帮助。

但是老师不收礼并不是就没有"贿赂"老师的方法。想和老师建立朋友一般的良好关系有一个百分之百有效的渠道，就是去教室做义工。

美国的小学里老师很少全班一起教大课，尤其低年级的班上，估计可能是要保证小孩子得到足够的个人关注，从而更好地集中精力。一个二十多人的班，常常分成三波，一波是老师带着讲课做练习，同时其他两拨就需要家长帮忙，一起做做数学题，或者检查读书作业，做手工什么的，所以义工的要求是很多的。社区里一些不上班的妈妈基本常年在学校上全职。像我们这样的双职工就困难得多，一星期能去一次两次就不错了。但是老师真的特别感激这种帮忙，因为他们觉得你是在付出最宝贵的东西，精力和时间，可谓无价。

如果说开始去做义工有和老师套瓷的意向，这点初衷很快淡化，因为其他好处太多，大部分我认识的参与做义工的家长都变得乐此不疲。

首先，娃会非常开心看见你，当你站在台前，由老师介绍给所有小朋友，并且要求所有小朋友大声感谢你的时候，**你熟悉的那张小脸上呈现的自豪、兴奋、快乐，足够照亮任何一颗心灵。**

然后，你认识了娃所有的朋友。这里的小朋友多友好开放，会主动跑来告诉你，她是你娃的好朋友啊，非常喜欢她啊，想要一起玩啊。你走的时候还要专门来给你一个拥抱，希望你多来。当天晚上，娃还会有点惊喜地告诉你，她的朋友都说你很酷啊，看上去又年轻又漂亮。

最后，你所有的努力都会得到百分之一百二十的认可和欣赏。一次我领的任务是给小朋友准备手工材料，把不同颜色的纸张剪成各种规定形状，折叠归类。身为工程师，自然必须找规律实现批量生产，恰好在规定时间里完成了所有准备。去交差离开的时候 M 老师大喜过望，说她本以为我只会完成三分之一，给了我一个拥抱，差点就要说你是个天才了，笑容比平时还灿烂了三倍，害得我那一整天都莫名喜悦，也终于了解了小朋友每天都是什么待遇。

M 老师班上还有一个传统节目，就是小朋友都会有一天虚设生日，不一定是正日子，因为还有很多孩子生日在假期，但都会是一个专属的日子。这一天这个小朋友享受超级待遇，可以在校长讲话时站在一边，读书优先挑选，吃饭去操场负责领队，最后还有一个庆祝，所有的同学会一起给他（她）画一张画，签名写上祝福语，等于一张大生日卡，然后唱歌，吃小蛋糕。

没有想到的是，其中居然还有一项任务是我的，就是要给娃写一封信，庆贺她的生日。

我只有拿出最认真的态度做了作业，给女儿写了一页纸的短笺。这封信又得到 M 老师的大力夸赞，事后还专门发来邮件，衷心感谢我这个充满爱心的妈妈，愿意为小朋友的成长付出这么多心思。

可是我是亲妈呀，老师感谢我爱我的孩子，这是什么逻辑，着实令人晕眩。

而且 M 老师的赞赏是真心的，三年后儿子上学的时候，被钦点全班第一个过生日，因为他妈妈有经验，可以给大家做个示范。

一年一晃而过，离开 M 老师我和女儿都有了点恋恋不舍，临走闲聊，M 老师居然破天荒地吐槽，其实她挺想换去教教高班孩子的，奈何口碑太好，被家长年复一年强烈要求留在学前班。

真是几家欢乐几家愁。

但是两年后儿子上学时，看到分班册上 M 老师的名字，我还是愉快地松了一口气。

美国老师有名的夸字当家，只说好的，不说差的，M 老师也似乎坐实了这点，所以迎面撞上 W 老师让人耳目一新。

第一次家长会，W老师单刀直入，好话咱们就不说了，来讲讲你女儿的问题。

这个太让人精神抖擞了。

W老师显然是不喜欢跟人说话绕圈子的，说话一针见血，一语中的。前一天就曾见她教导一个高个子小姑娘既然个子已经长了，就应该同时懂得约束自己……

W老师充满热情地说，你家小姑娘善良聪明爱学习，读书没有问题，这些不说了，但是她太害羞了，应该要再勇敢一点，多交些朋友。

这个可是说到了我心坎上，忙问老师有什么建议。

W老师大手一挥，我会多给她点事情做，把她推出自己给自己画的小圈子。

好啊好啊，我的头点成了拨浪鼓。

几个月之后，又是做义工的时候，我见到的场景是，一向文静秀气的女儿和一个小男生在绕着椅子桌子追跑，一边跑一边嘎嘎地笑。

那一年，大概是女儿小学认识朋友最多的一年。

W 老师的精神不仅限制在教室里，以她敞亮的性格，我很快就了解她其实是印第安人出身，有三个女儿，一个女儿在夏威夷乐不思蜀，W 老师自己非常热衷传承印第安文化，是本地一个印第安人文化协会的重要组织者。说起这个话题 W 老师会很容易激动，会对着小姑娘说，你也要爱护你的文化，要学会为自己发声。

可惜的是，儿子上学的时候，W 老师已经离开了这间学校，去了南边一个有专门印第安文化教育项目的学校。

于是，儿子遇上了 P 老师。

P 老师是所有孩子们接触的老师中唯一没有正式学位的一个。她自己是五个孩子的妈妈，十年工夫跟着孩子在学校做义工。孩子们长大些的时候就有人建议她，为什么不做个老师，看她很有这方面才能。P 老师也觉得很喜欢和孩子在一起，就真的拿起书本，考了一个老师证书，做起了老师。

第一次去给她做义工的那天是早上八点半，后来知道 P 老师的规矩是每天早上八点半到九点是小朋友晨读时间，自己坐在教室里看书，家长分批带几个小朋友做数学习题，她则需要这段时间准备一天的教案教具。

所以这天早上，我见到的画面是，八点半，二十多个孩子坐在教室里，没有老师，没有家长，每人认真捧着一本书在读，没有一个人交头接耳，其中包括儿子和他的一众小朋友，七岁大的男孩子，平时个个都是自带马达发动机，三分钟没看见上了房、七分钟没看见揭了瓦的混世魔王，这会儿屁股都长到了椅子上，眼观鼻鼻观口口观心，专心读书。

这种情形，只能用太阳从西边出来形容。

P 老师是怎么做到的？这成了我认识的所有这个班妈妈们心中的谜。问小朋友，只得到很严肃的模糊回答，P 老师，她是认真的。

虽然没有正式学位，P 老师教学却很有段位。她认为这个年龄的小孩子读书不应该贪多读看了也理解不了的大部头，而应该把自己合适的层次上的书读多读熟，要有数量。偏偏适合这个层次的材料很少，P 老师便自己找书，从里面拷贝下一些篇章，按照难易程度从 A 排到 Z。小朋友必须在每个层次上读够六本小书，并且在家长义工面前合理复述出来方可晋级。

于是小朋友们天天在借书还书，忙得不亦乐乎。

那个年龄的儿子脾气比较急，被激怒之下还容易动手，为这没少挨骂。终于有一次麻烦惹大，一个黑人同学家长把电话打到了我家，说儿子在校车上跟她儿子打架，她儿子回家还哭呢。虽然是来告状，那个妈妈其实蛮有情理的，说她本想直接去学校告状，但是想到都是一样的儿子，背后都有操心的妈妈，所以先打电话联系我反映一下情况。吃惊之下，我赶快道歉并保证一定好好跟儿子谈谈，让他承担该承担的责任。黑人妈妈口气缓和之余开始吐槽，说她儿子小小年纪却已经转学一次，就是因为在前一个学校受人嘲笑搞得小家伙拒绝去上学只好搬家。本来一直很喜欢这个学校没想到又……

这大概是我第一次得以从一个黑人妈妈的视角看世界，并被这份新的了解触动了。

我马上找到 P 老师，跟她说明原委，表示愿意让儿子在学校公开向黑人同学道歉，希望不要影响小朋友对学校的感觉。

出乎意料的是，P 老师否定了我的建议。说她观察两个小男生已久，虽然不在事发现场，但是可以猜到一二。她说黑人小孩子之前多次找机会接近我儿子，多半是想跟他玩，但是不善交流，采取的行为看上去就成了各种捣乱。P 老师还向我保证，儿子虽然不耐烦，但没有看出有恶语或恶意，想来那天必是被烦到痛处失去了控制。P 老师说，当然黑人小孩也就是在寻找朋友，你儿子显然没有能意识到这点……但这并不应该让他被看作一个坏孩子。他的反应对这个年龄的小男孩来说还算是正常的。

我大概讲了和黑人妈妈的对话，告诉 P 老师我真的不介意让儿子道歉。P 老师反对得也同样明确，说她会和黑人孩子以及他妈妈谈，告知她一些她儿子的情况，还会跟校长打招呼。至于道歉，她会找他们两个私下谈，教会两个人平心静气地表达自己的想法，打人的需要道歉，因为这种方式是不对的；黑人同学也要懂得尊重他人的空间。毕竟他们是同学，这件事里要学习的不是谁赢谁输，而是更友善的交流与更和平的相处。做错事情是要承担责任，但是如果让小孩子承担与行为本身不相称的责任就不是公平，对他们俩都不是最好的学习。

P 老师说话简洁接地气而权威性十足，让人感到只有老老实实听她安排。

后来一切如 P 老师安排，两个小男生进行了面对面交流，儿子道了歉，俩人握了手表示要好好交流。后来虽然没有像小说里那样俩人成为好朋友，但确实做到了和平相处，儿子和 P 老师制订了一个怎样控制自己脾气的计划，后来没有再跟人打过架。黑人小朋友也在这个学校一直待了下去。

在这样的老师面前，苍白的感谢显得多余，但是谢意还是不可不表。想起 P 老师说起给小朋友们准备阅读材料的艰辛，我去向 P 老师建议，女儿那时爱画爱写小故事如命，成天都在编图编字，何不让她把她的大作拿来充实 P 老师的图书馆？

P 老师非常高兴，万分感激地接受了女儿的《小海豹》系列。

更没想到的是，有一天 P 老师还去找到了女儿的老师，邀请女儿以小作者的身份访问她的班级，像模像样地办了一次作者和读者的见面会。据说事后班级里的小朋友掀起了一股写作浪潮，几乎每个人都奉献了至少一本自制出版物。

下一次见到，P 老师大大赞扬了女儿，感谢她带动了小朋友写作的热情。

原本想感恩的，就这么又被调换了位置。

虽然当时只有七岁，儿子现在还认定 P 老师是他碰到的数一数二的好老师。

美国小学老师基本都是女的，男老师就显得凤毛麟角，而且经常是非常有趣的人物。

女儿最后一年就碰到了他们学校唯一的男老师之一，而且是全校学生的最爱，都以能碰上这个老师为最高幸运。

这就是 S 老师，一个不修边幅、略略发胖的中年男士，两个孩子的父亲。放学从来不能耽搁，因为回家接女儿是不可撼动的任务。

S 老师还有一个超级强项，就是对"精灵宝可梦"如数家珍，了如指掌，秒杀所有热爱"精灵宝可梦"的小男生总和。开学伊始，第一堂课上 S 老师就给每个小朋友起了一个"精灵宝可梦"别名，一直用到学期结束。

S 老师的第二把火是税收制度。本班发行 S 元，如果一个小朋友一周作业都及时交齐周五发工资 5S 元，但是漏一次作业要罚 10S 元，并且发工资的时候还要扣除 0.5 元的税。按 S 老师的话说，既然你们早晚要交税，不妨早早了解一下。

和 W 老师一样，S 老师的家长会没有什么客套，女儿学习挺好，不过有个小问题，小姑娘爱看书有点成魔，导致经常上课也在看自己的书，有时候错过布置作业，而且有很多时间沉浸在自己的想象中，虽说锻炼想象力，但是也会错过很多身边发生的事……

当妈的只有赞叹老师观察精准，这确实也是我多日的烦恼了，又是赶忙问老师建议。

不同于 W 老师，S 老师比较放松，一副通透的样子，淡淡一笑说，他会把小姑娘调到离讲桌近的地方，不过，一切还要靠她自己想明白。现在她这种习惯没有太大负面影响，她会因此没有动力改变，但是到了中学甚至更远她会因此遇挑战，虽然那时候会吃亏，但是……孩子就是这么成长的啊……

女儿果然保持了对读书的迷恋到小学毕业，一直到七年级才彻底改掉，中间的烦恼日子不提。

尽管如此，女儿一直很喜欢 S 老师，后来还提起多次。很多细节我也是一点一点才了解到，原来 S 老师也很爱读书，经常和女儿交换书目。S 老师还会在假期中间没头没脑地给女儿发邮件，分享他刚刚读到的好书。

我们搬家的时候，儿子最大的一件憾事就是他失去了做 S 老师学生的机会，本来他已经得到通知下个学期去 S 老师班上了。

我也问过女儿，S 老师没有跟你说过上课看书的事么。她说说过好多次，还专门每次上课把她的书拿走，下课才还她。不过她就是改变不了，还是一有机会就看书，忽略周围发生的很多事。每次有了麻烦，S 老师就叹气，说你这么聪明可知道这样以后会有麻烦，不过你总会搞定的。

后来的日子里，每当我对妈妈这个职业产生困惑的时候，便常常让自己想想，能不能不要比一群小学老师做得差太多。

自我寻找之路

/ 星　星

　　我一出生就属于一个华裔美国孩子的类别，但是我小时候并没太注意到这一点。小孩子们都是自己宇宙的中心，自己故事里的主角。自己世界里的正常就是唯一的正常。我知道我是华裔，也知道很多同学不是，但是我从没有真正地明白这意味着什么。

　　我从小到大一直住在一个亚裔人口很多的区，所以从来没觉得自己有什么与众不同之处。我每天都会看到跟我长得差不多，同样会说中文的孩子。当我去朋友家玩，就会见到跟我家很相近的家庭。小时候的我自然而然地以为我和我朋友们的生活就是所有人的生活。

　　这种看法随着时间渐渐地消散了，我从电视剧、电影、无数多的书里了解到了外面世界的样子，了解到真正故事里的主角是什么样子的。

　　这些主角都不是亚裔。美国流行文化里明显没有亚裔人和亚裔文化的位置。当他们出现，经常也只是没有亚裔文化元素的副角色，或者就是被喜剧化了夸张得一塌糊涂的刻板形象。小学的我学到了故事里面的主角，学到了"正常人"，他们不是亚裔。

　　就像很多生长在美国的中国孩子，我对中国文化的把握渐渐地消失了。这不是故意的，我一走出门外就会被一个完全不同的文化环境淹没。我成天说和写英文：在学校，跟朋友，在家。我上中文课，但这只是每星期周末的小活动。我成了一条香蕉：外面黄的，里面则是白白的。我成了另外一个忘掉自己的母语、更擅长吃汉堡包和熊猫快餐而不是地道中国菜的小破美国孩子。

小的时候母亲为了逗我开心会给我讲精彩的成语故事和中国历史故事（比如《三国演义》或者她自己小时候的故事）。我真的喜爱听这些故事。我是从它们那里学会欣赏自己的文化的。但是出了家门，就听不到这些故事了。虽然我还是很佩服中国几千年的历史和文化，却渐渐觉得似乎跟我没有真正的关系。我毕竟是香蕉嘛。我中国人的身份只是自己很小的一部分，小到几乎看不到。好像在美国我们是不是华裔这事，只有中国家长自己才在意。

上了高中，又发生了变化。我们都开始对自己的身份和在世界上的位置有更多的兴趣了。通过各种各样的方法——写心痛的诗、参加活动、唱歌跳舞——表达出自我寻找之路上的成果。

后来我在网上看到了尼日利亚作者奇玛曼达·恩戈兹·阿迪契的一个TED演讲，叫《唯一的故事的危险》。她讲到了她小时候爱读书的经验。虽然她住在尼日利亚，但所有她拥有的书都是英国人写的，都讲有黄头发蓝眼睛的英国小孩子，吃苹果看外面在下雨。

结果是，当她自己开始写故事的时候，写出来的也是英国孩子的故事。她本身是黑头发和黑眼睛，她家外面很少下雨，她也从来没吃过苹果。因为她从小只读过英国孩子的故事，所以她的故事里的小孩子都是黄头发蓝眼睛，吃着苹果在看雨。我当时就意识到我跟她有同样的问题。

除了几本书以外，我读过的那么多的书里极少出现华裔主角。我在那些书当中从来没看见过自己。于是当我开始试着写故事的时候，我不知道怎么写自己的故事。我乱七八糟的小故事里的主角都是黄头发的白女孩儿。她们的父母也是白人，他们说话做事的方法跟我了解的白人一样。

我更小一点的时候写过有华人主角的故事，但是有趣的是，我长得越大，越开始忘掉怎么写讲中国人的故事。我以为这种故事——自己的故事——周围是没有人肯读的。

阿迪契的演讲让我注意到两件事：第一，虽然我很多方面看着完全像个美国白人，在更深的程度上我还是中国人；第二，中国人、华裔，需要表达的能力和机会。

注意到这些事情之后，我还是有点困惑。我毕竟是华裔美国人，不是纯中国人。中国文化对我有很多深深的影响，但是我表面上还是更像周围的美国人。我跟我的同伴们都卡在美国人跟中国人中间的某一地方。我开始寻找一个我们都共有的东西，能清清楚楚地定义华裔美国人到底是什么意思的东西。

我终于找到了这东西，那就是西红柿炒鸡蛋。所有我认识的华裔美国孩子都听说过这个菜（除了一个男孩以外。他家把这个菜称为"番茄炒鸡蛋"，我问他时，他根本不知道西红柿是什么），而且大家都非常喜欢。这是那种你小时候在家里吃到的菜，能高高兴兴地吃个饱，而且做起来很容易。有趣的是，非华裔的美国人多数都没听说过这道菜，也不知道这是中国人常爱吃的东西。我永远会珍惜发现吃西红柿炒鸡蛋这个共有的经验给我的心中带来的暖乎乎的感觉，还有想到一碗刚做好的香喷喷的西红柿炒鸡蛋给我的感觉。我这就不说下去了，快把自己说饿了。

2018 年我们一家人去电影院看《摘金奇缘》。这电影不算完美，

但是总体来说是一部好电影。每个部分——设置、情节、人物都充满了中国元素和中国文化。我看这个电影的时候就知道它的成功将来会鼓励更多讲华人故事的电影。亚裔人在美国还是少数，但是每天都有越来越多的亚裔作者用书、电影，讲述他们的生活经验。我两岁的时候就发现自己很喜欢写故事。现在，我终于知道我要讲的故事到底是什么样子的。

孩子成长的过程就是和父母不断分离的过程，从出生那天剪断母子连接的脐带，到断奶到毕业到独立成人离家。每次的分离有泪水有成长也有相聚后的欢笑。他们需要很多爱，但也不能在糖罐中长大，下雨不会使他们融化，还会滋润他们在自然中更茁壮地成长。

儿子鸣鸣是在英国出生并长大的，只是小时候在北京体验式地上了两个月的幼儿园中班。时间过得飞快，转眼鸣鸣已经十五岁了，即将参加英国的中考。回想当初怀孕时，初次为人父母，难免紧张焦虑，但是一路走来，鸣鸣从出生到成长的过程都是那么自然，一切都是刚刚好，让我越来越放松了。

自然生长，按照自己的节奏准时到达

/ 何　琦

　　我的儿子鸣鸣是在英国出生并长大的，只是某年春天在北京体验式地上了两个月的幼儿园中班。时间过得飞快，转眼鸣鸣已经十五岁了，即将参加英国的中考。

　　回想当初怀孕时，初次为人父母，难免紧张焦虑。但是一路走来，鸣鸣从出生到成长的过程都是那么自然，一切都是刚刚好，让我越来越放松了。

　　鸣鸣在我预产期那天的凌晨破水而来，经过了一天的努力，他终于准时来到。一岁前他喜欢在地上爬来爬去，速度很快，经常一不小心就来到我的脚下差点儿被我踩到，但他就是不站起来走路。有一段时间我很着急，谁知在他一岁生日那天，他突然就扶着门槛得意地站了起来还跌跌撞撞地开始行走，后来连小推车也不喜欢坐，到哪儿都要自己走。

　　鸣鸣是在中文和英文的双语环境中长大，虽然没有坚持上中文学校，没有读写能力，但是中文听说还是没有太大问题的。像很多双语孩子一样，他开口说话的时间比较晚，到两岁了还不能说出完整的句子，最初喊妈妈也是发出哒哒的声音，而不是妈妈，持续了很长时间。到我又开始有点焦虑不安的时候，两岁的生日歌唱过之后，鸣鸣突然开了窍，小嘴像话匣子一样叽叽叽叽不停地开始说话了。

后来考中学，几乎所有的家长都是焦虑的，我也不例外，填报了至少六个不同层次的学校，呜呜有惊无险地都考上了。还有其他很多小事儿，都是该做什么的时候，他就水到渠成做好了，真的不需要父母太焦虑，所谓瓜熟蒂落。现在我对他已经完全放手顺其自然地成长。也许他不是最优秀的，但是他会按照他自己的节奏准时到达，我相信这点，我相信我的孩子。

说说英国教育

英国的中学教育是公认比较好的。大学教育也许美国更有竞争力一些。小学教育在英国也很不错，但基本以玩为主。

英国的教育体系大概是这样的：

0—4岁：是幼儿园，都是自费，而且很贵。三岁开始才有政府补助的2.5小时/每天的免费时间。一般都是上午去，午饭前接回家。所以很多妈妈生育后重返全日制工作比较困难。国外的祖父母一般是不帮忙带孙辈子女的，偶尔照顾一下可以，每天都管的就很少。这也是国外家庭主妇多，妇女职业生涯难以持续发展的重要原因；近年来国内很多城市也面临这个问题。不像我们小时候，大家都去幼儿园，妈妈爸爸都去上班，妈妈的产假只有56天。

我就是在孩子出生后休了一年产假，一年后回去上班但是改成了半日制的工作时间，每周只去三天或四天。我去上班的时候就把孩子放在其他有小孩的妈妈家里，这种经过培训注册的妈妈称为"家庭托儿所"，类似于家庭幼儿园。她同时可以带自己的孩子和别人的孩子，规定五岁以下的孩子最多可以带三个。这是一些妈妈产后的就业渠道，也是幼儿园的一种补充。因为时间地点上比正规幼儿园有很大的灵活性，对小小孩来说又有家庭环境的温馨，我觉得适合刚刚需要去幼儿园的孩子。

鸣鸣在这里一直待到正式上学，和她的儿子还有一个每周来两次的小女孩一起长大，算是对独生子女兄妹互动欠缺的一点补充吧。

4—11岁属于小学阶段，英国孩子四岁就入小学啦！相比其他任何国家都算早的。四岁开始叫 Reception（类似学前班强化版），五岁上一年级，十一岁小学毕业。

英国小学没有全国统一教材只有教学大纲。商店里可以买到针对各年级不同学科的练习册，是各类虎妈的秘密武器。

这个多元化国家里母语非英语的学生很多，有特殊教育需求的孩子也可以进入普通学校，这样一来班级里学生之间的认知水平和语言能力可以相差很大。

小学一直到5年级，都是一个老师带一个助手教一个班，但是需要覆盖所有课程。5年级以后才有不同的数学、语文、科学老师。音乐和体育一直有专门的老师，但是所谓专门的音乐和体育老师也是在老师之间分担的，所以在英国真的可以说数学是体育老师教的！

因为没有教材，老师会根据学生的需求和水平自己设计教学内容。孩子获得英语阅读和写作能力全靠读书。英国各地图书馆和学校图书馆都有一些经典进阶书籍。老师每天会让孩子从学校带一本适合他们水平的图书回家阅读。家长需要和孩子一起阅读，然后在每个孩子和老师的联络本上记录图书借阅的情况和孩子的进度，或者任何和孩子学习和生活有关的问题。孩子小的时候各种细节问题还是挺多的。在小学一二年级可能会有关于孩子大小便自理的问题，英国孩子如厕训练很晚，这个问题挺普遍的。到了孩子五六年级就会有男孩女孩之间的情感纠葛问题。让人不禁感叹孩子为什么长得这么快！

　　我印象很深的一件事是鸣鸣上小学前去参观学校，那时鸣鸣还不会写任何单词。小学校的墙上贴着各年级学生的作业展示。一年级的孩子字迹歪歪扭扭，语法拼写错误百出。而六年级的学生已经可以写狄更斯小说的读后感，英文水平让我都望尘莫及。后来鸣鸣的作业本果然也是这个样子。然后我记起我们小时候也都是这样长大的，从懵懵懂懂的幼儿到熟读四大名著的小学毕业生，真的只需要这么几年的时间。

　　阅读在小学阶段有非常重要的地位。好在英国每个社区都有免费图书馆，小朋友可以随意借阅。多读好书，胜过任何教材。主题教学在小学很流行，没有教材，学生要了解一个主题，就只能通过阅读书籍、上网查资料来获取信息。这样的学习模式可以大大提高学生的自主探索学习能力。

　　11—16岁就是初中了，有五年，课程选择很丰富，学生除了必修课，可以选修5~8门自己感兴趣的课程并在初中最后两年参加英国中考（GCSE）。

　　从中学开始，根据你是公校还是私校，是否在注重成绩的文法学校等，学校之间、学生之间有了更大的差别。

　　他们的必修课程有：英语（语言＋文学）、数学、科学（生物、物理、化学）。也有很多选修课程，五花八门无所不包：历史、地理、艺术、戏剧、舞蹈、音乐、宗教、拉丁语、法语、德语、西班牙语、设计技术、电子信息技术、商学，等等。然后各校还可以根据学生需求开设中文、日语、俄语、阿拉伯语、希伯来语等语言课程。

　　鸣鸣的小学是私立小学。因为我觉得英国小学孩子太小就上学，我们又属于移民二代，很担心孩子在一般的公校被其他孩子欺负，而且当时我们对英国的私立教育很是期待，就送孩子去了私立小学。

做这个决定前也参观了周边的几个学校，这间私立小学是最好的一个。每个小班 15 个孩子，男孩女孩各半，一个年级只有两个班，整个学校规模也很小，像个大家庭一样，所有的老师和孩子都互相认识。呜呜的小学校长自从学校成立以来就在这里工作，做了二十多年的校长直到退休，他把学校当成他第二个家一样，每天早晨在校门口和孩子们说早安，和父母交流情况，风雨无阻，还经常给临时有事的老师代课，是一个全能型选手。这也是我决定送呜呜来这里上小学的原因之一。

这个小学在每年暑假前会召开一次学校联谊会，会上有一个经典的保留项目：大家可以轮流买票（收入捐给学校课外活动经费），从水桶里拿一块沾满水的湿海绵，扔到校长身上或头上，校长则趴在一块十字架形状的木头上。这是一个娱乐项目，我第一年看到这个场景的时候非常震惊，孩子们也是，但是随后就都很兴奋，争相向父母要钱买票。英国的夏天是最可爱的季节，阳光灿烂的操场上，看到平时衣冠楚楚和蔼可亲的校长满脸是水的狼狈相，和孩子们尖叫着争先恐后跑来跑去的激动的笑脸，我终于理解了他诙谐搞笑的一面，也明白了孩子们为什么都那么喜欢和亲近他。如今鸣鸣小学毕业多年，我和他都还记得那个夏日阳光普照的操场上所有人开心的样子。

鸣鸣在这间小学度过了无忧无虑快乐的七年时光，到决定中学去向的时候，我们不想让他一直在私立学校的温室里成长，觉得应该去社会的大熔炉锻炼一下，就让他加入了文法学校考试的大军。有一年的时间，我们每个周末都做一套升学考试卷子，周六数学周日英语，偶尔加一下逻辑等。幸好私立小学的基础比较扎实，经过一年的努力，参加了周边好几个学校的考试，包括几所私校的考试和面试，鸣鸣考上了所有我们报名的私校和文法学校，最终我们选择了一间离我家最近也是最难考取，唯一需要经过初试和复试，10：1淘汰率的文法学校的男校。

英国有悠久的男女分校历史和传统，有一套成熟的根据性别差异所采用的适当教学方法。比如男生活泼好动，精力充沛，喜欢主动尝试，教师在进行学习指导时会以实践为主，多开展各类体育课程。女生较为沉稳安静，喜欢思考与观察，教师在教学时则会更注重启发与深入讲解。

男校女校都是配对出现的，即所谓男校附近肯定有一间女校作为友好学校。每周都有固定的时间或在需要的场合有互动交流。

混校也是大量存在的，并且也有很多优点。比如人们认为混校教育更利于学生理解异性的想法，学得与异性的相处方式，利于提升男子汉气概或女人味。大致可以说男女分校更利于集中精力学习，混校则擅于培养与异性的沟通能力。

但是归根到底，不论私立公立，不论男校女校还是混校，在你力所能及的情况下，适合你孩子的学校就是最好的学校。

丰富的主题学习

前面说到英国小学很注重各类主题学习，下面我就来举几个例子。

圣诞演出

英国小学里每年圣诞节都有化妆剧演出，是一年当中最重要的一个活动。大约从十一月的学期中假之后开始准备，到圣诞节放假，几个星期都在准备这个剧目。一般是传统的耶稣诞生剧，也有很多学校现在加入一些自己的编排，成为新式舞台剧。圣诞节前，每个年级都会安排一天正式演出，可以邀请父母或祖父母一起来观看，是一个很好的学校家庭联谊活动。

如果是传统剧目，场景通常是耶稣诞生的马厩，天使、牧羊人和三圣贤来看望圣婴、约瑟夫和玛丽。剧中的人物都由小朋友扮演，每一个小朋友都要在这个圣诞剧里扮演一个角色，全员参与，一个也不能少。不爱说话的小朋友可以扮演小绵羊、小毛驴和骆驼等。中间还会穿插圣诞合唱，音乐课上会提前练习各种圣诞歌曲。

小朋友都会拿到一个正式的剧本，大家一起排练，一起表演，还要求回家和父母对台词，最后正式登台演出。台下观众黑压压一片，都是充满爱意无限激动的父母和家人。

因为每年都有这个活动，可以看到孩子们成长进步的轨迹，看到他们越来越自信越来越游刃有余。当然总有一些孩子不喜欢这类戏剧活动，拒绝上台表演，老师会安排他们做一些幕后工作，整个活动是很好的戏剧教育和团队合作的机会。

鸣鸣的学校在一年级的时候排演了传统的圣诞耶稣故事，二年级开始改为喜剧形式的各种舞台剧，由老师集体创作，然后提前几周开始在英语课和音乐课上让孩子们学习和准备，戏服也是老师、家长和孩子一起制作。

读书日活动

每年二月，小学还有一个重要活动，是世界读书日。每个小朋友挑一本自己最喜欢的书，经典名著或流行读物，并且打扮成书里一个人物的形象，比如男孩儿扮演成哈利·波特，女孩儿装扮成爱丽丝，各种各样什么角色和形象都可以，充分发挥孩子的想象力和创造力，想怎么穿就怎么穿。

小朋友平时一律穿校服，但是这一天会穿着花里胡哨的衣服去学校，简直就像嘉年华游行盛典一般，女孩子们尤其兴奋。一般情况下，孩子需要认真地读过一本书，才能找出一个自己喜欢的人物，还要花很多时间构思设计和制作，去装扮成书里的人物。这需要很多亲子互动的时间，对小朋友深刻理解这本书非常有帮助。小孩儿非常喜欢这种活动，极为开心，他们也会互相交流，互相推荐，等于说每个人都可以读好几本书。

这张照片是鸣鸣选的罗尔德·达尔的书《狐狸爸爸

万岁》，他自己做了一个面具，就是为了扮演这个狐狸。他其实还是穿的校服，这个好像是我后来补拍的。因为好像当日不允许家长乱照其他的小朋友，要保护孩子的肖像权。

各种出游日学习

还有一种主题学习是出游日结合各科教学。比如这张照片是鸣鸣小学科学课去野生动物园参观，回来之后有两个星期的时间完成的一项作业。

课题要求每个孩子挑一种自己喜爱的动物，自己设计并动手制作出它的生活环境，家长可以适当帮忙。与此同时，撰写一篇报告，介绍这种动物的物种分类、生活习性、饮食习惯等。之后摆在教室里，互相介绍学习，还欢迎家长课后参观。这个课题学习模式和读书日类似，就是通过让孩子挑选自己喜欢的书或动物，调动孩子学习的积极性。因为大家的选择不会一样，即使选择一样的书或动物，也会有不同的表达方式，所以在和其他孩子交流的过程中，可以互相学习和扩展学习。

能看出鸣鸣选的动物是什么吗？是狐獴，狐獴生活在非洲的沙漠环境里。

在这类学习活动中，小朋友最喜欢的还是出游，天气好的时候会在外面野餐，好几天前就兴奋得不得了。

冬天大多安排去室内博物馆参观学习，比如学习埃及历史的时候，学校就组织学生参观了大英博物馆，看木乃伊及其他埃及文物，然后每个人学习用纱布缠绕一个毛绒玩具做成了小木乃伊。春秋季节，一般会安排去动物园观察各种动物，或者去植物园学习有关植物的知识等。

这种出游活动每学期都有，出游日当天就不去学校了，之前的几天会分组讨论，讲解各种注意事项，提前预习将要学习的内容。回来后还会总结复习，每个人都要写出游报告。有一些早慧能干有艺术天分的女孩子做的活动总结经常图文并茂，装订精美，像一本出版读物一样。

从三年级开始就有了出门过夜的旅行，是循序渐进的。三年级在外面住一夜，四年级增加到三天两夜，五年级四天三夜，六年级的毕业旅行则会长达一周时间。

旅行通常住在专门为学校出行设计的场所。5~8个孩子一个房间，住上下床，出发前孩子们可以申请希望和谁住在一个房间，写在一个小纸条上交给老师，然后老师酌情安排。这可是一个天大的事情！每次他们都会兴奋地嘀嘀咕咕好几天，这也是检验每个人受欢迎程度和考验小朋友之间友谊的小船坚固程度的机会。

当然，主要还是学习的机会，学习独立生活，学习伙伴间团结协作，学习团队合作；对家长也是巨大的考验。我记得第一次在外过夜旅行前老师特意交代，务必教会孩子铺床单和换枕套，当时鸣鸣才只有七岁。

在外面过夜的第一个晚上经常有孩子夜里会哭，据说是一个孩子先小声哭，然后好几个孩子一起哭，虽然鸣鸣说他从来没哭过……在学校停车场上，孩子出发前，父母和孩子依依话别难舍难分，等到孩子凯旋时，父母和孩子热烈拥抱涕泪交流的壮观场面也是每年的盛事。

还有一个细节，至今我想起来也是乐不可支，就是出发的时候，每个孩子都是干干净净、漂漂亮亮地穿着自己最喜爱的衣服，盛装打扮。但是回来的时候经常感觉就是丢盔弃甲，去了多少天就多少天没洗澡的样子。

孩子成长的过程就是和父母不断分离的过程，从断奶到毕业到独立成人离家。每次的分离有泪水有成长也有相聚的欢笑。虽然说孩子像射出的箭，我心里还是希望他能像彗星一样定期回来访问。也希望在这个过程中，父母和孩子都能不断学习成长，彼此珍惜，共同进步。

孩子小时候的天性就是贪玩，如果父母不加以正确的引导，孩子就会热衷于玩耍，不知不觉就会浪费了适合学习的最好时光。当自律成为习惯，就会享受学习的快乐。

　　哥哥明辉，2009 年出生于美国洛杉矶，在日本东京长大，多次往返中日美三国，并就读于当地学校，在他身上可以看见三种不同文化的碰撞。他善良幽默就像他的名字一样，总是给周围的人带来温暖和阳光。他喜欢音乐和运动，也爱看电视和玩网络游戏。作为国际人的他关心世界环境问题，成为联合国职员是他目前的职业目标。

　　妹妹惠琳，2010 年出生于美国洛杉矶，在日本东京长大，多次往返中日美三国。她爱画画、唱歌和跳舞。她有爱心，做事认真，成为一名医生是她的梦想。从小培养艺术气质的她还是个国际小超模，不仅出演过中央电视台的少儿系列剧，还登上过纽约国际时装周的 T 台。

照片背后的育儿故事

/ 阮　军

哥哥失踪事件

现在的孩子都是家里的宝贝，自从出生以来，几乎没有离开过父母的身边，孩子与大人都习惯于这种现状。东京的孩子也不例外。

有一天，八岁的哥哥的小学组织冬季滑雪合宿（也就是集中培训）。哥哥一听就很高兴，一定要参加，当妈妈的也觉得孩子长大了，这是锻炼独立行动能力的一次机会，于是就同意了。

临走前两周，老师就发了这次滑雪合宿所需物品表，有滑雪服里边穿的保暖衣裤，滑雪专用长袜子、睡衣、内裤，还有头盔、滑雪镜、水杯……装好了超级大的一个合宿专用包！我们还特地给哥哥配了一部手机，反复叮嘱他，每天到了吃饭的时间，或到了休息的时候，一定要和妈妈联系，打个电话，报个平安，让家里放心。孩子点点头，答应了。

可是出发了之后，第一天没有电话。

第二天，从早等到晚，还是没有电话。

一直等到第三天的最后一天，居然还是没有电话！

是不是出事了,所以才不能跟家里通电话?

在家里的妈妈和妹妹,急得像热锅上的蚂蚁一样,坐卧不宁,想联系孩子,可几次打电话过去,手机都没人接,这下心里更着急了。

孩子家长们互相打听,又到网上查滑雪场的信息,又打老师的电话,都没有任何消息,只能用"没有消息就是好消息"来安慰自己。

终于等到孩子回家的时候,大巴车远远驶近,停车,哥哥带着一脸微笑走下来,天哪!心里的一块大石头总算落了地。

问哥哥怎么回事儿?

"教练说了,不要随便和家人联系,不准打电话,所以没有联系!"(老师的话高于妈妈的话)

哥哥回来的第一句话就是"还是家里好啊",在家衣食无忧,有妈妈的照料,还有妹妹一起玩。

合宿的这三天,滑雪时手上出的汗把手套冻成了冰,脸蛋儿被风吹得红红的。在外面什么都得靠自己,还要跟很多小朋友一起洗澡一起睡觉。不过第一次离开大人独立生活,认识的新朋友和发生的新鲜事也让哥哥兴奋异常。

妹妹和哥哥只差一岁,两个人自小总是打打闹闹,争来抢去。但是,分开的这三天,妹妹一方面觉得很寂寞,一方面也每天牵挂着哥哥的安危,看到哥哥终于平安地回来了,还省下不多的零花钱,给自己买了喜欢的礼物,妹妹紧紧地抱着哥哥,要哥哥讲在外面的故事,生怕哥哥再失踪了,那一副依依不舍、楚楚可怜的样子让人不禁动容。(百分之百纯天然,无添加☺)

妈妈拿相机及时记录下了兄妹俩这温馨的一刻。

从此，兄妹俩的感情更好了。不管谁先回家都会先问一句：哥哥（妹妹）呢？

这次失踪事件之后，每回哥哥外出都记得主动和家里联系，以免家人挂念，养成了这个好习惯。

"穷养"和"富养"

在日本，提倡宽松教育，尤其是小学阶段不太注重孩子的学业，但是老师比较偏重孩子的素质教育和品德教育。

每个小学生除了都要掌握一样乐器、擅长一项体育运动之外，老师在学校言传身教，培养孩子礼貌待人、不以外表评价他人、尽量不给别人添麻烦等基本素养，培养讲究个人卫生、随时整理东西的习惯，还有拾金不昧、助人为乐的精神，不说谎，不欺负人，等等……这些品格从小养成，能够伴随孩子的一生。

公立学校一般不留作业，考试也没有排名，每天下午两三点就放学了。对孩子的教育比较关注的家长们都会把孩子另外送入课外辅导班（塾），再去进行各种课程的辅导、加强。还有各种才艺的培训班。

我们家两个孩子也是这样，每天放学自己走回来，放下学校的双肩背皮书包之后，马上拿起另外的包去参加各种学业的补习辅导班，还有各种才艺课，每天排得满满当当。

　　我们家对哥哥的学习要求比较严。每天课外辅导班的作业，都要求孩子回家后抓紧时间自觉完成。如果不完成，不能睡觉，一般要争取晚上十点钟之前做完作业。

　　这一天晚上，哥哥有点发低烧，犯困，想去睡觉，但是自己又觉得作业没做完，心里放不下，坚持着一定要把作业做完才去睡。一着急又流了鼻血，鼻子里塞了棉球，眼睛里噙着泪水，默默地坚持做作业。爸爸在边上看着心疼，但是为孩子的毅力和坚强而心里暗暗点赞，掏出手机随手拍下了这一张（上图）。

　　孩子小时候的天性就是贪玩，如果父母不加以正确的引导，孩子就会热衷于玩耍，不知不觉就会浪费了适合学习的最好时光。

　　当自律成为习惯，就会享受学习的快乐。

　　我们家的孩子参加了课外辅导班后的变化就是在学校的课程学得很轻松。这时候，自己就会有一种满足感，把学习也会当作一种爱好和自觉。

　　对于妹妹的学习，我们就没有抓得像哥哥那么严，当妈妈的反而比较注重她才艺方面的兴趣爱好，安排了音乐、画画、模特、芭蕾等课程……每周几乎所有的校外时间都排得相当丰富而紧凑。

　　正所谓男孩要"穷养"，女孩要"富养"。

　　所幸孩子也是乐在其中，一点都不觉得辛苦。大人也觉得欣慰，只要孩子愿意，我们就尽量栽培，去发现孩子的特长，挖掘孩子的潜力。

长大后的理想与职业体验

国内小朋友被问到"长大以后想当什么"的时候，随着时代潮流的变迁，答案总是不一样。在很久以前，大部分孩子会选择当军人。有一阵子，大家会选择当科学家为多（尽管并不是每个人都能够成为科学家）。如今据说很多孩子把当演艺明星、球星作为自己憧憬的首选对象。

在日本，据有关儿童教育机构的民意调查，对于长大后想当什么，男孩子回答最多的是职业球星，而女孩子回答最多的是家庭主妇。

排在之后的职业就五花八门了，有想当厨师的，有想当救生员的……其实在孩子们的世界观还没有形成、对成年人的世界还没有充分认识的时候，其职业憧憬都是模糊的。

在日本，孩子的职业选择相对比较少地受到父母的干预和影响。从事各行各业的人在心理上是平等的，比如，从事体力劳动的人并没有觉得自己低人一等，每个行业的人都保持乐观，面带笑容和自豪去积极投入自己喜欢的工作。

在明治维新以前，日本基本上是一个落后的农业国。在明治维新之后，尤其是经历了战后高速经济成长期，日本快速从工业化社会又成功地迈入了发达国家的前列，服务业占据 GDP 一半以上的比例。农业虽然在如今日本社会只有约 5% 的份额，但是农民的地位和收入却不低。

为了保持"以农为本"的理念，确保大米及主要农产品的自给自足，在日本的学校教育里，**非常注重培养孩子对农业的理解和体验**。

很多日本的幼儿园、小学都有和郊外的农民签约，确保一块学校的自留地。每逢春耕和秋收的时候，轮流组织学生和家长一起去郊外自留地进行农业亲身体验，让孩子知道，自己每天吃的大米是怎么来的。

孩子们也兴高采烈地把踏青和秋游与农业活动结合在一起，春天的时候体验插秧，秋天的时候则体验收割。

穿上水靴的孩子们弯下腰来把秧苗一棵棵插入水田的泥土里，不深不浅要刚刚好，才能长出茁壮的稻谷。农户伯伯耐心地给孩子们讲解插秧的知识和方法。

收割的时候学会了镰刀的用法，家长们起初看着长长的镰刀心里都很担心，可是没有人替他们去动手。孩子们不但体会到了成功割下稻子的喜悦，也通过劳动，得知了平时吃的米饭来之不易。

秋收季节，农民们会把自留地里收获的稻谷精制成大米，分成小

包，分别由学校派发给每个孩子带回家，让孩子们亲口尝尝自己种的稻米如此美味，更懂得了对食物的珍惜。我们家孩子从幼儿园起一直保持着吃饭不剩一粒米的习惯。

在我家边上的商业中心里，有一个专门针对少儿职业体验的儿童乐园。在那里，孩子们可以穿上与大人一样的制服，在师傅的指导下，像模像样地体验各种职业，

有空姐、厨师、牙医、美容师，甚至管道工……

日本有很多科学馆也有很多让孩子们体验大人工作的活动。

比如，在我家附近有彩虹下水道科学馆，在那里，孩子们一边体验工作，一边了解怎样净化污水和疏通下水管道。

净化污水有好多处理步骤，从我们日常的生活用排水一直到净化成可以放心地流入大海，其中最有趣的就是利用微生物净化污水，在显微镜下观察，孩子们睁大好奇的眼睛发现在之前未知的世界里，微生物吃东西的样子还是挺可爱的。

疏通下水管道是一件不容易的事，一旦堵了就要停水修理。科学馆里的工作人员用动画生动说明下水管为什么会堵，主要原因就是洗碗时把做菜剩下的油一起倒入了下水道，造成油块聚集所导致，因此日本的食用废油要用固化剂先固化，再作为可燃垃圾去处理。

就这样，通过提前让孩子们对社会上各种职业有了一个初步的认识，将来就可以根据自己的特长及喜好，选择适合自己的进学道路及人生规划。

儿子的"小女友"

虽然说同属东亚，但中国的传统文化相对于日本文化要内敛许多。

在日本，整个社会相对比较开放，包容度比较高，尤其是在对待孩子的恋爱问题上日本家长的做法可能与中国家长有较大的差异。

因为工作的缘故，我能陪伴在孩子身边的时间比较少。每次一回到东京，我都会加倍珍惜和孩子相处的时间。每天到了孩子们该睡觉的时候，我也早早收拾停当，陪孩子们一起入睡。躺在床上，在孩子睡着之前，我都要极力发扬祖传的挠背功夫，一边帮孩子挠背，一边同孩子们谈心。我记得孩子还读幼儿园的时候,有一天晚上,我跟儿子聊天。我随口说了一句:"在幼儿园里,有喜欢你的女孩子吗?"他居然开始扳手指头:"稍微等一等,让我数一下。"让我不禁哑然而笑。小小年纪,居然在幼儿园里还挺有人气。

2月14日,这一天是西方的情人节,在日本有约定俗成的习惯是女士要向心仪的男士送"爱心巧克力"。有一年的情人节,我们家的门铃突然响了,开门一看,是一位儿子幼儿园班里的女同学,小姑娘在按我们家的门铃。开了门,问:"明辉君在吗?这是送给他的巧克力。"我儿子在房间里听到,害羞得涨红了脸不敢出去和人家打招呼。

幼儿园大班时,我们常请假带孩子们出去旅游。有一次,儿子一走进教室,有好几个同班的女孩子马上跑过来,开心地抱住他说:"好久不见,你回来了!"还有个女孩亲了他的脸,说"好想你哦",那画面充满了友爱和喜感。

在家长们眼里,小朋友之间的互相爱慕,这是最纯粹的喜欢,是纯洁无瑕的感情。大人们也都抱着善意去看待它,而不会横加阻挠。

我太太有一次去接儿子放学,一位孩子的家长和小女孩一起,递给她一个信封,跟她说:"这是我女儿写给你儿子的情书。"我太太收下,拿回家,乐滋滋地打开念给儿子听,都是一些非常幼稚、可爱的语言，描述了欢喜之情。然后，我太太也很精心地准备了漂亮的信笺，让儿子给人家写回信，一定要自己写，当时儿子还不会写字，就认真地画了一排排的圆圈以代替文字，写完，正儿八经地装入了信封，第二天羞羞地和妈妈一起当面递交给了人家。

有一次，我儿子小学同班的女朋友，因为父母工作调动，要转学去外地了，儿子很失落。于是妈妈们就张罗了欢送派对，一帮小朋友在一起，吃吃喝喝，打打闹闹，高高兴兴地度过了一个快乐的下午。

我们家虽然说不像日本家庭那样会从小全家一起裸体泡汤（温泉），但作为父亲，我会尽早和孩子谈论男女方面的知识，我太太也会在女儿小的时候就告诉她如何好好保护自己。

在这样环境下成长的孩子，就不会那么容易犯下青春期因为好奇而产生的错误。而中国家长的含蓄和羞涩，会给自己的孩子在青春期时带来好奇和挣扎，有可能会影响学习和生活，甚至影响一生。

作为过来人的我们都知道，走上社会之后，情商和智商一样重要，恋爱，在孩子的成长道路上可以发挥着积极的作用。

像我自己以前，一直到高中，学校里都是严厉禁止早恋。作为家长更是生怕会影响学习，不希望自己的孩子过早地陷入情网。

但是在日本，家长们普遍认为，孩子们在成长过程中男女之间纯粹的爱慕之情是非常珍贵的。拥有自己喜欢的人，还有喜欢自己的人，是一件值得骄傲的事情，而且也是一件激发孩子们努力上进的好事，父母一般都是抱着乐观其成的态度，不但不会加以干预，而且还鼓励。我太太一直以儿子是一位有爱心会体贴人的"小暖男"而自豪。

"医模"的培养之道

有一次，我问小女儿："长大了，想当什么呀？"

她回答说："我要当医模。"

"什么是医模？"

"当医生，还要当模特哦。"

原来是她自己发明的名词，好吧，孩子，那就朝着目标，加油努力吧。

妹妹对模特的初体验比较早，才刚过五岁，还穿纸尿裤的年纪，她便有幸参加了在伦敦举行的世界女孩选美大赛，并获得"Mini Miss 上海"称号。穿着日本设计师为她量身定做的红玫瑰礼服走在 T 台上，小小的她鼓起勇气第一次尝到了在舞台上受众人瞩目的感觉，从那以后害羞的她便自信起来了！

从伦敦回来之后，紧接着孩子们来到了苏州居住和上学。在这期间，有缘结识了一对气质优雅的名模夫妻，他们曾经跻身于中国十大名模行列，退役后在当地开办了高水平的少儿模特培训学校。

经过名师严格正规的指导，加上妹妹似乎天生拥有良好的乐感和肢体表现能力，很快便崭露头角，开始参加各种少年模特比赛，一显身手，短短两年内穿梭各地，积累了丰富的大赛经验。

学习模特成了妹妹最大的兴趣爱好，每个周末，当别的孩子都还在睡懒觉的时候，妹妹就已早早起床去训练，一天下来要走几万步，虽然从旁人看只是单调地反复来回走步而已，但从她专注的眼神就知道，她本人乐在其中。

而且随着比赛经验的增加，她成了场上的兴奋型选手，一听到音乐声响起，便能全神贯注，一点都不紧张，且往往能够超水平发挥。在老师的推荐下，妹妹获得了在国内外很多模特比赛和公益活动中展示自己的机会。

2017 年在北京举行的全国少儿模特大赛中妹妹获大奖，随后飞到

了美国，代表中国在纽约秋季国际时装周的 T 台上与国际名模一起同场走秀，成为第一个出场的开场模特。

2016 年夏季，妹妹还应邀参加了中央电视台少儿频道儿童魔幻系列剧《呼噜小精灵》的拍摄。

体验过才知道，拍摄过程其实很辛苦，在剧组里听着导演一遍又一遍的讲解，一次又一次地过词和拍摄。短短一个场景要花上一整天甚至更长的时间。家长在旁边等着都累得要命，平时娇气的妹妹竟然一句怨言都没有，真是不可思议，只能说她天生就适合表演吧。

女儿想当医生其实是爸爸的心愿，因为奶奶是医生，而且奶奶家祖上世代都行医，可惜到爸爸这一代失传了。学医虽然很辛苦，却可以救死扶伤，悬壶济世，帮助别人，是非常值得尊敬的职业。

当模特主要是受妈妈的影响吧。妈妈以前是一名平面模特，在日本代言过一些女包和化妆品的品牌，也曾参加过东京国际时装周的走秀，特别想在女儿身上多下功夫，希望她超过自己走得更远。

就在这样的家庭氛围的熏陶下，懵懵懂懂长大的妹妹，左思右想，觉得两个好像都不错，哪个都不想舍弃，于是便自己创造了"医模"这个定制职业。

八岁以后妹妹回到了日本上学，当模特走秀台的机会就少了，现在专注于学习，成绩也还不错，希望朝着当医生的目标越走越近，业余有机会继续走秀当模特。

长大后她的"医模"的小目标能不能实现呢？让我们一起拭目以待吧！

运动会就像"盛大联欢会"

在发明了"体育"一词的日本，提倡全民运动，各种民间体育活动非常盛行。每年有专设体育日，是国家法定假日。

1964 年 10 月 10 日，日本首次在东京举办了奥运会。从此，政府规定每年的 10 月 10 日成为国家体育日。

但在 2000 年的时候，因实施"快乐的星期一制度"，体育日被改为每年 10 月的第二个星期一了，这样可方便连着周末，成为"三连休"。在秋高气爽的体育日的前后，各学校都要组织实施运动会。

我小时候由于天生四肢细长，身形苗条，没多少肉，所以基本上和跑投项目无缘，有时缺人，被抓壮丁般推着押着上了跳高场，靠身高取巧，偶尔也能拿个名次为班集体捎上点小光亮。

大部分时候我都是和大多数同学一起，坐在操场一边当板凳队员，负责干瞪眼，扮演呐喊助威的角色，那时的运动会就是一个不用上课，整天晒着太阳吃零食的快活场子。

而日本的运动会，更像是一年一度家长和孩子的盛大联欢会。

孩子们早早地就开始练习备战；对于家长来说，每年孩子的运动会是一件家庭大事，有天大的工作都要放下，尽量请假参加。而且要提前准备好照相机、摄像机，用来拍下自己孩子的矫健身影，作为其成长的一个记录（日本的家庭摄像机产业基本上就是被运动会给带动起来的）。在运动会的这天，孩子们在比赛，场地边的妈妈们在激动地加油，爸爸们人人手持家庭摄像机，分别对准自己家的孩子猛拍，这也成为了运动会的一道独特的景致。

孩子们则是全员参与，每个人都有很多个比赛项目或者表演项目，且不按班级分组，而是任意组队，以颜色作为区分，大家都为了各自颜色队伍的总分而努力。比赛的场景也相当地紧张激烈，每个项目比完都要马上宣布比赛得分，成绩榜上各个颜色队伍的总分交替上升。暂时落后的队伍的孩子们就会非常着急，每个人都争先恐后地要为集体荣耀努力地去追赶，更卖力地去获得尽可能多的分数。

在父母的注目下，孩子们都表现得格外出色。

运动会结束，每个孩子都会被颁发一块同样的纪念奖牌和一份礼品，然后高高兴兴地和父母一起，拍照留念，牵手回家。

学外语要趁早

俗话说："一年之计在于春，一日之计在于晨。"我们的体会是，小孩子学外语的黄金时期，在于幼年。

成年后再学习外语，不光是母语已经根深蒂固，影响快速地吸入其他的语言，而且口音也很难做到纯正了。

我们家的孩子，因为幼儿期成长在日本，所以从咿呀学语时开始，就和日本小朋友在幼儿园里打成一片，最初学会的就是日语。刚会说话的时候，尽管语句简单，单词量比较少，但是，一开口就没有语法错误，且发音是绝对标准的东京口音。

趁着爸爸回国工作的便利，孩子们也跟着在国内生活了几年。刚回来的时候，中文不会讲，分别进了幼儿园和小学。

我们还是很担心，语言能不能跟得上？

用手语和老师交流，能不能解决日常的沟通？

但是后来发现这些担心都是多余的，没几天孩子们就和班里的小朋友玩在了一起。

孩子们的世界，大人永远搞不懂。

刚开始从嘴巴里蹦出来的只是一些词不达意的中文字词，而且连起来说时，经常语法错误百出，逗得我们哈哈大笑。

孩子们学习中文的初衷，只是为了跟在国内的亲人和朋友无障碍交流而已，渐渐地从学习中获得的快乐已经超出了他们的想象，虽有辛苦，但乐在其中，越学越有成就感。

随着语言水平一天天地提升，几个月之后，我们欣喜地发现他们已经可以和老师、同学顺畅地进行交谈了。

一起到中国同住的还有孩子的日本外公。外公和中国打交道几十年了，一直想学中文，可总也学不会，只会说几个最常用的单词。

半年之后，外公发现小外孙可以当翻译用了，于是每次出门散步，就带着他给当个翻译。到后来次数一多，儿子居然开始讨价还价："你要答应给买好吃的，我才陪你一起出去。"

孩子们在国内上的小学，是中英文双语的学校。如数学课，就有中国老师用中文上的数学课，还有外教用英文上的数学课。

孩子们到了一个全新陌生的环境，一下子同时接触了中文和英文，幸亏都提高得较显著，先会说，再会写，并没有发生我们大人学外语时曾经历的死记单词、苦学语法的那种痛楚。

我们和孩子说话的时候，用什么语言问，孩子就用什么语言回答我们，切换自如。

之前我们还担心孩子同时学好多种语言，会不会造成脑子混乱？后来有专家告诉我们，不会的，人的大脑有这种功能，会自动根据语言体系来进行梳理。

现实也证明，孩子们学不同的语言，能自然地分清，不会搞乱。当然，有时候由于单词量不足，在说一种语言的时候，会夹杂其他语言的单词。但随着单词量的增加，这种现象越来越少。

在孩子小的时候，中间妈妈还数次带着他们到美国去插班上了幼儿园和小学。体验美国式的教育，让他们的交际能力、思维方式都得到了锻炼，对英语口语能力的提高也起了很大的帮助，及时纠正了英语的发音。

刚到美国的时候，孩子也经历了一段困惑期，和周围的同学无法用英语自由交流，这让我们也非常担心。

有一天放学后，孩子带着同班同学到家里来玩，拿出食品和玩具招待小朋友，妈妈在边上蹭着一听，孩子居然是用流利的英语在教同学怎么玩玩具，这下彻底放心了。

据儿童教育学家说，五岁到十二岁是儿童语言能力最强的时期，充分利用这个黄金时期，创造条件，让孩子更早地接触外语，学习外语，是让孩子事半功倍，迅速掌握外语的最佳捷径。

如果错过了这段时间，等到孩子掌握母语的程度越高，学习外语其实难度就越大。

因为脑子里想进来的外语要不断地和先入为主的母语进行搏斗，经过反复拼杀，才能占据一席之地。

不用担心孩子小小的大脑是否能塞进那么多东西，或许对孩子们来说，学习外语，是本能，更是快乐。

从不怕冷的日本娃说起

很多冬天去过日本的朋友都对一个情景印象很深：哪怕是大雪纷飞的日子，日本的中小学生，居然都是男生穿着短裤，女生穿着短裙上学。

"这些小孩子难道不冷吗？"

"他们的父母难道不怕他们冻坏了腿脚吗？"

与中国父母一到天气降温，就逼着孩子穿秋裤的做法不一样，在日本，的确有一个传统观念，认为下半身抗冻，身体就好，所以日本的小孩子从小其父母就有意地让他们增强抗寒能力。冬季校服的标配也是短裤和短裙。

"孩子感冒了怎么办？"

多喝水，扛过去。

我家孩子小时候有一次发烧，妈妈赶紧带着去医院看儿科，医生一量体温，说："38度，不用开退烧药，更不用抗生素，体内好的细胞正在和病毒战斗，如果打赢了，病就好了，先观察几天，如还发高烧再来。"

妈妈不放心，向别的妈妈一打听，原来大家都这样，只要发烧未过38.5度，医生基本上不给开药，只是让孩子回家尽量多喝水，辅助物理降温。

因为即使服药，感冒也要约七天才能好，不开药多喝水，靠身体的抵抗力，一周左右也自然痊愈了。这样小孩子的身体免疫力得到了锻炼，自身抵抗力就会越来越强。

"时间长了，不会得关节炎吗？"

关键在这里，我们切忌随便模仿。因为日本的公共交通及房屋室内几乎全都有空调，所以小孩子双腿暴露在寒风中的时间不会太长。

在国内，小孩得一次感冒，父母往往就很心急，送医院，又是挂盐水，又是开药打针，一次折腾至少几百块，在日本每次要花多少钱呢？

日本小孩子看病几乎不花钱，配药也不花钱。

由于日本现在每年新生儿比去世的老人要少几十万，人口已经呈现快速的负增长，人口老龄化越来越严重，所以日本政府很重视"少子化"问题。政府专门成立一个"少子化对策部"，推出了很多鼓励生育、减轻育儿负担的办法。如生孩子可以一次性领取42万日元的生育补贴。对低收入家庭提供免费奶粉、尿布片等。每个月给每个小孩0.5~2万日元儿童补贴（根据家庭收入和年龄有所不同）。15岁以下青少年，看病住院全免费用。公立学校的免费教育普及到高中阶段。

日本早于1961年就实现了覆盖全体国民的医保体系。个人按家庭收入情况交一定的保费，每人手里都有一个健康保险证。这样看病就医时，由医保出大头，个人出小头。

针对特定人群，本来应由个人负担的30%的医药费，转由政府来买单。这样这部分群体在就医过程当中，几乎不用花钱。

日本的"公费医疗"照顾以下的7类特定人群：1.乳幼儿，2.儿童少年，3.单亲育儿家庭，4.高龄老人，5.残疾人，6.生活保护者，7.疑难重症者。

一百多年前的明治时代，日本为了普及小学教育，吸引穷人家的孩子也去上学，政府想了一招，专门拨付经费让各学校提供一顿营养丰富的午餐。为了给学生补充蛋白质，开始喝牛奶，吃鲸鱼肉。延续

到现在，公立学校的午餐都是免费的，而且由营养师专门负责设计食谱，保证每天不重样，营养搭配均衡。

可能是为了让当妈妈的保持适度紧张感，不要太轻松吧，学校规定每个月有一天是"便当日"，即由孩子们自己从家里带便当去学校。

到了这天的早晨，当妈妈的都要早早起床。开动脑筋，提前想好给孩子带的便当食谱，手忙脚乱之中准备妥当给孩子带的午餐便当，不但要做到营养丰富，还得要颜色鲜艳，更登峰造极的是要可爱别致。

自己家宝贝的午饭，可不能被别人家的比下去，于是在竞争压力下，百花齐放，又创造出独特的学生便当文化。

国际人学中文

/ 阮明辉

我和妹妹是中国人的后代，但是出生在美国，成长在日本。我们就是那种被别人叫作国际人的人吧。

其实我们没怎么写过中文的作文，这篇文章应该是我第一次认真地坐下来，好好想想我们从出生到现在的成长经历和我们独有的文化背景。

其实小时候的事我们也不记得了，都是妈妈讲给我听的。我们出生在美国加州洛杉矶的医院里，出生后不久就回到日本东京的家里。从有记忆开始就在楼下的幼儿园了，最先学会的语言当然就是日语。我和所有的小朋友、老师一样，黑头发黑眼睛黄皮肤，没有觉得有什么不一样，唯一不一样的就是爸爸妈妈有时会讲一些我听不懂的语言，而且他们说我们也要学。

我们正式开始学中文是从小学刚刚开始的时候，我去了苏州的一个国际小学读书，除了一位韩国同学和一位印度同学，班上几乎都是中国同学。我们用中文和英文上课，说真的，前三个月真的什么都听不懂，只能看表情和动作来理解。放了学，妈妈每天陪着我们写作业，别人十分钟能做完的作业，我们却需要一小时。妈妈要一句话一个字地解释我们两个人的作业，真佩服她！三个月过去了，我们突然听得懂一些中文了，作业变得轻松了许多，可以读课文，还能背古诗呢！我们也交了不少中国的朋友，跟他们一起说笑打闹真的很开心！有的现在还有联系呢。在中国上学的两年时间把我的中文变好了，家庭语言从此改为了中文，这样就不会忘记了。

妹妹在中国的时候参加了少儿模特班，她很喜欢，也有才能，胆子也大，参加了很多国内外的模特大赛和表演，还被选上去纽约国际时装周当开场小模特。我也可以一直陪着她到处参加活动到处玩，我们去了北京、新加坡、英国、迪拜、美国。

爸爸妈妈都很喜欢给我们拍照，有些地方我都不记得去过了，他们就拿出照片给我看看讲讲。

还有就是从小我们就要学习各种技能，除了三种语言以外，钢琴、小提琴、竖笛、唱歌、画画、溜冰、滑雪、游泳、足球、网球、乒乓球、国际象棋、芭蕾、模特、魔方、编程、武术、拳击……有没有被吓到呀？我们学过的还挺多吧。虽然有的现在已经不学了，因为我们最近学习比较忙，但还是觉得这些经验很棒，看着小时候自己的照片也会感到骄傲。

刚回到日本时，新的学校和同学还有点不适应，特别是我发现好久没讲日文也会生疏。不过母语还是不会忘的，现在我们在日本家附近的公立小学读书，每天都很开心。今年因为新冠病毒大流行，东京的小学也停课几个月，最近开始又恢复去学校了。

很高兴分享自己的故事，谢谢愿意读到这里的你们。

（代跋）
致我的孩子
／李印白

　　孩子，让我把这首诗献给你，也献给所有的孩子。因为你并不特别，适合他们的一切也一样适合你。

　　哎，来吧你，我的孩子！让我轻轻搂抱着你，并用我的灵魂和爱围绕着你。

　　我自己连一颗纽扣也制造不了，我无论如何不相信是我创造了你。我知道你只是通过我被带到了这个世界上。
　　——我是你第一次睁眼就遇见的一个亲密的朋友，
　　即使一天，你将想尽一切办法摆脱我并离我而去，
　　那时我并不觉得落寞，因为我相信你并不属于我。

　　你的诞生带来了一万种可能，
　　也因此改变了我的生命、情怀以及性情。

　　从你而来的一切都是完美的，每一个刚刚降生的生命本身就是独

立而完美的——

任何别人都不是你的榜样，正如同你不是任何别人的榜样。

让我和你重新度过一次童年吧，度过那些从来只在我的幻想中存在过的幸福的时光。

你现在时常啼哭，我并不为你的啼哭而忧心忡忡，

我知道是哭啼让你呼吸到第一口空气，而且哭啼是你成长的一种方式，正如微笑也是一种成长的方式。

你也时时微笑，而且每天早晨你一睁眼就投来让我心醉的微笑。

我十分珍视你的微笑，

因为那会让我减少一点我埋藏得很深的对你的愧疚。

我真的为把你带到这个世上而感到愧疚，我们把这个世界弄脏了，我正想着怎么才能让这个世界变得更干净一些，

然而你却固执地来了，我也将欣然接受你的到来和你带来的一切。

我将十分警觉，好让你不受到不期的对你肉体和灵魂的伤害，

但我不会因此让你的灵魂在我的呵护中窒息，就像我当初拒绝用襁褓包裹你的身体。

这个世界远比我告诉你的要丰富、有趣、冷酷、严厉得多，早晚你要学会自己面对。

你应该会欣赏每一朵春天的花朵和每一片夏天的草叶，

每一次海面上彤红的日出和山谷间金黄的日落，

每一道闪电，每一片被你捕捉到手里的雪花，每一幢优雅的建筑，每一款精心设计出来的拉丁文或者中文的字体，

每一个闪现的欢笑，每一次真诚的叹息，

一声黎明清澈的鸟啼，一条狗因炎热而发出的喘息的声音，钢琴和小提琴的声音，小贩叫卖的声音，还有手艺人干活时工具发出的声响。

泥土以及泥土里的水分、细菌，河滩里的溜圆的石头，在海滩上捡拾一枚残缺的鹦鹉螺，看看黄金分割是不是最优美的一种比例。谷物成熟以后的味道，酒精的味道，猪圈和牛栏的味道，屠宰厂的味道，炊烟的味道，汗水的味道，

风的方向，云的形状，砂粒打在脸上的感觉，

顺境，困境，美丽，丑陋，流畅，阻塞，辉煌，粗鄙，真诚，诡计，晃动着热影的铁轨以及铁轨的枕木里发出的煤炭烧焦的味道，粗鲁的烟囱以及工厂里轰隆的声响，车床启动时尖锐的啸声，游泳池的味道，

大一点的孩子们在水中嬉戏，午睡的猫和一条断了尾巴的壁虎。

我并不只把这一切述说给你，我要你自己逐一接触它们，欣赏并爱上这一切。

还要满满地把你装上时间，把过去的一百亿年和所有的未来都交付给你，让你也和我一样惊讶地睁大眼睛看星云的聚散，度量土星光环的厚度与直径，计算它们的比例。

让你和我一起穿越虫洞，我们俩去和你年幼的曾祖父一起在南方潮湿的花园里掀开一块青石板，

看底下的潮虫们因恐慌而变成一个个溜圆的静止的小球。

然后我带你到南极的海里，去看正在缓慢地吞噬磷虾的蓝鲸，

我让你用手触摸它那光滑的皮肤，这让你回想起你待在你妈妈子宫里的时光。在亚马逊的丛林里，我为你捕捉到一只绿色的雨蛙，它用所有的吸盘紧紧地缠绕在你幼嫩的手上，湿润的肚皮一瘪一涨，然后倏地一跃便离开了。还有我幼时曾经玩耍的那片老家房后的合欢树林，那只紫色的螳螂还停在树枝上耀武扬威着它的前螯，

你知道我在几十年前曾将它放生，也就不忍心再触碰到它。

北美洲有世上最长寿的植物，我带着你开车穿过一棵红杉树的身体，然后我突然刹车，一只彩色的乌龟正缓缓地穿行，我说服你不要带它回家，因为这里更加适合它快乐地成长。死亡谷底那个盐湖里水的味道，一只郊狼悄无声息地跟踪我们，它一直保持不远的距离，等待着你丢给它一个甜甜圈。

还有整齐地散落在红色岩石上的黝黑而又洁净的小石块，它们是来自太空的礼物吗？我要带你去那座说法语的北方城市里的圣母大教堂。（其实这座教堂和我在中国西北的一个村子里见到的那所安置在一间普通的土坯房里的教堂一样辉煌。）数一数神殿之上有多少根燃烧的白色蜡烛，看一眼十字架上那个受难者无助的表情。

我会告诉你什么是苦难，你也会亲身经历一些苦难，但我更愿你知道其实苦难是无法用语言描述的，苦难本身的价值也是不能够被替代的。我要带你去到海上的普陀山，普陀山上有个法雨寺，法雨寺里有个送给过我礼物的和尚，我

希望你也能理解他的善良与智慧。

然后我会给你讲讲我对教堂和寺庙建筑的形式的理解，当然我会

提到中国北方的那间简陋的土坯房，

并让你从这样的理解中领悟过往的那些艺术家和工匠们的良苦用心。

我希望你喜欢所有的运动，喜欢篮球、足球、橄榄球、奔跑、骑行、轮滑、攀登、游泳、射箭、驾驶、划船，

智力的角逐、意志的对抗以及竞争的胜利与失败对人生的意义。

然后，我带你去一处静静的河岸，穿好护具，蹚着浅水钓鱼，

也许那天我们一无所获，

但是天上的云彩可以作证——我们的确度过了快乐的一天。

突然有一回，你有点儿地羞涩地告诉我，你爱上了一个女人或者一个男人，

我都会一样兴奋地接受你的选择，

并且我们也会因了你的选择而爱上他们。

恋爱是一种如此高贵的情感，它应该无条件地获得赞许，

突破一切封锁和界限，占有，同时也奉献灵魂，连同你的肉体。

孩子，我所体验到的并不是你的，除非你也亲自体验了，

因此你也拥有犯下（哪怕是和我一样的）错误的权利。

去体验我曾经体验或者未曾体验的一切吧，

我对于未来知道的并不比你多。

我对你的爱其实并不需要你用孝敬（在有些语言甚至没有这个词汇）或者其他什么方式来偿还，

因为到现在为止，你给予我的已经远远多于我给你的一切。

你并不是我的宠物，甚至我也不只把你看作是我生命的延续。

我没有权利对你发号施令，我也不能让你替我去实现我自己没有实现的事情。

让你健康、正直、快乐地生活，是我天经地义的责任，

就像你的母亲为你不辞辛劳地哺乳，那是她天经地义的责任一样。

——其实，这不仅不是一种施舍或恩情，而且是我们内在生命的一种高贵的需要。

你满足了我们这种需要，是你在给我们施舍或恩情，因此我们要向你致谢。

我希望你能爱我，但我并不希望你因为感恩、尊敬甚至尊重我而爱我，

（因此我以为将来你可以不用"父亲"的称谓称呼我，请你直呼我的名字，我并不觉得"父亲"这个称呼比我自己的名字让我觉得更加亲切或骄傲。）

我希望你以个人的名义爱我，我也以个人的名义爱你。

有人曾经制造出过像你手指一样精巧的机器么？有人曾经痴心设想过要制造出像你双眸一样美丽的物质么？

你每一天的成长，就是在宣告生命的神奇与神圣，

你的成长无时无刻不在创造着奇迹。

你的生命并不是从你出生的那天才开始的，

我不敢说没有我就没有你，而没有天地洪荒时候的那个生命的开

始就一定没有你，

　　这个生命必须一直坚持地活着，于是有了你。

　　有了你，这个生命还可以继续走向未知的未来。

　　因此，你不仅是我的孩子，你也是所有时间的孩子，所有空间的孩子，

　　我猜想你是造物主的孩子，

　　——是造物主派来的长得最像我的那个天使。

（编后记）
做懂孩子、教方法、立榜样的好父母
／谢远雁

　　四年前，儿子决定到美国就读高中，我辞去了外资保险公司市场总监的职务，开始规划儿子的美高留学之路，并频繁往返于中美两国。在陪伴儿子的过程中，切身感悟东西方教育观念，引领儿子找到了内驱力和幸福力，见证了儿子脱胎换骨的蜕变与成长，于是对教育产生了浓厚的兴趣，希望将中西合璧育儿智慧分享给家长们，并为中小学生的生涯规划和素质教育提供指引，同时与热心公益与教育事业的全球爱心人士发起有斯公益，为全球青少年搭建公益创新平台，培养有思想和行动力，有社会责任感的未来世界公民，致力于从金融保险行业资深职业经理人跨界转型为有情怀的教育从业者。

　　2020年年初，趁着春节前后的空当时间，我从上海来到美国波士顿看望儿子，原计划二月份就回国，没想到新冠疫情爆发，回国计划受阻，不得不延期在美国逗留至今。

　　滞留在美国期间，有了更多闲暇时间，我牵头主编了这本书，邀约了全球各地20位北大校友撰稿，分享他们的育儿心得，讲述30多个孩子各不相同的成长故事，其中有一路走来的有趣经历和收获，也有迷惘、烦恼、困惑、挫折，更有超越困难、不断砥砺成长、全面发展的心路历程，展示了殊途同归的成长途径和育儿理念：点燃孩子的内驱力！

　　本书作者大多是上世纪八十年代的北大学子，目前分别定居在中国、美国、英国、日本等多个国家，他们的孩子成长于不同国家和地区，或在基础教育阶段（从小学到高中）求学，或就读于北京大学、哈佛大学、麻省理工学院、耶鲁大学、宾夕法尼亚大学、加州大学伯克利分校、南加州大学、杜克大学、纽约大学等著名学府，或已毕业于世界名校开始人生新阶段。文化背景的差异，制度体系的差异，让不同国家在教育实践上形成了不同的特色。作者们结合孩子所在地的教育模式，分享各不相同的成长故事，呈现出或中国特色、或融会欧美理念的不同色彩，展现了东西方文化和育儿观念的差异和碰撞，打开了一扇了解世界各地教育的窗口，帮助读者领略全球多个国家的不同教育思维，为自己孩子的健康成长提供有益的借鉴和启发。

　　本书中的父母当年都是妥妥的"学霸"，但是，在培养子女的过程中，**他们放下了"望子成龙"的期待，回归到生命和成长的本质，望子成"人"**。他们不焦虑于如何让孩子成为"学霸"考入名校，而是注重如何使孩子成为一个人格健康、心灵自由的人。他们把时间和精力放在了激发孩子的好奇心和探索精神，引领孩子做好生涯规划，陪伴孩子不断开启发现自我的旅程，探索追寻未来目标和方向，点燃孩子的内驱力，让孩子全面发展、健康成长。这就是有别于"学霸型培养法"的**"能量型培养法"**。

　　学霸型培养法的培养路径是成为学霸—考入名校—找到好工作—五子登科—获得成功。这样的成功定义比较单一，与农耕社会的金榜题名无甚差异……更不用说，有的地方让孩子们两耳不闻窗外事，一心只读习题集，在无穷无尽的刷题中丧失了学习热情，厌学甚至厌世，不少人成为"高分低能的生活巨婴"，考入大学后就迷失了方向，毕业即失业。而"能量型培养法"重视人的成长，看重价值观的培养和塑造，给孩子们机会去发掘兴趣爱好，明确个人追求，点燃孩子的内驱力，在成长的过程中学会自我管理，做最好的自己，然后引领和服务他人，成为改变世界的力量，从中实现个人价值和使命。

据网上检索，内驱力是在需要的基础上为推动有机体活动以达到满足需要的内部动力，它是个体在环境和自我交流的过程中产生的，具有驱动效应的，给个体以积极暗示的生物信号。作者们深信，通过激发孩子们的内驱力和内动力来实现子女的自我教育，是所有教育的根本。正如古希腊著名哲学家苏格拉底在创造"教育"的英文单词"Education"（是三个词根的拼写，前面那个"E"是向外的意思，"duce"是引导，"tion"是名词，引导出来）所示意的，**教育就是把一个人的内心真正引导出来，帮助他成长为自己的样子**。苏格拉底还有一句名言，"教育是把火炬点燃，而不是把容器灌满。"相信本书能够为当下的父母提供不一样的育儿视角，读者可以此书为镜，对照自己教育孩子的状况，从中得到共鸣和启迪。

综观作者们的文章，可以把其中渗透的育儿理念，也就是**点燃孩子内驱力的诱因**，归纳为以下几点：

1）**无条件的爱**。感恩孩子是上天赐给父母最好的礼物，陪伴并见证孩子的生命成长，也是父母完备自己生命的过程。这种爱不是溺爱，而是对孩子的精心陪伴和悉心引导，坚持一起学习，共同成长的动力；

2）**尊重孩子的独立人格**。父母不是孩子的前传，孩子也不是父母的续篇，孩子是独立的个体，是因对生命的渴望而来。父母不把孩子作为私有物和附属物，不把自己的意志强加于孩子，也不会"以爱之名"去掌控孩子的人生，去代替他们思想和灵魂的形成，而是去引领孩子探索和追寻自身的生命成长和梦想，成为最好的自己；

3）**倾听孩子的内心，挖掘孩子的潜能。**引导培养孩子的兴趣爱好，让孩子在学术、人文、艺术、体育等各个领域广泛涉猎并不断尝试，通过因材施教的方法来寻找到孩子真正的天分和热情所在，再提供各种支持，帮助孩子放大他的优点和长板，把兴趣慢慢演变并叠加成能力，帮助孩子找到荣誉感和价值感，从而激发出他的愿景和抱负；

4）**用欣赏的眼光看待孩子，相信孩子有无限潜能。**每个孩子都是独特的，不把孩子和别人简单比较，不苛求孩子样样好，为孩子取得的每一点进步而欣慰，并且时时给予孩子正向反馈和鼓舞，让孩子感受到父母的支持和期待，更加自信从容，并激发无穷的内在动力；

5）**培养孩子的"自控力"和"恒毅力"。**让孩子认识到，成功的人不是最聪明的人，而是最有自觉性和恒毅力的人，所谓勤能补拙，后天的勤奋和毅力比天分更重要，同时通过各种体育运动磨砺孩子的意志，培养孩子自律坚韧、不屈不挠的品质；

6）**读万卷书，行万里路。**培养孩子养成阅读的习惯，并创造更多机会，让孩子走出校园，参加各种研学活动，在实践中学习和感知，体验各地各国的文化差异，丰富孩子的思维、见识以及精神，领略世界的精彩，培养对生活的热爱，对知识的兴趣，对生存的认知，对世界的达观；

7）**培养孩子快乐的能力，引领孩子寻找幸福力，帮助孩子消融逆境中的负面情绪。**当孩子面对竞争、压力、失败、挫折的时候，父母会支持和接纳孩子不优秀的那一面，告诉孩子要和每一次失败和挫折建立正向的联结，把这些经历看作是试错的过程，把失败和挫折转化成经验值，以便下一次做得更好，让孩子学会此生**遇窘不慌，遇苦亦甜**，在逆境下不抱怨，不悲观，不害怕，从内心找到支撑的力量，保有顽强的生命力，活出自己的精彩，带给周边的人更多美好。

归根结底，教育，尤其是家庭教育，亲情和爱始终是它的主题。教育是生命和生命的互动引导，是一个生命照亮另一个生命的历程，父母的爱心和智慧不可或缺。正如德国著名哲学家雅思贝尔斯在《什么是教育》这本书中反复强调的，教育是灵魂的唤醒和自由的生成，"教育首先是一个精神成长的过程，然后才成为科学获知的一部分"。的确，真正的教育，从来不是点石成金的技巧，而是一段春风化雨的过程，是父母用自己的言传身教，以身作则去唤醒一颗幼小的种子，灌溉施肥，让它生根发芽、枝繁叶茂。每个孩子都是独特的个体，应该得到与众不同的家教滋养，当好他们的教育专家，挖掘孩子的潜能，帮助他们找到隐藏在体内的特殊使命，给予他们最适合的生命陪伴和引导，是我们每个家长的责任。本书提供了30多个各具特色的子女成长案例，这些成长故事是爱的实践和爱的表达，是生命对生命的引领。

人生是一场马拉松，孩子的学习、生命的成长，也是一场马拉松。教育的根本目标是培养一个具有独立和健全人格的人，这是教育工作者和家长共同的使命。而孩子的成长环境三分在学校，七分在家庭，父母是孩子的第一任老师，他们的精神世界和一言一行都在塑造着孩子。父亲的格局决定了家庭的方向和孩子未来的高度，**母亲的情绪决定了家庭的幸福和孩子内心的温度**。父母需要具备终身成长的心态，有持续的学习能力，通过言传身教和家庭的熏陶，让孩子从小接受良好的综合素质、思维模式、学习习惯、行为方式、眼界格局等方面的积累和沉淀。相信本书会给为人父母者以借鉴和启迪，成为懂孩子、教方法、立榜样的好父母！

　　感谢 20 位作者受邀撰稿分享子女成长故事和育儿心得，感谢原北大常务副校长吴志攀为本书作序，感谢新东方教育集团创始人及董事长俞敏洪等各界人士及知名教育类微信公众号力荐本书，感谢多家教育培训机构和北大校友企业在预售期的支持和认购，让我们得以将更多版税收入捐赠用于支持乡村教育……在此一并致谢！

谢远雁

2020 年 12 月写于美国波士顿

这是一本北大校友撰写的育儿心得，很认同渗透本书的观点：亲情和爱始终是家庭教育的主题，但是这种爱不是溺爱，而是要把这种无限的爱转化为对孩子的陪伴、引导和启发，使子女沿着正确的道路茁壮成长。父母不能把子女当成自己的私有财产，更不能把自己的想法和观点强加于子女，而应该把子女当成朋友，共同探讨孩子健康发展的道路和未来。归根结底，孩子的学习和成长是一场马拉松，**不要计较一两次考试的成功或失败，养成良好的习惯和坚韧的性格，笑到最美、笑到最后的一定是你的孩子！**

——北京大学教授（曾任北大总教务长） 吴宝科

提到孩子们对学习的"内驱力"，不由使我想到：眼下，不少孩子上课无精打采，课后，则忙于"赶场子"到处补课，学习成了沉重的负担，更谈不上对学习的专注度和积极性。家长为此纠结、焦虑，感到束手无策，苦不堪言。如果，我们的教育理念、方式方法能有所改变，课内外的学习氛围能有所改善，孩子们能在老师的带领下把听课、写作业，当作游戏，从中感到愉悦，兴趣被调动，学习的内驱力和好奇心就会大大被激发，效果就会倍增。可见，拥有个人"内驱力"是一个人成长最快的方法，是推动人们满足欲求的重要动力！

——上海世界外国语中学创始人、终身名誉校长 罗佩明

这是一本很容易读出幸福感的书。与市面上大多数关于孩子成长的书籍不同，在这本书里，你可以匆匆掠过几个性格迥异的孩子十几年、二十几年的成长之路，看他们如何从蹒跚学步的幼儿成长为积极阳光优秀的年轻人，其中突如其来的细节会令你忍俊不禁。这本书由20位北大毕业的父母写成的，他们一边记录着孩子的成长，一边从孩子的成长中总结自己的教育理念与方法，反思自己曾经在不经意间犯过的错误。每一个孩子都是不同的，没有哪个孩子是可以完全按照"教科书"培养出来的，但本书作者对于教育的理念与思考，或许可以为你提供一些借鉴。

——新东方教育集团创始人及董事长 俞敏洪

本书所收录文章的作者都是我的校友，大多数在校读书时就熟识，我们共同度

过了最美好的四年北大校园生活。近三十年后的今天翻看他们的育儿经，颇有些梦幻感，怎能不感慨万千。让我羡慕的是他们教育孩子的水平就像他们当初的学习一样出色，我视之为北大的传承。如果你好奇北大人如何教育孩子，本书提供了很多真实而鲜活的个案，这些孩子也许还会上北大或者牛津剑桥哈佛耶鲁，但最重要的是他们的父母首先是要把他们塑造为身心健康的公民。祝福我的同学！祝福孩子们！

　　　　　　——字节跳动副总裁（曾是中央电视台著名主持人）　张羽

　　本书中的父母当年都是妥妥的学霸，今日亦多为社会的精英，于是**他们不再焦虑于如何让孩子以考试成绩作为巩固或继续攀升社会阶梯的工具，而是更注重如何使孩子成为一个人格健康、心灵自由的人。**本书的孩子有着丰富的文化基础和广阔的国际视野，他们是我们也许不能完全看懂但是可以寄予希望的新一代。

　　　　　　　　　　　　　　——北京师范大学教授　胡晓江

　　从本书中可以看到很多不同的家庭，每个家庭有不一样的养育方式，很多父母非常关心孩子、尊重孩子，也有很多优秀孩子的成长经历，希望这本书能给全天下的父母提供好的参考建议。

　　　　　　——第74届科幻雨果奖得主、童行学院创始人及 CEO　郝景芳

　　有温度的教育，应该遵循规律；有温度的教育者，应该致力于生命自由成长的引导。对待孩子，应该像培育大树一样，去浇灌去施肥，给予适合生长的土壤，让他们慢慢长大，慢慢变化，而不是流水线上的操作，不是整齐划一的产品。让他们的个性发展，让他们的兴趣养成，让孩子在兴趣中找到自己的学习动机。我想把这本书推荐给所有正在为教育而焦虑的父母们，和正在为了教育事业而奋斗的后浪们，快发展需要慢思考，不妨一品书中的教育理念，或能解决你当下的养育难题。

　　　　　　　　　　　　——精锐教育创始人兼 CEO　张熙

　　一本记录一代人和他们的下一代的书，一本讲述北大学子和北大学子为人父母

的故事的书，一本关于成长和成就的书，阅之有趣，读之受益，让人仿佛看到自己或者想成为的自己……不论你是已为人父母还是即将为人父母，都应该读读这些心路历程……感谢我的这些同窗校友们，这么不吝啬地分享了如此多育、养、教的经验，让我，一个从事教育事业的人，也颇受启发。人生如旅，有良师益友为伴，不亦乐乎。此书，力荐。

——京学教育集团创始人CEO　李敬

关于教育，两千多年前的孔子就提出了"有教无类""因材施教"的主张。如今互联网和移动互联网技术的普及让有教无类逐渐成为可能，而因材施教和个性化教育则是更为深刻的主题，仍需要众多教育人不断探索。本书主编之一是我北大的师姐，不仅本人拥有成功的育儿经验，而且在教育公益的道路上执着前行。本书记载收录了30多位青少年不同的成长和教育经历，内容生动有趣，且丰富详实，对众多的家庭、学校和从事教育培训的工作者而言，都具有良好的参考借鉴意义。

——拼图资本创始人及董事长　王磊

这是一本北大校友记录子女成长经历和育儿智慧的图书，非常具有可读性和借鉴意义。就像书中一篇文章的标题一样，人生是一场马拉松，孩子的学习、生命的成长，也是一场马拉松。每个人都是跑者，在时间洪流这条道路上向前奔跑，但是路不止一条，终点不止一个，偶尔落后或者绕点路，甚至跌倒了又怎样，**成功的人不是赢在起点，而是赢在转折点和终点**！教育的根本目标是培养一个具有独立和健全人格的人，只要方向明确，步履坚定，在探索和追寻生命成长的旅程中，人生可以各自精彩！

——蔚来汽车联合创始人及总裁　秦力洪

成长的过程总是千差万别，即使他们的父母都毕业于同一所大学；成长的感受却又如此相似，每一家都浸透着责任和爱，理性思考和感性光芒的孩子成长史，不愧是毕业于北大的优秀父母的实践与思考。推荐这本书，更想告诉父母们，从他们的教育故事里去感觉那份平常的责任和爱，这永远是家庭教育的逻辑起点。教育也是一门技术，如何让孩子的成本道路更加符合他（她）的性格特怔、特长特点，是每对父母的必修课。本书案例和教育场境提供了大量全球性的知识和实践，值得我们借鉴学习。

——中美跨文化教育媒体人（著有多部教育类畅销书）　清瑕

在这个世界上，每个人都同时具有多重社会角色，而最难是如何为人父母。如果你有这方面的困惑，请读一读这本由我多年前的学生家长、睿智美丽的谢远雁女士邀约北大校友们一起用心书写的育儿感悟。在这本书里你会读到这些精英们为人父母的困惑和痛苦，更会读到他们为人父母的改变和成长。他们的心得告诉我们：孩子的潜能千差万别，成功的道路各种各样。成功的育儿方法就是能倾听孩子的内心，接受孩子的一切，发现孩子的优势，给予理解、鼓励、支持并帮助他们走上最适合的发展之路。

——上海浦东福山外国语小学教师　李青

每个孩子都是家庭的希望和未来，家长们都希望通过自己的努力帮助孩子成长。如何保护孩子的强烈好奇心，激发自我成长内驱力，培养适应能力，让孩子成为独一无二的自己，心身健康全面发展等一系列问题，相信本书 20 个家庭的育儿故事会给广大的父母带来许多启示。书中的父母用自己的智慧与爱为孩子的成长奠定了基础，孩子以父母为榜样健康成长。

——杭州保俶塔实验小学资深教师　盛海英

北大人可能很难割舍"学霸"情结，但是，我很高兴从师兄师姐们的众多育儿故事中听到"自由生长"、"人格健康"、"内驱力"、"全面发展"、"因材施教"、"寓教于乐"、"言传身教"等我高度认同的教育理念。**放下"望子成龙"的投射，回归生命和成长的本质，在这个普遍焦虑的时代，是最稀缺、最有价值的。**

——心元儿童之家校长　张爱民